逆流直上

女性如何完成人生进阶

How the Female Brain Gets Stronger
and Better in Midlife and Beyond

[美] 卢安·布里曾丹 (Louann Brizendine, MD) / 著

汪若雁 / 译

中国出版集团
中译出版社

步履不停，解惑不止
———

目录

作者按 / I

第一章　转变对话 / 001

第二章　成为女性的关键 / 011

第三章　向更升期过渡 / 023

第四章　穿越荒野 / 041

第五章　焕然一新：迎接新生活 / 063

第六章　揭开自我关怀奥秘 / 083

第七章　没有人生来是孤岛 / 109

第八章　今天起，不再当妈 / 125

第九章　应对亲密关系 / 137

第十章　回归自我的中心 / 147

第十一章　调动身体，解放大脑 / 159

第十二章　重拾目标 / 183

第十三章　新的专注力 / 203

第十四章　活得久还是活得健康？ / 219

第十五章　变，变，变 / 235

第十六章　更升，更升，生升不息！ / 255

附录 / 263

致谢 / 285

参考文献 / 289

作者按

———

我没想过自己还会再次拾笔作书，只是待我迈入后半生，才发现中年女性得到的关注少之甚少，心中自是不忿。步入中年赋予了我全新的力量和清晰的思绪，让我敏锐地感知人生的意义。我心知，我应当去探索这些感受背后的新科学。人到中年，并非就走上了通往尽头的下坡路，相反，我即将步入我人生的大好年华，恰恰是意气风发、才智过人之时。故本书不会沿用"绝经期""更年期"这类陈词滥调形容女性的后半生。我称这一阶段为"更升期"。进入更升期，也就意味着女性不再受激素的支配，能够真正认清并展现自我，欲我所欲，活成自己喜欢的样子。这是女性拥有充分自由，不断探索发现的辉煌时期。

就在本书付梓之际，美国历史上首位女性副总统宣誓就任。总统内阁中不乏女性，且大部分还是中年女性。在 20 世纪七八十年代《平等权利修正案》（Equal Rights Amendment）未能通过后浇灭的希望之火，再次重燃。我想，无论是女性个体还是群体，都多了一线可能，过上美好的后半生。

身为一名神经精神病学家，我专攻女性荷尔蒙对大脑的影响,即女性荷尔蒙如何影响情绪、思想、价值观、优先排序,甚至感知。可以说,我是女性族群的医疗和心理侦察员。我喜欢到前线去侦察,获取神经科学和医学研究的有用信息,再回过头来帮助她们找到前进的方向,了解她们的生理情况,以及理解生理变化怎样影响情绪和认同感,等等。这样打比方可能有些滑稽,但确实形象地概括了我写此书为你们提供未来前进方向的动机。

本书希望让你成为更好的深层自我。是,听上去有些冠冕堂皇。但试问,若非此刻,更待何时?在我的后半生,我想要提升能力,并且敢做敢当。我希望自己有耐心、肯奉献、为人热忱、懂得谦卑、做事果决、充实地度过人生转折期;在我寻找新现实、新联系、新"自我"的同时,养精蓄锐,恢复大脑的自愈能力。我想跟自己还有他人建立起新关系,聚焦新目标,追求更有意义的人生。同时,为了延年益寿,我还想保证身体和心理健康,让自己更好地度过更升期。

《更升期》也探讨了种种质疑和不实信息,让你能得到自己的答案。它能解开你对情绪、荷尔蒙、生物学和大脑如何共同工作的困惑;它能让你鼓起勇气正视自身的各种品质,或自矜或自勉;它想告诉你,你人生后半生的旅程,由你来决定。

如果你细心观察就会发现,许多看似稀松平常、自然而然的事,其实都是荷尔蒙和环境后天塑成的。有些事情是有益的,但对那些声称女性后半生无足轻重的声音,我实在是忍无可忍。女性越对神经化学物质、大脑神经回路和分布全身的神经元了解,就越有可能打破旧模式、创造新生活,越有能力向后来者伸出援手,帮助更多女性。

我深谙,我和我见过的女性所面临的处境并不能代表所有的女性。还有很多女性在超乎我想象的恶劣环境中挣扎，饱受系统性种族主义折磨。本书中的许多女性属于 BIPOC（黑人、原住民和有色人种）群体，且为顺性别者，即认同自己出生时的女性性别。这些女性的过渡期和更升期成功跨越了种族的界限。出于对个体经历的尊重，我所写的内容仅限于个人认知，还有我从患者、家人和朋友那儿得到的感悟，因此本书无法充分探讨跨性别者的更升期。我们目前的研究也还有很多未知和薄弱之处，这样看来也许是弊多利少，但任何已知信息，书中都会提及，有关种族、文化差异和更升期的内容也有所涉及。当下，结构性种族主义在医疗卫生系统已根深蒂固。我承诺我将竭尽所能，支持女性迈入人生的更升期。

我们希望所有女性被看见、被听见、被尊重，这也是我们应给予彼此和所爱之人的。现在，我把我知道的和我经历的，还有更升期的辉煌和苦难，悉数告诉你。但对迈入人生后半生的女性而言，具有真正意义的发展里程碑还没有出现。要想铸就这座能指引方向的里程碑，需要全体女性的努力。我也想了解，你是如何一路披荆斩棘的，你的经验、你的智慧对我来说同样弥足珍贵。

我希望这本书能给予你支持、知识、理解和勇气，助你在后半生逆流而上，和所有女性并肩同行。不如我们先从看似被所有人回避的话题"生育期结束后的生活"开始吧。

转变对话，得先用对词

我想独创一个新词替代"绝经期"和"围绝经期"的说法。从字面意义上看，上面这两个词指的就是"失去生育能力"，仅此而已。

过渡期：在走完生育繁衍的进度条后，女性的大脑和身体都会进入陌生的领域，这意味着女性生命迈入了又一发展阶段，也就是人们常说的"围绝经期"。

青春期重要的不仅仅是荷尔蒙，过渡期也同理。雌激素分泌的减少，使女性失去了生育能力，这固然重要，但并非万事全貌，也不可全面呈现我们女性的本质。过渡期还伴随着许多心理成长过程，是女性不断认清自我、迈向真实的阶段。过渡期标志着我们在关系和社会角色上的转变，但在人类发展阶段相关的文献中，这一话题并没有被探讨过。

更升期：与雌激素斗争近半生后，女性迎来了她的高智期。这是女性一生中自我认同最强的时期，俗称"更年期""（围）绝经期"。

"更年期"和"（围）绝经期"不过是药企男性发明的老古董说法。这种说法并非想让女性更好地迈入"更升期"，以此突破自我，发掘潜力。这些顺性男一天到晚只想着如何让女性身体部位（如他们钟情的乳房和阴道）维持灵活、丰满。依我拙见，这些说法无法真正体现女性的"更升期"，因此我绝不会用这些词。除去这里解释原因的几处，在本书其他地方都以"更升期"替代，如果你发现我在书中其他地方提及它们，尽管拍照或截图,通过联系我的社交媒体账号纠正我,非常期待各位的留言。

激素治疗(HT):因"激素替代治疗"(HRT)的说法不够准确,故替换之。激素治疗并非要替代激素,而是增加激素。

过渡期的四个阶段

前期:随着排卵量的降低,形成的卵泡也在减少,每个月产生的性激素亦会受到影响。你可能察觉自己来月经前会有些焦虑,在剧烈有氧运动后有点儿难以恢复平静,晚上略微觉得发热、冒汗,又或是在经期前后会偶尔睡到一半醒来。一般到30多岁,女性就会进入这一阶段。

早期:如果你每周不止一次从睡梦中倏地醒来,发现自己浑身冒汗或是被子不见踪影,则说明你正式进入了过渡期。在过渡期早期,可能会出现月经不规律(出血量少、天数少,或有一两天出血量较大)、月经不来、排卵期出血,或在经期前后少量出血。这是由于体内无排卵或出现无卵经期,这很常见,也很正常。

中期:在该阶段,你的月经周期缩短,每年有两到三个短周期,比如说从28天减少至27天,或是26天、25天。过渡期中期的标志之一,是睡眠中断的频率会提高至一周几次,以及感觉到体热。

后期:到了过渡期后期,夜间睡眠会频频中断,感觉潮热。每年月经周期缩短的频次会达三至十次。

更升期的三个阶段

早期：闭经后的 12 个月标志着你更升期的开始。一些仍有子宫的女性会用激素治疗维系自然月经周期，保持每月来月经。而多数女性则会开心地迎接没有月经的新生活，同时在惊讶中面对自己不断变化的身体。

中期：你会开始试着接受新生活，探索新的生活道路，时不时想要"歇一歇"，并冥冥中渴求挣脱束缚，获得解脱。

充盈期：到了这一阶段，你已见识了人生百态，尝遍了酸甜苦辣。你拥抱生活的起伏，重新找到目标，实事求是，驾轻就熟，俨然一位导师和倡议者，并希望让人类生活变得更美好。

我并没有提到年龄，因为过渡期的起止点可以是不同时刻，完全依个体情况而定。据我了解，有些人在短期内便达到充盈期，而有些人则止步于更升期早期。你能企及哪个阶段，取决于你的态度和行动。

你需要了解的神经化学物质（激素和神经激素）

卵巢分泌的激素

- **雌激素**
  它由生育并排出卵子的卵泡分泌，能够刺激子宫内膜和大脑突触的发育；可控制大脑能量和炎症反应；能改善情绪，提高精神敏锐度，提取大脑内词汇，以及刺激外向行为，表达情意和喜爱。

- 黄体酮

  它又称孕酮,是一种维稳激素;作用于子宫内膜,使其固定在适当位置,以供受精卵着床,还能避免大脑突触过度发育。它是一种温和的激素,舒适得让人想在篝火旁缩起身子吃蛋糕,同时也可能使孕妇在妊娠期经历脑雾。"孕激素"则表示多种合成黄体酮。

- 睾酮

  它能激发性欲、肌肉刺激和对生活的热情。这种不受控制、莫名其妙的感觉我一点儿也不陌生。往往在我上班出门经过厨房时,我丈夫拦下我想说点什么,我就会有这种感觉。在过渡期前,90%的睾酮由卵巢分泌;更年期后,90%的睾酮则由肾上腺分泌。

肾上腺分泌的激素

- 肾上腺素

  面临危急情况时,它能提供必要的能量爆发而做出生理反应和心理反应。它会给人以紧张感。

- 去甲肾上腺素

  它是肾上腺分泌的主要神经递质,由交感神经节后纤维释放并作用于心血管系统。它能让心脏"扑通扑通"狂跳,救回一命。

- 皮质醇

  它是一种应激激素,对大脑边缘系统或情绪功能的影响较大,是其他脑区的十倍。它会抑制免疫系统,过高会导致抑郁、易怒和认知能力下降。

- 孕烯醇酮

  它是黄体酮、DHEA、睾酮、雌激素、皮质醇等多种激素的前体；有助于睡眠，能提高性欲、情绪、记忆力和注意力，对皮肤、关节和肌肉也有益处。

- 脱氢表雄酮（DHEA）

  它是睾酮和雌激素的前体；能抵消皮质醇，具有抗抑郁作用，同时能提高性欲，但也可能引起痤疮，加重体味。

全身可以调用的大脑和神经系统化学物质

- 促卵泡激素（FSH）

  它由垂体分泌，使卵巢形成卵泡，为排出最优质的卵子创造条件。在更年期前，主要由卵泡分泌大部分雌激素、黄体酮和睾酮。

- 促黄体生成素（LH）

  它由垂体分泌，促使优选卵泡将其卵子排入输卵管，最终输入子宫；作用是刺激卵子的释放。

- 催产素

  它由下丘脑产生，并储存于垂体中。只要雌激素分泌增加，下丘脑就会像变出一个小桶般，分泌出大量这种让人想联结、拥抱的情感激素。

- γ-氨基丁酸（GABA）

  90%的脑细胞都有γ-氨基丁酸的受体。它是身体的天然安定剂，如同人体内舒适、温暖的浴缸。

- 别孕烷醇酮（ALLO）

  它是黄体酮转化而来的分子物质；与遍布大脑和神经系统的、具有镇定效果的γ-氨基丁酸能（GABAergic）

系统相互作用。

- 促肾上腺皮质激素（ACTH）
  它是由垂体合成和分泌的激素，用于刺激肾上腺分泌皮质醇。
- 促肾上腺皮质激素释放激素（CRH）
  它由下丘脑分泌产生。在杏仁核感知到危险或威胁时，它会促进垂体分泌 ACTH。
- 乙酰胆碱
  它是副交感神经系统的主要神经递质，是神经系统的镇静剂。跟肾上腺素恰恰相反，它有助于降低心率，还是调控睡眠时记忆巩固的重要元素。当它含量低时，会造成学习和记忆障碍。

你需要了解的细胞

- 神经元
  它就是你高中生物课上学的再寻常不过的脑细胞和神经细胞，但它并非大脑中数量最多的细胞种类，还有个不相上下的对手，没想到吧！
- 星形胶质细胞
  它的数量跟神经元一样多，主要是为脑细胞提供营养，并隔绝有害物质。
- 小胶质细胞
  它是可以控制神经元间的连接、保护大脑免受感染的清道夫细胞。在白天，大脑中神经元从四面八方产生连接，并从新连接中排出能量和废物。夜晚入眠后，随着大脑收缩，神经细胞周围的通道逐渐放松，得以让小胶质细胞进入，清理残余。

你需要了解的概念

- **无菌性炎症**
  它是指非病原菌引起的慢性免疫炎症。这种炎症可能是受环境条件影响——如紫外线辐射、机械创伤、细胞死亡、激素和蛋白质缺失等——引起的，也可能是由睡眠不足或血流量减少引起的。免疫系统存在性别差异，男性年龄越大，免疫系统退化越严重。
- **双 X 染色体**
  一般而言，女性携带两条 X 染色体。正是第二条 X 染色体让人体获得许多大脑发育基因和免疫基因，能防止认知能力下降。这也许是女性长寿的秘诀。

图解

女性大脑（见图 0-1）：

图 0-1　女性大脑示意图

1. 前额叶皮层：控制情绪的女王，能避免情绪过激。对杏仁核有抑制作用。

2. 伏隔核（NAcc）：介于欲望和行动之间的神经元，让人从"想要这件好东西"变成"想办法得到它"。

3. 脑岛：法官、陪审团和刽子手，尤其在剖白自我形象时发挥作用。我们的"直觉"就产生在脑岛。

4. 下丘脑：激素交响乐的指挥者，能让性腺启动，并在性腺机能失控时进行调控。

5. 杏仁核：让人在命悬一线之时快速做出决定，但有时哪怕只是在超市附近找地方停个车，也会让它误以为生死攸关。

6. 垂体：分泌影响生育的激素。若是切除垂体，人会像戒毒的毒瘾者一般抓狂。

7. 海马体：女性的海马体往往更大、更具效用。它如同一头大象，会铭记着某场争锋、某次浪漫的邂逅或某个温柔的时刻，让你久久难以忘怀。虽然到了更升期，个中细节会慢慢被抹去。

8/9. 颞顶联合区（TPJ）和楔前叶：这两个区域如果出现同频，你就会像只仓鼠一般，困在名为"焦虑"的跑轮上跑个不停，陷入反思的旋涡。要想摆脱这种情况可不容易，但还是有诀窍能帮你逃脱！

10. 小脑：负责协调人在走路和站立时运动的平衡性。它几乎能让大脑的各个部位各司其职，能让你的行动和思维更为流畅，还能抑制冲动决策。它还有助于调节情绪。

大脑的默认模式网络（DMN）：连接大脑的前侧、中侧和后侧，会在你走神时活跃。它就像一大卷尼龙搭扣[1]，四处滚动，

---

[1] 又称魔术贴，由尼龙钩带和尼龙绒带两部分组成的粘扣带。

把所有的消极想法都黏走。但在进入冥想和注射氯胺酮[1]时,默认模式网络都会关闭。

应激反应:遇到威胁时,会激活系统"战或逃"应激状态。但应激后恢复则需要迷走神经系统。

HPA(下丘脑-垂体-肾上腺)轴,即"应激轴"(见图0-2):

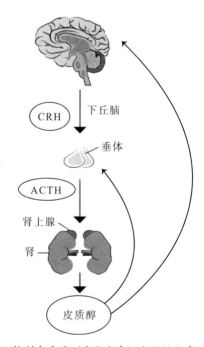

图0-2 HPA控制皮质醇(应激激素)和雄性激素DHEA的释放

---

[1] 俗称K粉,医学临床中一般作麻醉镇静剂使用。

HPO（下丘脑-垂体-卵巢）轴，性腺轴（见图0-3）：

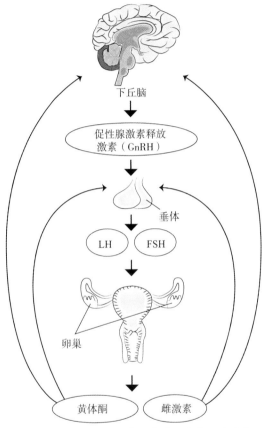

图0-3 HPO控制雌激素、黄体酮和睾酮的释放

第一章
转变对话

1980年，我在耶鲁大学医学院开展科研项目，来到了伦敦一所医院见习。不知怎的，一场疾病突如其来。我感觉浑身乏力、疼痛，虚脱到差点儿以为自己命不久矣。医院给我做了全面的检查，但就是没有诊断结果。既非癌细胞潜伏、罕见的传染病、器官功能紊乱，也非自身免疫问题。一切正常！后来有些客座医师还故作玩笑，评估我是不是该去精神科看看。结果也不是。

十天后我出院了，启程回美国完成医学院第四年的学习。落地纽约后，我坐着轮椅被抬下飞机，坐了一辆大型轿车回纽黑文。我还向院长请假，但由于缺少诊断证明，没有被批准，也无法得到老师和亲友的关怀。他们要么不相信我，要么觉得我难以相处，我的社会支持消失了。

于是我竭尽一切所能克服困难。我在医院对面租了一间公寓，方便早上五点半查完房回去补觉。就这样，我渡过了难关，完成了论文，顺利毕业。在医院内科跟外科查房时，我发现无论是医生还是实习医生，一到早上六点，都是大步径直走进病房，不跟患者打招呼就掀开病号服开始检查。医生不打招呼，也不问问题，甚至不问患者一句"今天怎么样？"，只顾着留意其他医生在说什么。面对病情危重的患者，如果用上所有医疗设备也无力回天的话，医生便消失了。医生将这些和自己有着相似生活、经历和家庭背景的人留在身后，甚至连一句告别都没有，全留给护士替他们收尾。

鉴于我在伦敦的那次经历，我完全能代入患者的感受。因此，我决定一门心思投入精神病学的学习，不再花时间学我顾不上的那些专业。

事实上，大脑作为人类神经系统的一部分，亟须与外界产生连接。我们从谈话、真诚发问中获得的反馈让我们觉得"被接纳"，拥有了归属感。如果我们缺少这种必需的社会维生素，大脑所需营养物质不足，病情便会加重。人的精神敏锐度降低，抑郁症便会悄无声息地潜入，对神经系统发起进攻。

如果，被医生和社会支持所抛弃，最终我们自己也会放弃自己。

由此，1994年我在加州大学旧金山分校创办了一所女性情绪和激素诊所。我想给予女性我未曾获得的支持。当女性迈出生育期，进入不确定的领域，我会好奇她们对这些问题的回答，"你现在感觉怎么样？""你白天和晚上是什么样的？""什么事让你害怕？""什么事让你现在觉得很开心？"以及我最想问她们的"能告诉我你的故事吗？可以把一切都告诉我"。

30年来，我一直在聆听处于过渡期的女性经历的幸福与失去、探索与恐惧、自由与迷茫。与此同时，我身处加州大学旧金山分校医学院的科研前线，得以第一时间获悉有重大意义的科学突破。我见证了越来越多的医生和组织的涌现，专注于此并付诸行动，实现生命的完满。我希望他们能如雨后春笋般涌现，知之甚详，求其甚多，女性的需求就会得到更多医学的回应。

我们会成为谁？

从小我们就被问"长大后想成为谁"，而我们内化或是在内心投射的文化价值观则塑造了我们的想法。我们过着我们想要的生活，但也过着我们认为应该过的生活。于许多女性而言，这是一道选择题：是结婚还是再婚，是生子还是丁克，是主外还是主内？种种选择让我们陷入迷惘，赶鸭子上架般让我们扮演指定的角色，尤其是照料子孙后代。但现在是时候问问自己，现在你想成为谁？在过渡期的往后余生，你想成为谁？在生育期后，你还有几十年的时间。在你生命完满之时，你想成为谁？是领导者、艺术家、卓识者、导师还是赞助者？过上一种自由、有目标、专注且不受早期责任束缚的生活？我从一些女性口中听到过不同的愿望。我很在意她们会给出怎样的答案，很在乎过渡期和摆脱生育期后的自由怎样帮助女性塑造崭新的自我形象，发现真实自我，并实现新理想。

我跟随着科学探索，发现我们毕生追寻的女性智慧、力量和韧性，都能在更升期有所发展。女性大脑生来便需要连接和沟通，而步入更升期后，大脑神经回路终于可以不受主导生育期决策的激素驱动，而是能够连接新的神经突触。而神经回路的变化则能培养更有力、更确信的自我意识，真正从神经层面，化毕生体验为人生智慧。

过渡期一般持续二至十四年，而更升期的演变大约需要十年，且在未来四五十年中不断延续。两个时期持续的时间因人而异。

从我自身、找我看诊的女性、我朋友的生活来看，再结合研究，女性从生育期解脱后获得的自由是无与伦比的。这是女性一生中更为漫长的阶段。我认为，更升期甚至可以重新定义何为女性。更升期给女性带来的变化有哪些？

坦率直接：雌激素水平大幅下降会影响大脑如何消化愤怒和失望情绪。对于年轻女性而言，当她们想维护自己和坚信的价值观时，出于生理本能，大脑会转移这股冲动，强行以沉默代替，但新激素的作用会释放这些神经回路。让人想发声的那股劲儿就好比是你第一次驾驶玛莎拉蒂，需要适应的时间。一旦你适应了，你就会发现还没到世界末日。我们无回头路可走，但也没想过要回头。于是我们打破现状，重新定义关系规则，成为正确之事的拥趸。

聚焦专注：让人备受焦虑的"一心多用"阶段已然翻篇。一心多用和焦虑相伴而生。说不上孰先孰后，但我们知道，它们会相互放大。进入更升期后，我们一次只做一件事。这并非穷于应付的表现，而是说明你会变得更投入、更透彻、更专注。心无旁骛能让你超乎寻常的高效，对那些打断你节奏的人，你回绝起来也会毫不拖泥带水。

"信"由心生：穿上这件年龄的隐身衣，能让我们更接近内心的真实自我。我们的行为发生改变，他人对我们的态度也随之发生变化，女性不再受生殖激素驱动去寻求外界的认可。很多人发现，男性不再是因为"看脸"而听我们的话，而是因为我们的智慧和经验。

回归无畏：进入更升期后，女性每个月不必再受一周激素之苦，大脑也得以从应激反应中放松。比起往常，女性终于能自在地稳固神经回路，更容易坚定内心、获得信念感。女性不再像之前那样苦恼要如何取悦他人，而是借此机会搭建心中更坚实的高台，登高望远、畅所欲言。

开拓胸怀：待过渡期的激素风暴被牢牢挡在窗外时，大脑神经回路便得以喘息片刻。这好比是断开了激素马达，让仓鼠的焦虑跑轮停止旋转，又或者是你从高速下来，驶入出口匝道。如果你屏蔽扰乱平静的各种因素，不在意评价，不自我鞭策，不陷入对过去、现在和未来情况的反思，新世界的大门便朝你打开。你的大脑开始倾听，倾听自己的心声，同时理解他人的想法和感受。当你感恩时，你的大脑也会建立神经回路，了解如何优化这些回路，决定了你是满怀活力和好奇心地变老，还是容易陷入抑郁。当你表现出同情心，还会前所未有地激活感受愉悦的神经回路。这些积极情绪为促进大脑活力和健康奠定了基础。

自由：围绕着亲密关系而让人萌生冲动、痴迷和妄想的生殖激素不再掌控你的生活。生育期结束后，大脑可以自由开拓、发展智商与情商，留给我们更多的空间沉思，让人更具目标感。工作的使命感会增强；好奇心会占据决策的上风；即便遇到了困难，也能破天荒地从容应对。尽管年轻女性可能向中老年女性不断膨胀的腰围和下垂的皮肤投来同情的目光，但我们并不这么认为。我们将同情的目光投向年轻姐妹遭遇的痛苦心境，长出一口气：谢谢老天爷，我不用再为这些事头疼了，同时向她们伸出援手。

我在女性情绪和激素诊所工作的几十年里，见证了优化更升期的诸多益处。到了这个年纪，我们已是千锤百炼，即便曾遭遇不幸，但也终将浴火重生。我们是滚烫的熔融金属，被生活熔化、重塑、打磨；我们是不可预测的火山，在喷发后形成新的地貌。更升期的女性光芒万丈，她们亮出智慧的利刃，击倒不公正的文化，秉持责任心，为年轻女性创造更美好的未来，即便这样的未来她有生之年可能无法亲眼看到。

更升期的女性忠于自我，勇敢而张扬，就像自以为是的青春期女孩会觉得妈妈不聪明（因为在她看来确实如此）。步入更升期，女性从此在后半生拥有了大胆的自主权威，而年轻女性和所有男性也都会迎头赶上。不仅要知道更升期，把它挂在嘴边，还要留意谁没有跟上进度。免受生育期每日起起伏伏的激素波涛影响后，这是女性大脑所发挥的作用。

没错，弗吉尼亚，与众不同

我的第一本书——《女人为什么来自金星》(*The Female Brain*)出版时饱受批评。究竟是什么观点让人大为震撼，频上新闻呢？是因为我认为女性与男性的激素、大脑存在差异。很多人抨击这一观点政治不正确，尤其是不少跟我一样出生于20世纪中叶、成长于女性运动环境中的女性。我们过去认为，如果女性要真正获得与男性平等的社会地位，我们必须避免强调性别差异；否则，女性就会出局。女权主义的根源是一种深深的自卑感，这种自卑感源于社会释放的信号——谁是当权者以及谁有话语权。于是，必要的中性探讨便形成了。最初我也非常认同此观点，但随着我不断深入研究激素生物学，追寻证据，我发现男女之间存在明显的大脑差异。我还猜想，未来如果研究激素对跨性别男女大脑的影响，也可能佐证我的观点。

我的工作便是深入探究证据，哪怕它们会推翻我原来持有的观点。随着我不断地刨根究底，挖掘有关女性后半生的大量新信息，我发现有关女性大脑还有其他引人入胜的故事值得分享——

女性如何过得更好，如何改善人际关系、照顾自己，收获自信、内在力量、主动性和高效率。由于社会风气追捧年轻，我们早早以为人生已过生理状态的巅峰期，更升期这种说法听起来有悖直觉。和大多数人一样，我过去对长期的薪酬不平等和女性在企业领导层、政治和科研投入中的缺位习以为常，这是社会结构给人的印象，默认 50 岁以上的女性得不到重视。

纵观人类历史，要想崭露头角，多数时候只能依附权势，才能更好地顺应时代发展的浪潮。这是历代女性为维系和平、避免冲突而做出的让步。终其一生被视为"配菜""第二性"，已成为女性神经系统的一部分认知。在女性意识觉醒前，我们尝试理解自己与他人的关系，认为女性相对男性而存在。而女性面临的挑战，就是要摆脱这些障眼法，走进真实，意识到女性不属于"第二性"。我们是女性，生来如此。我们发自内心庆贺女性的非凡力量。

掌握控制权

你需要充分发挥主动性，才能迈入更升期。你需要意识到自己有多少能力来打造后半生。结束生育阶段的女性们，你们大展宏图的时候到了，去发现人生的新大陆。

如果我们对更升期不抱有希望，连畅想都做不到，更别提发挥大脑强大的想象力和规划能力来描绘未来图景。还是得趁早打开思路，遐想 45 岁以后的生活。如果心中没有个榜样或是目标，则是难上加难。但如果我们从未开始、从未尝试，那改变永远都不会发生。

对于母亲和祖母而言，很少见到女性榜样让她们构想成为女性本身意味着什么。而今,我们有更多的女性成为引路人。但凡我们抓住机会,后代就能比我们走得更远。改变成真,一切皆有可能。想想这个世界为LGBTQ+(性少数)群体做出了多大的改变。而占据世界人口51%的女性,也应享有更升期给人生带来的改变。

如何让中老年女性对这个世界仍抱有希望?当下,以女性从业者为主的行业纷纷降薪,尤其以服务员、幼托、清洁和保健(包括家庭护理和专业医疗)等职业为甚,许多女性储蓄不足、缺乏退休保障。有多少人会因为没有医保而早逝呢?财富差距悬殊,对后半生的女性,尤其是有色女性,造成巨大的打击。世界对此熟视无睹,只在意白人男性丢饭碗的问题。

在世俗眼中,女性在后半生往往只需要继续照顾好家长里短:照顾衰老的丈夫,照顾孙辈,照顾迟暮的父母和公婆。只要家里有个女人,男人都不会想要自己承担照顾家人的责任。女性养育了几十年孩子,操持各种家务,不仅要主外还得主内,最终沦为无偿的看护者。女性消磨光了她们的情感和经济资源,无法拥有事业,无法取得成就,无法飞腾而上。

还要为更升期女性正名一点,有人觉得她们一味索取,但数据证明,她们是创造者。50岁以上的创业者数女性最多,提供了更多的就业机会,成为齐家、平天下的坚实力量。必须先正视自己,你才能得到别人的重视。而此刻,女性在个人和社会发展中历经风雨,乘风破浪,拥有了智慧、稳定、勇气和自我认知,相信自己能克服一切。我们不仅要改变社会文化中的对话,更要改变我们自己脑海中的对话。

长久以来,男性主导着这个世界的战斗模式。无论是在交易

第一章 转变对话

所还是在政治舞台上,在雄性激素的驱动下,人类长期冒着风险,深陷零和博弈。由男性特有的支配性人格驱动的战斗模式,既不能推动社会进步,也不能更好地延续社会文明。我们需要另一种大脑思维来调和人类社会,这种思维将社区和谐和生命保护视作核心。经历更升期后的女性大脑有能力协调人类文明。

我写这本书的目的,是想给予你力量,去拥有新的思考,展开新的生活,选择你自己想要的生活。我还希望女性之间能彼此支持,进而支持全体女性的成长。每一位女性都需要全情投入,付诸行动,日日不辍。

在更升期,神经生物学的理论支撑着我们褪下女性的生育期身份,拥抱并奔赴更为真实、强大的自己。你也不妨问问自己,你如何看待自由?如果不考虑金钱和体力,你会做些什么?你会成为谁?在更升期,我们可以尽情地放飞想象。一切皆有可能,我来帮你畅想未来。

第二章
成为女性的关键

生物系统热衷于保持平衡。它们向往、渴望轻松的合作状态，单凭释放信号就能顺利沟通，只需轻微提醒就能保证机体运转井然有序。它们为平衡而战。在生物机体中，我们称这种对现状（健康）发出的驱动力为"稳态"。这个过程就像一个庞大、立体的鲁布·戈德堡装置[1]，凭借细微、快速的反应来对抗干扰，无论这个干扰是来自分子，还是巨大的外部力量。人通过吃饭、睡觉、蜷缩、跑步产生的蛋白质和分子有助于建立平衡，或是采取行动让一切回归正轨，保障人体系统平稳运行，获得健康和力量。钟摆来回不停摆动，也未曾有完美的中间线。努力保持稳定和不变是所有生物生存的基本原则之一。

现在回头看看女性的生物系统，其平衡驱动力每日都要经受一场化学风暴的洗礼，神经激素一波又一波地动摇着平衡，目的是唤起系统的某种行动、反应，或是新行为。由于雌激素、黄体

---

[1] 一种实现连锁反应的机械装置，设计迂回复杂的线路只为实现一个简单目的，如让球进洞，或是倒一杯水等。

酮、睾酮、脱氢表雄甾酮（DHEA）、皮质醇和其他物质交替作用，每时、每天、每周、每月都在发生变化，导致不只是月经受到影响和失去平衡，而且人的整个神经系统，包括大脑，都在不断接受刺激和舒缓。每个激素分子都要求各自行动，以延续整个生物系统的生存。受强烈激素波涛推动，大脑催发女性去交配，去调情，去躺在壁炉边，去吃巧克力蛋糕，去表达愤怒，去拥抱，去有理有据地数落别人，去道出未经修饰而刺耳的真相。

波涛是最强大、有效的外力之一。池塘里的涟漪也好，20英尺（1英尺≈0.3048米）高的风暴潮也罢，波涛所及之处，皆变一副模样。波涛能把巨石打成卵石，把贝壳磨碎成沙子。波涛拍打海岸，形成海岸线，在岸边沉积陆面，堆积着碎玻璃、贝壳、海草和船只，有时还把生物推到岸上。波涛的拉力也不容小觑，退流卷走了潮水抛起的东西，侵蚀着海岸线，在深蓝水域中冲刷出峭壁，直达海底。

佛罗里达礁岛是佛罗里达半岛上的一条小岛链，从该州大部分地区覆盖的石灰石、沙质土壤和珊瑚礁上向西南延伸。礁岛西临佛罗里达湾和墨西哥湾，拥有一片平静、清透的碧海，沙洲绵延数英里（1英里≈1.609千米），这儿的居民整日赤脚从温暖、齐膝深的海水中涉水而过。波纹之下，海底平滑细腻的沙地清晰可见。

海岸线绵延平整，是许多浅水中漂浮小生物的栖息地。平缓的潮水表面点缀着白色的珊瑚巨石，只要不遇上飓风巨浪，潮水并不会冲起茂密的海草，也不会明显侵蚀浅滩。

佛罗里达礁岛的陆域狭窄，有些宽度不足两英里。从岛链中部向东行十分钟，就可以到达大西洋边。在那里，大海变得粗粝，水变得浑浊。虽说有同样的沙子、石灰岩、温暖的海水和珊瑚岩，但它和刚刚的西海岸截然不同。这里的岩石海滩仿佛是铺了一层毛茸茸的海草毛毯。海胆和刺虹在海域边缘，隐身于水下的生长环境；浅滩上遍布岩石，无比锋利，哪怕脚上长满老茧，也会被割伤。退流侵蚀着海岸，冲刷出更适合大型掠食性海洋生物生存的深壑。在这种海岸边上，你就能找到海玻璃，其锯齿状的边缘被磨圆，表面经过潮汐和沙子的磨蚀，变得柔和而不透明。

虽然两边海岸的组成要素相同，但海岸线经过波涛雕蚀，结构已发生变化。同样是岩石，靠着平静海湾的岩石和饱受大西洋无情摧残的岩石构造便不同。如果倒一卡车沙子在西岸，会形成一个小海滩，而沿着大西洋边倒沙子，这些沙子没几天就会被卷入海里。

激素波涛

人体分泌的激素，便是驱动人的行为周而复始的波涛。肾上腺释放的一种激素，犹如波涛般在我们体内流动。清晨，它如一道浪扑过来，唤醒我们的身体，保持记忆力敏锐，让我们振作精神，渴望学习。早上达到皮质醇的高峰期时，我们的步子会迈得更快，感觉斗志昂扬。到了下午三四点，波涛退去，人体皮质醇含量不足，我们就会想打个盹、吃点巧克力、喝杯咖啡或是含咖啡因的苏打水，只要是能让我们重焕活力的东西都行。等皮质醇这道波涛完全退去，人就会得到放松，速度放缓，感觉到疲惫。顺利的话，另一道激素波涛能保障我们夜间的睡眠，让大脑有机会清理白天分泌累积的毒素和多余物质。但这道波涛如果被打断——如因为熬夜、倒时差、跟家人大吵，或经历了深度创伤——皮质醇波的表现就会不寻常，影响大脑神经回路的连接，甚至难以预知是否会干扰其他激素。这导致我们辗转难眠，可能在焦躁不安中度过大半夜。如果处于心理创伤中，不巧肾上腺激素分泌的开关卡在"开"，大脑神经回路就会发生巨变，让人无法学习、放松，一切环境和人都成了某种威胁。

波涛能改变一切环境，包括驱动思想、情感和行为的神经回路。日间的皮质醇波对女性和男性都很常见。只要我们保持一定的作息规律，按时起床、运动、吃饭和睡觉，且不受生物干扰，波涛就不会来势汹汹，人体神经环境也不会受到太大影响。

对男性而言，大脑和神经系统同样会面对这些常见的波涛。正是体内化学物质的起伏变化，让人一生能经历清醒、睡眠、循环、呼吸、饥饿、口渴、思考、学习、性和情感等不同状态。处于青春期的男性大脑中，脑垂体刺激睾丸分泌睾酮，会激起人的性欲。对身体亲密接触的渴求成为男主导的驱动力，使他们的情感发生剧烈变化，但睾酮本身并不是什么惊涛骇浪。在白天，睾酮起伏的节奏跟皮质醇一致，上演着二重奏，会导致明显的晨勃。但男性大脑的主旋律一直都保持着单一，并不复杂。浪起时，是早期成人的高潮；浪退后，便冲下缓坡进入老年。睾酮驾驭着其他驱动人体的普通激素，以可靠、可预测的方式流动于体内。

女性大脑内的活动略有不同。在六至十三岁，女孩的下丘脑刺激垂体，形成多道激素波涛。一个是肾上腺波涛，能够唤醒位于肾脏上方的小型激素控制中心——肾上腺，分泌出雄性激素DHEA，为人体补充能量，激起你的兴奋感和生活热情。它也通常被称为前体激素，因为它可以转化为雌激素和睾酮。没错，不管是女性还是男性，都有能激发性欲的睾酮。

青春期的女孩会表现得些许暴躁:"别碰我的头发。""别盯着我看。""别跟我说话。""别管我。"肾上腺波涛通过皮质醇、肾上腺素和 DHEA 刺激她们的神经系统,适量激素提升女性学习新事物和记忆的能力,同时让人变得更加敏锐,能够探测危险并完美应对。肾上腺素和少量皮质醇能让女孩在深夜独行时保持警惕,或让她在独身一人穿过一大片废弃停车场时,保持精神高度集中。

下丘脑向垂体发出信号的同时,也引发了其他激素活动。在大脑和卵巢的这片海岸上,波涛之间相互碰撞和消退,展现出一段独特而复杂的舞蹈。垂体分泌的两种化学物质促黄体生成素和促卵泡激素给卵巢发出信号,使其分泌供卵子成熟受精的雌激素,同时在子宫内铺上一层软垫,让受精卵着床。对大多数女性而言,在月经期间,体内雌激素是平时的八倍。雌激素仿佛是拖着一辆小货车般,带着催产素登场。催产素又称"亲密激素",能够促使女性神经化学配对。雌激素越多,催产素也就越多。虽然男性也会分泌催产素,但含量会低得多。在波涛起浪时,雌激素和催产素能促使女性做出暧昧、贴心、黏人的行为。

促黄体生成素、促卵泡激素、雌激素、催产素和睾酮的波动在一定时间内重组了大脑网络,刺激了记忆、语言和情感等功能,并在排卵期前后达到顶峰。排卵后几天,雌激素退场,留下以黄体酮和睾酮为主的激素。由于卵巢产生了黄体酮的退浪,垂体开始收回促黄体生成素和促卵泡激素的释放。在接下来的四天,黄体酮会拽走那些外向、活跃的分子,好比是漂流于浪潮中的海藻,让人觉得社交索然无味起来,沟通能力也逐步退化。它向子宫内膜释放信号,使其不断增厚,同时也使人发生内敛倾向,降低了精神敏锐度,并对疼痛更为敏感。对大多数女性而言,此时的黄体酮是平时的八倍。黄体酮以其代谢物别孕烷醇酮的形式,刺激了大脑的活动。γ-氨基丁酸是大脑的天然安定剂,是大脑主要的镇定系统。神经系统的γ-氨基丁酸能活动能够抑制雌激素产生的增长、连接和刺激作用。如果没有这种抑制,我们会表现出急躁和焦虑,甚至癫痫发作。整个神经系统都有γ-氨基丁酸能受体,并受黄体酮的代谢物别孕烷醇酮影响。它释放的信号让人得到平静,抵抗焦虑,是每个月最为舒适、惬意的时刻——让人只想成天窝在家里,看看爱情电影,尝尝蛋糕、冰激凌。别孕烷醇酮还会让女性在孕期的前半阶段出乎意料的平静。但好景不长,接下来的故事你应该很熟悉:随着黄体酮急剧下降,别孕烷醇酮也会减少,你会出现经前综合征、腹胀、痉挛和出血等反应。在经期最后两天,体内的黄体酮会降至最低,为子宫内膜脱落做准备。这时,我们会怀着急躁、低落的心情看待周遭:看到广告里大人拥抱婴儿和小狗会掉眼泪;遇上一丁点儿小事,就觉得这个世界即将崩塌。

消极与积极

众所周知,人总是会产生消极、片面的想法,容易只顾盯着一件糟糕的小事,而对所有好事不理不睬。如果生活在荒郊野外,我们目睹了狮子在哪个水坑附近吞食了一只羚羊,特殊的认知偏见会让我们把这一画面牢牢地印在脑海里,并且警告其他人不要靠近。消极偏见让我们格外关注骇人听闻的警报或是灾难事故的最新消息,而好消息呢,总是过耳就忘。一些神经学家因此这样形容:大脑在遇到消极事物时就像尼龙搭扣,而面对积极事物时就像特氟龙[1]。

女性每月在黄体酮骤降时（降到约原来的八分之一），大脑神经回路便会被拖入一片抑郁深海。如因服用避孕药造成黄体酮的化学消耗，或在接受激素治疗过程中使用过量黄体酮，都会加重神经敏感女性的抑郁症，其自杀的风险也会翻倍。

女性体内的神经化学物质仿佛一排排波涛，翻腾而来，又缓缓退去。它们反复拨弄着基因开关，跟受体连上又断开，每隔 26 至 35 天就会改变女性大脑近四分之一的连接。这些波涛让人每周都会发生巨大的变化，起初让人觉得友好、聪慧和积极，直到后来总带着消极滤镜看待别人的评论和互动。这些波涛的拉扯力起伏很大，女性这一辈子里，这番剧烈的波涛汹涌会在大脑里上演至少 500 次。

怀孕、分娩和育儿让女性像迎来风力稳定的强风、高涨不退的潮水、气候变化和新陆地的形成，让女性大脑为她们一个又一个的孩子去思考、行动和生活。在怀孕期间，她们大脑中的"自我"硬盘被擦除并进行重新编码，好让她们把养育后代放在首位。而在青春期、孕期、产后康复期、过渡期和更升期的大脑重置有一个副作用，那就是意识错乱。我们会说错话，找不到钥匙，或是刚约好会议转头就忘……种种现象表明，女性孕后的生物系统确实发生了不可逆转的变化，而为了让控制情绪的边缘系统接管，我们的额叶皮层功能开始罢工。

每一个作用力都有一个大小相等、方向相反的反作用力。在

---

[1] 一种高分子化合物，具有优良的化学稳定性、耐腐蚀性，是许多不粘锅的主要涂层材质。

某次摆动中,本处于平衡状态的钟摆如果朝反方向甩得过于用力,就打破了平衡,于是很难在这种不断变化的环境中回归精准、静态的平衡状态。对女性大脑而言,矫正路线就跟打连珠炮似的,每日持续,一直持续大概35年。

从过渡期进入更升期,本就激烈的稳态守卫战只会愈演愈烈。

在女性35—45岁,肾上腺和卵巢分别分泌的DHEA(记住,它可以转化为雌激素和睾酮)和雌激素开始略有下降。如此一来,自青春期起就对雌激素"成瘾"的下丘脑和垂体立马分泌了大量促黄体生成素和促卵泡激素,以缓解戒断症状。卵巢顺势而动,引发体内的雌激素海啸,进一步打破了大脑和躯体的平衡。雌激素深刻影响了人的认知、记忆、精神敏锐度和情绪。而雌激素飙升则会分散人的思绪,让人更易暴躁,随后还会引起黄体酮含量骤降。雌激素和催产素促使的外向情感表达戛然而止,取而代之的是易怒、悲伤、思绪分散和悲观主义,这种情况在黄体酮疾速分泌又减少时尤为明显。女性在过渡期时容易暴躁,激素分泌不稳定,导致的行为也不同,可能是一句"别碰我",也可能是"滚出我的生活"。

因缺乏排卵,导致体内雌激素或黄体酮不足,月经周期就会不规律;而排卵会发出让子宫内膜不断增厚的信号。通常雌激素分泌下降时,黄体酮分泌反而会增加,使子宫内膜发育完整、位置适当。如果没有受孕,随着黄体酮分泌水平突然降低,释放信号,子宫内膜便会脱落。如果黄体酮不足,便无法转化为镇静大脑和神经系统的别孕烷醇酮;而如果难以降低黄体酮分泌水平,子宫内膜只能在增生过厚的情况下因过重而脱落。这时出血可能会变得很严重。

第二章　成为女性的关键

不是所有女性都会以同样的方式经历这种转变，但有近30%的女性会经历这样戏剧性的过渡期。对她们而言，这种神经化学风暴的疯狂推拉持续了2—4年，垂体对激素的需求使得情绪和行为出现极端波动。下丘脑从青春期就开始分泌促性腺激素释放激素（GnRH），会在分泌遇阻时释放出大量信号，就像女高音歌唱家玛丽亚·卡拉斯（Maria Callas）用最高音域发力，对着空旷黑暗的音乐厅唱出超长音符。

身体的生物学与生存息息相关。系统任何时候罢工都会在机体内产生恐慌。这种恐慌通过神经系统传递，成为思想、情感和行为的无意识驱动力。那么这种恐慌有出口吗？能得到放松吗？前额叶皮层是人类大脑中产生见解的关键区，它可以使恐慌的杏仁核平静下来，并在分析后告诉我们，这不会危及生命。我们可以试着区别生物恐慌和真正威胁；尽管面临波涛汹涌的激素时我们并不这么想，但实际上由神经激素投射出来的我们并非真正的自我。

不过我们无从推断男性。尽管女性和男性的大脑基本物质类似，但这些激素波涛已经让两者形成明显的结构性差异。它好比是佛罗里达礁岛的两侧海岸，或是哥斯达黎加的加勒比海和太平洋海岸，波涛的力度、频率已深刻改变了环境、结构和体验。

韧性

激素波涛是我们作为女性的核心，磨炼了女性内在的"韧性"力量。韧性是当系统或个人受到打击时，迅速恢复健康秩序的能力。韧性的力量在于它不仅能让系统得以生存，还可能实现其最大潜力。只有像女性大脑经历激素波涛那样不稳定因素的冲击后，才能让人建立和加强韧性。

女性心理学认为，能在神经化学风暴中冲浪，体现了女性拥有勇气、力量、意志、主动性和权力的核心。虽然这些波涛带来许多痛苦，但也成就了女性的优良品格。激素也曾驱使着我们，让我们在这收获不尽的舞台上翩翩起舞，待到卵巢不再听从大脑指挥分泌雌激素、睾酮和黄体酮，这支青春的舞蹈便结束了。

猛烈的波涛奔腾而来，抹去了大脑硬盘的记忆，为更升期做足了准备。这种状态能够安抚大脑对养家糊口、养儿育女和维系感情的过度担心，不再顾忌他人对自己的看法。一旦你踏入更升期的那扇门，你就能看到最积极、最真实的自己，不再被其他的东西蒙蔽。你已百经锤炼，寻得你真正的力量。你已饱经风霜，觅得人生哲理真谛。你这才意识到，曾经你以为的女性力量、青春期女性的性力量，不过是浮于表面的装饰。

群体

当年的作战老兵退役后，思想和神经系统会发生变化，而这些老兵又因各自的经历、对彼此共同的感情而相聚。女性也是如此。过渡期和更升期的女性仅凭直觉就知道，不在这场特殊激素战斗前线的人，永远无法完全理解自己。

进入更升期的我们，今时不同往日。那个女孩一直停留在过去，我们已生活在生物作战区几十年了，且已经永远地变了。每周都被推到边缘，化学物质以极快的速度翻转着与对抗疾病、压力、性欲和精神敏锐度有关的基因。这个战区使我们成为我们自己，用完整的自我感知去理解人和现实。

在更升期，我们发现内在感知会让自己变得更强大。它放大

第二章 成为女性的关键

了直觉,让我们迅速消化、吸收信息,几乎没有时间让你过度解读。它将更多可用的镜像神经元推到最前沿,让我们感知他人的神经系统,与他人同频共振。倒不是说男性没有类似的内在感知系统;而是他们没有像激素波涛那么强的刺激提升人的敏锐性。

除非有 Y 染色体出现,否则每一个胚胎都将是女性。没有稳定睾酮产生时,子宫、卵巢和阴蒂也能发育。女性是原始的性别。波涛是大自然的原始力量。男性是女性的肋骨,是"第二性",还未经波涛洗礼,只在有限的舒适区活动。而女性已跳出这片舒适区,并且清楚地知道,打破常态带来的是转变,而非毁灭。

我们的生物学造就了天性中的狂野,带有一种与生俱来的凶猛。这种女性特有的凶猛,能让我们在遇到问题时发出呼喊,在庞大系统陷入危险之时呼唤改变,在我们的姐妹被活活烧死在制衣厂时要求安全改造,在我们奋力挽救地球免受灾难性、人为(尤其是男性造成)的气候变化时能经得起他人嘲弄。这就是女性,这是了不起的事,不能由谁任意掩盖、扼杀或忽视。正是我们的不同生物属性才在情感和社会上形成了改变。女性是改变的推动者,拥有巨大的能量和潜力。

当所有变化的推拉消失后,会发生什么?我们会有怎样充足的韧性和充分的准备去面对日常生活的变化?现在,我们的大脑神经回路有了一丝自由,不再像之前一门心思扑在管理激素上,而是适时自由分泌。这是你发挥创造力的大好机会,去迎接新生活,创造属于自己的黄金时代吧。如果你不了解生物学对身体的各种作用,那它便注定了你的命运。你来说说,你想选择哪种命运呢?

第三章
向更升期过渡

我的患者卡洛尔是达拉斯一家地区银行的公司法务。卡洛尔今年 47 岁，同丈夫罗恩已结婚 22 年，两人育有一女。罗恩对母女俩都非常体贴，无微不至。最近夫妻俩的关系似乎出现了状况：卡洛尔觉得自己总在受批评，导致两人争吵不断，不再像之前那样沟通解决问题。罗恩感到困惑，卡洛尔一会儿拒绝他的爱意，一会儿又为疏远他而道歉。"我只是想让她重新开心起来，"他在我们见面时告诉我，"但现在我似乎做不到。"

卡洛尔的职场也没那么一帆风顺。她的事业曾一飞冲天，风光无限，做事一直好比有点石成金的能力。最近，她的好运似乎消失了。要么时不时会错了意，要么是在为昨天气冲冲发的邮件赔不是，状况百出。她的老板变得极为不耐烦。虽说她以前也不是最随和的人，但现在她脾气非常暴躁，很难控制自己。

卡洛尔万万没想到，她的老板在一次周会上通知她，公司不会再续签她的合同。她从来没丢过工作，而今只给了 48 小时让她卷铺盖走人，结束这 25 年的职业生涯。卡洛尔原本是充满活力、热情洋溢、乐观开朗的人，但现在，每晚都是罗恩抱着她，她哭着哭着便睡着了。她一直依赖着内在的坚韧渡过难关，但现在坚韧的底线似乎已经破防。公司存在年龄歧视是一方面，除此以外，大脑在进入更升期前会引发体内激素如过山车般起起落落，这几年不断把她推向悬崖边缘。她还觉得自己受到许多老朋友和同事的冒犯，起了不少争执。她来找我时，生活已破碎不堪。

卡洛尔的情况看似复杂，甚至有点极端，但其中有非常多的生物学支撑。女性大脑在这个阶段发生的身份和身体转变颇为深刻。我想向你承认这一事实，并证实这一点。此时此刻，如果你觉得自己完全不像过去的自己，你无法再用以前的方法让自己平静下来、睡个好觉或是减减体重，这不是应激问题，也不是任何假象。它是真实的，出现在生理和大脑上的反应。你不能佛系处之，像卡洛尔朋友说的"随它去"这么简单，或觉得这些症状哪天就会神奇地消失。你也无法照旧通过健康饮食、运动锻炼和保持良好习惯来控制你的身体，想方设法重返正常。虽然良好的习惯能帮助我们从过渡期迈入更升期，但并不能避免过渡期会出现的症状。

你身体发生的变化并不简单。在几十年规律的月经周期后，突然一切都乱了套——经期变得时短时长，月经量过多或过少。当然，这不仅仅是周期时长或者出血量的问题：这些现象都离不开激素，会明显改变你对个体、生活、亲密关系和工作的感受。而你正在经历或已经经历的，可能意味着你必须接纳自己焕然一新的事实，拥有焕然一新的身体，获得焕然一新的自我意识。我帮助卡洛尔找到了适合她的前进方式。每个人的解决方案不尽相同，针对卡洛尔的情况，激素治疗对她而言卓有成效。"我没有重新变回过去的自己，"后来我问起她的感想，她告诉我，"它让我悦纳了现在成长变化的自己，不会觉得自己是被冲离了海岸，又被甩在沙滩上。新工作近在眼前！"

对于女性而言，不仅大脑有雌激素和黄体酮受体，而且每个器官上都有。随着这些激素的分泌量下降，可能会产生极大冲击力。在这一阶段，许多人的生理和心理认知发生了基本转变，几乎可以说是人这一生中的重生。结合我自身过渡期的经历，以及我接触了许多过渡期的女性，并为她们提供支持，我发自内心地重视过渡期。读到这一章节，等会儿你可能会嘀咕："卢安医生，你这不是在坑蒙拐骗吗？这本书应该叫作《更'降'期》。"我懂你的想法。万事万物总是喜忧参半，有好也有坏。在你经历生理和心理的过渡期，寻求帮助时，总会遇到种种坎坷。遇上坎坷没关系，关键是要学会成为自己的号召者。我希望能帮到你，让你在看诊时问之有理、言之有物，让医生成为你队伍的一员；还要让见识广、支持你的亲友加入你的队伍。如果你还没有完成过渡，可以喊上你已经进入更升期的朋友，陪你去就诊，她可能问出一些你未曾考虑到的问题。这是人生中不确定的阶段，有这样一个群体帮你探索如何让这一阶段最具成效和回报，会让你更安心。

女士们！准备好你的数据表！

在 19 世纪，女性可能仅仅因为某个愤怒的举动、某次月经失调或因为丧亲悲痛不已，就会被送进疗养院。虽然现在我们有表达自由，不会随便进疗养院，但大多数女性在经历一生中最特殊的转变时，仍然感到孤立无援，内心回荡着饱受压抑的声音。如果你正在过渡期，我希望能为你这一趟旅途提供指引方向的地图；如果你尚未进入过渡期，毕竟每个人的节奏不同，你也可以从中发现一些标记，稍作留意。如果现在你还来月经，但没有用日历、数据表或软件记录每次月经，赶紧动手开始吧！

同青春期一样，处于过渡期时，我们的激素可能会引起情绪剧烈波动。这个过程本身就会让人产生孤独感，因为我们不知道这些经历是否正常，其他女性是否有类似的经历，是不是自己的精神错乱了，等等。如果你的过渡期来得早，你可能没有同龄人可以交流；如果你的过渡期来得晚，你朋友都已结束了过渡期，可能也没法找她们聊。"我问了一个朋友，"卡洛尔笑着回忆道，"她叫赛茜，比我年长约20岁。但她说自己只记得那段时间非常担心健康。就说了这些。唯一的细节是她提到自己对前夫发火的时候，把一些首饰扔进了哈德逊河。"

我们先来回顾一下，便于你找准自己的定位。如果你在过渡期之前的几年内，没有采取过激素避孕措施或服用避孕药，那么垂体会按时释放出两种激素，促黄体生成素和促卵泡激素，如闹钟发条一般校准你的月经周期。如果你服用药物，则会阻挠这两种激素信号的释放，无法达成两件事：一是促使卵泡成熟产生雌激素，二是让卵泡通过输卵管进入子宫（排卵）。子宫内膜在雌激素作用下增厚，为受精卵着床做好准备。每当雌激素上升，催产素也随之上升，刺激人产生亲密、亲昵、信任和连接的心态与行为。在排卵后，刚才的卵泡会形成一种不同的内分泌腺体（黄体）分泌黄体酮，让人感觉温暖舒适，想要悠闲又自在地待在家里，同时黄体酮能够保持内膜的增厚与固定。如果卵子未受精，就不会着床，黄体酮含量急剧减少。这一反应可能非常明显——随着别孕烷醇酮迅速减少，子宫内膜脱落，我们可能会变得相当暴躁。我们在出生时有大约100万个卵子，这是我们的卵巢储备。到了青春期，卵子总数大约减少到50万个。我们体内每个月都会有 9—10 个卵泡发育生长，只有最具生命力的一个卵子会被选中排出。到了 30 多岁，卵子总数呈指数式下降，大约只留下 1.5 万个卵子。跟衰老的细胞一样，多年来卵子的 DNA 逐渐退化，我们拥有的可用卵子越来越少。卵子基因突变往往表明卵子不会成熟了；即便它成熟后排出，这些突变对胚胎的影响也是致命的。不出十周，身体系统便会感知到胚胎无法继续发育，最终以流产的方式结束妊娠。随着未变异卵子数量减少，我们不再有成熟卵子。没有成熟卵子则意味着不再有卵泡分泌的雌激素，催产素明显减少，黄体酮也不再分泌。没有这些强效的神经化学物质向大脑发送信号，我们已经感觉有些不安定了。

你在这里⇩⇩

通过回顾，我们可以发现过渡期有四个阶段。第一个阶段，过渡期前期，通常开始于 37 岁左右。这一阶段的可用卵子数量减少，逐渐少有卵泡形成，体内各种性激素分泌都会受到影响。你可能发现自己在月经前会更加焦虑，做完高强度有氧运动后难以恢复平静，或是晚上觉得微热、出汗，睡眠偶有中断等。

在 40—45 岁会进入过渡期早期，其特点是更为明显的睡眠障碍。可能每周不止一次发现自己醒来浑身湿透，或是发现自己把被子甩在了一旁。在过渡期早期，可能出现月经失调，比如，月经量和天数都较少、经期其中一两天出血量较大、不来月经、在排卵期出血等。这都是由于常见的无排卵或无卵子经期现象导致的。

在生育期，我们可能每年都会有一次无卵经期，说明在这一经期内卵巢没有形成卵泡。还记得前面说过，卵泡能形成小型内分泌腺，刺激或抑制激素分泌，改变我们大脑每月的认知和情绪。随着更升期临近，我们的无卵经期会更多。无卵经期的标志是经期间隔时间相较平时缩短一到三天。如果你一年出现了两到三次短经期，比如，从 28 天减少至 27 天，或是 26、25 天，这便是你正处于过渡期中期的表现，远远早于你停经前。

很多人一直以为判断过渡期的首要迹象是潮热和情绪波动。但相信我，我们很容易否认这些迹象。在进入过渡期的头几个月甚至几年时间里，我们经常将这些表现归咎于汽车的温控系统、家里的空调或床品，或是压力或情绪上的困难。但是，月经周期缩短这种可量化的标志，明显比测试激素水平更可靠，比出汗、易怒等主观迹象更客观。虽然到了过渡期中后期，你可能每晚都会经历睡眠中断。但如果你不稍加注意，这个标志也容易忽视，就像你以 75 英里的时速嗖地穿过州界，丝毫没有留意到路边一块晒得斑驳的路标。如果你之前没有记录经期的习惯，从今天起就开始记录吧。你的日历会告诉你所有你需要了解的信息。但如果你目前仍在服用避孕药，了解自己经期变化的唯一方法就是停止服药。

如果你每年月经周期缩短的频次达三至十次，那么恭喜你，你已经开启过渡期后期，即将迈入更升期。过渡期结束的平均年龄为 51 岁，但情况各有差异，最好还是依据可量化的生理活动判断。对多数女性来说，神经激素对这一阶段的影响也颇为深刻。

没有成熟的卵子，垂体、卵巢、子宫之间，而且促黄体生成素、雌激素、促卵泡激素、黄体酮之间天衣无缝的配合开始变得有些松散——就像从天鹅湖芭蕾舞剧里整齐划一的步伐变成了现代即兴舞蹈。没有成熟的卵泡，大脑也无法获得所需的雌激素。

第三章　向更升期过渡

此时，由于大脑需要雌激素，垂体会释放出大量促卵泡激素，促使卵泡产生雌激素和排卵。然而，如果没有排卵，就无法产生黄体酮，也不会出现黄体酮迅速下降、子宫内膜脱落的情况。相反，内膜继续增厚。当内膜过厚而无法维持原位时，就会因重力脱落。即便没有黄体酮，体内组织和血液的重量和体积也会使其不堪重负，最终脱落。

经期的出血量经常让人恐慌，很多女性会以为自己流产了或濒临死亡。可能会有高尔夫球般大小的血块掉进马桶，床也可能变得一片狼藉，宛如犯罪现场。有个朋友告诉我，她有次坐在马桶上取出棉条，声音听起来就像是在小便。如果大脑感觉雌激素不足，会在排卵期中大量释放促卵泡激素，身体尚未处理好上一组卵泡，又促使一组新的卵泡发育。就像火车堵塞在车站里，黄体期失调或经期堆叠会导致子宫内膜接收到的信号混乱，不断发育，经期出血时间延长。经期间隔不断缩短，直到有些女性感觉自己的经期已经颠倒——月经变成来 21 天，停 5 天，而这种现象在过渡期的中后期并不罕见。

"我听过最好的建议是要带一个更大的手提包，"卡洛尔提起她有一次大出血，"我得带整盒卫生棉和卫生巾出门，还需要备干净的内裤和专门用来装湿透衣物的塑料袋。我有个朋友让我把白裤子都送人，因为等我停经不再出血的那天，这些裤子可能早就穿不上或者过时了。"

"最尴尬的情况是，"卡洛尔继续说，"你在晚宴上感觉到月经要侧漏了。第一反应肯定是会担心破坏朋友的家具，其次是担心自己站起来的那一刻会发生什么。如果你还碰巧遇到卫生间里只有没套袋子的白色塑料垃圾桶，更是尴尬至极。简直让我如临大敌！于是我还会在包里放一卷不透明垃圾袋，跟其他必需品一起随身携带。"

多达25%的女性会出现我们所谓的"血崩"。没错，就是这个术语。尽管穿越时区和半球确实可能加剧出血，但"血崩"并非由应激造成。不管多少岁，每当我们打乱身体的生物钟（苏醒、入睡、进食的激素循环），就会扰乱其他所有的激素信号，包括排卵和月经的信号。"我曾经保持过一段时间的生物钟，因为我生活非常规律，且很会推断自己怀孕的时间，"54岁的莉兹告诉我，"但在我二十多岁的时候，我在医院见习，经常值夜班，每隔三天就要值夜班。那段时间我也记不清自己的经期，跟男友不小心出了几次'意外'。"

"因为月经量大，我就挂了妇产科的号问诊。看诊的时候，医生往往都会问我出国有多频繁。"这是49岁的帕特丽夏所说，她是我的新患者。她的妇科医生已执业四十余年，见过各种各样的患者。他注意到找他问诊的四五十岁女性里，那些经常当"空中飞人"的女性常常会抱怨出血过多。"年关将至时，我从纽约的冬天飞到巴西的盛夏，然后再到挪威的寒冬。等到了一月的第三周，我几乎精疲力竭。"帕特丽夏继续说，"我开始多拎一个箱子出行，多带几个用来装湿衣服的塑料袋。我现在无论去哪都会带双氧水和棉签，用它们清洁衣服、椅子、沙发和床单上的血迹，一点也不马虎。"

你放心，虽然这些情况大多很常见，但每个人都有各自应对症状的方法。有些人不太在意，她们相信要给身体点时间，哪怕要等上几年症状才会消退，她们也愿意耐心等待；而有些人则想要征服身体。不过绝大多数人可以结合各种方法缓解症状：如接受激素治疗或服用抗抑郁药物等，或是做门诊手术让子宫内膜的厚度变薄。

第三章 向更升期过渡

一则重要提示：经期大出血有时也可能是子宫癌的症状。由于91%的子宫癌患者出现过经期大出血，因此如果医生建议你做手术，最好对子宫做一下活体组织检查；不过很有可能大出血只是你进入过渡期早期的标志。另外，如果你出血量很大，最好能检查下血红蛋白和红细胞比容，以判断是否贫血。必要时，你可能要在出血期间服用补铁剂。如果你因经期大出血而患有贫血，即便在你过渡期结束后，也要记得找医生做一项RDW检测，其可以测量红细胞分布宽度，以确定骨髓是否已经恢复正常造血。即便在过渡期结束后，有些女性也离不开补铁剂，会一直服用至更升期结束。

"对我而言最困难的一点是，"帕特丽夏还告诉我，"我原来调理月经的方法现在反而会适得其反。以前，运动能帮助我缓解痉挛、稳定情绪，因此我每周六早上都会去健身房跳尊巴，做心肺训练，之后再跟朋友见面。但自从我进入过渡期，上健身课只会让我连续两三个小时浑身酸痛。噢对了，痛经发作的时候，哎呀，简直受不了。"

如果你本身有子宫肌瘤，运动有时会加重过渡期痉挛。子宫由平滑肌组成，这种肌肉不受人意识的控制，并由一些特殊的小螺旋动脉为子宫提供血液。如果这些肌肉和动脉在月经期间不收缩，我们就会失血而死。这种痉挛过程让我们感到痛经，并且在运动时会加强痉挛感。如果你以为自己懂严重痛经是什么感觉，但亲爱的，过渡期的痉挛感可不是闹着玩的，完全是两码事。

"有次早上我跟着健身教练做训练。"帕特丽夏回忆道，"晚上在家的时候，因为痛经蜷成了一团，躺在沙发上哭。止痛药虽然有点用，但作用不明显。我一直保持着运动健身，但现在医生却告诉我要多睡觉、多休息，保持安静和放松。我起初很难接受,但后来发现医生的建议真的有效。"

前列腺素系统分泌的化学物质可以使身体部位收缩或放松。前列腺素能让那些平滑肌和螺旋动脉收缩并切断血液供应。而在每月出血前,黄体酮会减少分泌,引起前列腺素系统的过度反应,加剧痉挛性疼痛。痉挛显然不具有进化适应性——如果在野外生存,任何让人背着地躺倒的事都不可取。但大自然母亲认为,痉挛总比失血致死要好。在过渡期,激素开始失衡的时候,疼痛敏感度也会增加。

要想摆脱痛经的痛苦,只能尽早止痛。一旦痛经开始,使用阿司匹林、布洛芬或其他止痛药干扰前列腺素系统都无济于事。你需要从一开始就关注疼痛感,并在痉挛发作成为痛经之前,立马服用正确的非甾体抗炎药(NSAID)。记得不可服用阿司匹林,因为它会导致你出血更多。"这是你教会我最有用的事之一,"帕特丽夏有次看诊的时候告诉我,"现在我来月经的时候,会在运动前服用止痛药,能够有效缓解痛经。这样,我就能在运动的时候多一份活力。"

雌激素,连你也背叛我吗?

长久以来,雌激素是你最好的朋友。它能促进语言能力、社交联系、性生活和情感的发展。雌激素是大脑记忆的重要守护者,是情绪和认知功能的卫士。有些医生称其为大自然的"盐酸氟西汀[1]"。但在过渡期,雌激素分泌过多可能会对身心造成不良

---

[1] 又称百忧解,一种常见的抗抑郁药。

第三章　向更升期过渡

影响。

除了能使子宫内膜增厚，雌激素还能让子宫肌瘤迅速发育。多数女性在 30 多岁时会出现小的子宫肌瘤，但在过渡期，它们可能会发育成葡萄柚大小，甚至更大。非洲裔女性患病的风险更高。在我 53 岁经历过渡期时，巨大的子宫肌瘤压迫膀胱，让我像怀孕三个月那样频繁排尿。忘了性生活吧！大部分时间里，我的骨盆仿佛挂着"别靠近我"的标志。在面对痛经、大出血和子宫肌瘤压迫其他器官的不适中，这座"商场"已经打烊了。

这就是雌激素对生理的影响，接下来我们聊聊它对心理的影响。

因为雌激素促进大脑突触生长，增强突触连接，并重组大脑神经网络，所以我们才会在正常月经周期的前几天变得更健谈、更外向，仿佛是往大脑里加了高辛烷值燃料。生长自然是好事，但需要有黄体酮刺激，派出园丁悉心呵护，来大脑和子宫里除除杂草、修修树篱、剪剪树木和清理垃圾。如果体内的黄体酮不足（对很多过渡期女性来说很常见），缺少园丁做大脑和子宫的清理工作，这两处区域便会出现过度生长。修剪大脑神经、清除垃圾的最佳时机是入睡时，但在过渡期，睡眠已成为一桩难事。缺乏充足睡眠，要想专注、保持情绪稳定更是难上加难。

在过渡期后期，由于大脑试图适应神经化学物质的变化，出现激素失衡，可能导致情绪低落、难过。这时候你可能需要获得更多支持来抵御害怕和难过。对过渡期已超过五年或生活出现巨变的女性来说，她们更需要支持的力量。

随着经期不断缩短，卵巢中雌激素和黄体酮的不稳定下降会导致神经回路收缩，触发脑内的警报。此时，很多医生会建议女性检测促卵泡激素（FSH）值判断是否进入了过渡期。但据我的经验，除非你的过渡期已经结束，不然测 FSH 值并不可靠。处于过渡期的 FSH 值表现极不稳定。FSH 值可能每小时都会发生变化，关键是看卵泡是否被迫分泌出更多的雌激素。雌激素过高会抑制促卵泡激素的分泌。如果你恰巧在雌激素水平升高时测 FSH 值，数值显示正常或偏低，医生就会告知你还没有进入过渡期，但事实可能并非如此。

想象一下，如果你生活里一直出现情绪波动、周期不稳定、潮热等问题，让自己变得都不像自己，那这样的测试结果你会接受吗？你找到医生，想要得到一个答案，结果 FSH 值检测结果显示：一切正常。这种认知冲突让你开始思考，到底哪边更可靠，是自身体会，还是实验室数据？如果你能找个软件、日历或数据表记录月经周期，你就能拿到比医生的实验室检测更靠谱的数据。观察短经期的频率比检测结果更能说明问题。

来我这儿看诊后，卡洛尔和帕特丽夏都开始记录经期，所以她们很了解自己的过渡期状态。"不管家庭医生怎么跟我强调我的年龄，让我去检测激素水平，但我其实一直都知道自己正处于'过渡期'。"卡洛尔在我的诊室说，"有这样的认知能让我继续寻求不同的帮助，解决生活中的状况。"两人都选择了激素治疗，对于解决潮热——过渡期最头疼的问题之一——颇有成效！

温度变化和生物应激

下丘脑除了是调节月经周期的控制中心外，还是在察觉环境温度变化时调节不同系统的大脑器官。人体所处的环境温度公差应控制在三摄氏度内，若超出三摄氏度，生物应激系统就会发出警报，让人发抖或是出汗来穿脱毛衣。温度变化是一种非常可靠的生物应激源。几十年来，研究人员一直用温度变化研究应激试验，可能是将被试验者的手插入接近冰点的水中，也可能是向连接手腕内侧敏感皮肤的导线传导热量。无论是哪一种，超出正常范围的温度骤变都会引起生物应激去应对威胁。

我们不清楚其背后机制原理，但在过渡期甚至是更升期，下丘脑可接受的环境温度变化范围显著缩小，也就是"热中性带变窄"。目前的疑问在于，是否雌激素和黄体酮的下降导致下丘脑对温度变化更为敏感。从实际层面而言，它会对你产生如下的影响：清晨，你靠着窗边的椅子喝咖啡或是品茶，一如既往地迎接仪式感满满的新的一天。随后太阳升起，阳光洒入房间，你微笑着期待温暖的舒适感。这时，你突然感到一阵烦躁，只觉得一股热气涌来，从上身核心深处向外蔓延，遍布你的颈部、面部，最终到达你的手指和脚趾。你拿温度计一量，并没有发烧，只是发现皮肤泛红或出汗，或两者兼有。总之，在其他人美美享受时，你却像个水手一样在大声咒骂。

超过 80% 的女性会经历潮热。每次潮热可能会持续一分钟、五分钟，甚至半小时。你会感觉发热、出汗、泛红、寒战、刺激、心跳加速和焦虑。而跨性别男性，哪怕他们服用激素抑制剂克制女性青春期，也同样会经历潮热，因为激素抑制剂会模拟人的闭经期。这一阶段可能持续四至五年。

卡洛尔说："吹风机和浴室里的潮气变成了我的死对头。整理妆发的时候，我只能光着身子、赤脚站在冷地板上，有时候甚至得在脚下放冰袋。哪怕浴室潮气散去，我脸上还是留着一层薄汗，没法化妆。"我懂，所以我每次才只涂一点口红和腮红。帕特丽夏也不再在冬天戴围巾或穿厚袜。"如果把脚和脖子捂得严严实实，那我一进开着暖气的地方，不出一分钟就会浑身冒汗。"

从表面上看,潮热是件稀松平常的事,但一直没有科学研究关注该现象背后的生物应激反应。温度变化是身体的一大天然应激源,而我们的下丘脑无法再适应温度变化,这说明了什么?哪怕是一两摄氏度的正常室温浮动,都说明过渡期甚至更升期的女性始终处于生物应激状态。

睡眠给人重启和修复机体的时间,但人体畏热,所以潮热可能会干扰你过渡期晚上的睡眠。女性往往是逆来顺受。如果你在睡着时三番五次热醒,就没法进入快速眼动睡眠期,也没法充分休息。

缺乏睡眠会影响人的情绪、注意力、新陈代谢和心脏健康。超过半数的女性在闭经后饱受睡眠问题折磨,长达四至七年甚至更久。我的患者赛茜虽然没怎么受睡眠问题的影响,但她直到七十多岁时还偶尔出现潮热。而我的情况是,等我开始用雌激素贴片时,潮热症状就消失了,很多接受激素治疗的女性也有类似的情况。

雌激素刺激大脑分泌血清素、多巴胺和内啡肽等化学物质,它们是大脑获得健康和快乐的主要功臣。如果这些化学物质分泌下降,导致去甲肾上腺素含量减少,下丘脑耐热性能会下降。过去几十年里,我们一直认为光靠雌激素治疗就能解决去甲肾上腺素低的问题,但新的研究表明,黄体酮也可能缓解大脑雌激素减少的情况,并且协调下丘脑可接受的温差范围。你还有机会好好享受早晨,坐在洒满阳光的厨房里惬意地喝杯咖啡或品茶。

警报!

我们大脑里的"脑岛"负责关照身体各个系统,会不停地问它们:"你还好吗?"在过渡期前,如果你没有压力也没有生病,那你得到的回复基本没什么问题。一旦身体系统出现任何细微变化,告诉你说"我不太确定",就唤醒了应激系统。肾上腺开始分泌皮质醇和肾上腺素,不断寻求确切的答案,寻找着应激源。这种生物应激偶尔会成为潜意识的焦虑。由于脑岛没有接收到想要的答案,大脑和肾上腺的应激系统就会被激活,让人陷入皮质醇和肾上腺素的旋涡中,引起雌激素和黄体酮的剧烈波动。

在这一阶段,任何生活里不顺意的事,如人际关系、家人健康、家庭财务或照顾孩子出了状况,都无异于火上浇油。你一直处于应激状态。要是丈夫、孩子或闺蜜哪天惹了你,保不准就会引发一场五级火灾。正常含量的皮质醇可以提高学习的警觉性,给生活增添一点兴奋。哪怕还没到过渡期,皮质醇过高也会干扰人的专注力和认知。在过渡期,大脑大量分泌皮质醇,就出现了脑雾和意识错乱。我有一位患者称她的大脑一片混乱,情绪波动剧烈。她觉得自己心神不宁、喜怒无常、过于警惕,与此同时还难以厘清思绪。"我精力很旺盛,"她说,"但我用不上。我很难专注。我就像是一匹在起跑线上的赛马,随时准备起跑但不知道该往哪个方向冲。"

卵巢和肾上腺分泌的神经激素对女性心理的影响颇大。激素分泌减少,可能导致情绪起伏大,容易发飙、生气和感觉痛苦;垂体因雌激素或黄体酮不足而刺激其分泌,也可能让人过度兴奋和激动。专栏作家苏珊·摩尔(Susan Moore)在英国《新政治家》(New Politician)杂志发表的一篇文章中提及了自己的更升期,"我不像有些人说的那样有情绪波动。我只有一种情绪:愤怒"。

医生将卵巢分泌的激素(雌激素、黄体酮、睾酮)和肾上腺分泌的激素（皮质醇、肾上腺素、DHEA，其中 DHEA 可以转化为雌激素和睾酮）的配合视为两个独立的系统，但它们又发生在同一个身体中，彼此间相互影响。在过渡期，雌激素和黄体酮本就分泌下降，如果这时你出现应激反应（只要人活着就会有应激反应），导致皮质醇和肾上腺素飙升，可能会导致严重情绪崩溃，或伴随着更明显的潮热。雌激素下降，加上不同大小的应激反应，就会导致意识错乱、情绪不稳定，睡眠和记忆力也会出现障碍。

但一切尚有转机。外界可以提供非常多的帮助，你应该把过渡期拿出来多讨论，且光明正大地讨论。我也帮助了卡洛尔和帕特丽夏以及无数个她们，帮助她们稳定情绪和渡过难关。

更升期的三个阶段

前面一直在为你科普过渡期的四个阶段，了解其中的动荡起伏。只有你明确了自己所处的阶段，才能更好地了解自己在什么时候需要什么样的帮助。等你终于远离了动荡，无论是自然结束还是人为结束，接下来迎接你的就是更升期。

早期：闭经后的 12 个月标志着你更升期的开始。一些仍有子宫的女性会用激素治疗维系自然月经周期，保持每月来月经。而多数女性则会开心地迎接没有月经的新生活，同时在惊讶中面对自己不断变化的身体。起初，有相当一部分人可能会抗拒这样的新生活。

中期：你会开始试着接受新生活，探索新的生活道路，时不时想要"歇一歇"，并冥冥中渴求挣脱束缚，获得解脱。

充盈期：到了这一阶段，你已见识了人生百态，尝遍了酸甜苦辣。你拥抱生活的起伏，重新找到目标，实事求是，驾轻就熟，俨然是一位导师和倡议者，并希望让人类生活变得更美好。

我在这儿没有提到年龄，因为据我了解，有些人在短期内便达到了充盈期，而有些人则止步于更升期早期。你能企及哪个阶段，取决于你的态度和行动。

近 90% 的女性在过渡期和更升期向医疗工作者求助过，这一路确实不容易。我希望在你面对各种症状时，能有足够的资源，保障你能思考、干活、睡觉和行动，并保持健康的人际关系。当你懂得合理用药、培养生活习惯、保持健康饮食，并最终养成睡眠作息后，我们就可以指导医生怎样为我们提供帮助。现在，你已经更清楚自己处于哪个阶段，下一章就会告诉你，哪些行为能最大化地提升当前所处阶段。知识就是力量，开始行动吧，你们的未来皆可期！

第四章
穿越荒野

"我最近像是一台上了油,能够嗡嗡运转的机器。"在某次咨询中,55岁的帕特丽夏这样形容自己。我由衷地为她开心,因为在过去5年里,帕特丽夏无异于经历了一段长征。风暴、旋风、崎岖的海岸线、麻木的悲伤、浸湿的床单和失眠的夜晚,她在过渡期都经历了一遍。我知道她最终会找到内心的安定,每个人都有自己的方法扛过去。我也想了解她是怎么扛过来的。"太好了,帕特丽夏。说说你现在的情况。"

她微笑着坐起身,说:"这还是我有生以来,第一次依靠自己的情绪。我现在精力相当稳定,睡觉也特别踏实,终于不用再记录经期,或是在激素爆发后收拾烂摊子了。"

帕特丽夏的状态比之前沉稳多了。还记得5年前她第一次打电话来,当时的她形容自己总是流泪、出汗、乏力、经血多、贫血严重,非常让人担忧。她刚搬到新城市,到处求医,想找不用四个月才能预约上的医生。

"我打电话联系了17位医生,"她提醒我,"因为我的子宫肌瘤比较大,好几年都很虚弱,经期出血量大。贫血严重到甚至能听到耳中的血液流动声。我也没法自己开车。有位医生朋友看了我的化验结果很惊讶，因为我的妇产科医生竟然没有警告我我的红细胞数量偏低。医生想让我继续通过子宫内膜消融术来控制出血。"帕特丽夏必须去医院做这个手术，要先麻醉，然后灼烧子宫内膜。我记得她说这个手术一年要做好几次，她不想再继续了。她不想总觉得那么虚弱，不想每天换好几次衣服，不想因为经期大出血再弄脏床单和床垫。她不想再面对过渡期的激素分泌波动。她不知道她的过渡期什么时候结束，于是她决定切除子宫，结束这一切。

　　无论是手术还是自然过程，卵巢关闭，从而淘汰子宫，会直接影响到大脑。并不是说这些器官都必须被切除。每个人对身体部位取舍的想法不一样，没有孰是孰非。这是非常私人的想法。对一些人来说，子宫切除手术像是破坏了自己的完整性。但帕特丽夏不光是因为过渡期，还因为她有生活质量和医疗方面的顾虑。"我母亲54岁时患了卵巢癌，我不希望自己每个季度都要做卵巢超声检查。我从30岁起就一直按照妇产科医生的要求做这些检查。我也无法理解，为什么要反复做子宫内膜消融术和栓塞术来防止子宫肌瘤造成的大出血。"她边回忆，泪水边在眼眶打转，过去的创伤依然历历在目。

　　女性一直在经历转变，最早经历童年的转变，然后是几十年后更升期的转变。我们的归属感变得脆弱，怀疑是不是只有自己要经历这些。不会有人在社交媒体上说自己来月经期间，上厕所掉出一块像高尔夫球一样大的血块；也不会有人说自己时刻担心自己的卫生棉、卫生巾没兜住，弄脏了朋友的沙发。过渡期提前或推迟开始，就好比是当初月经比同龄人来得早或晚。你会感到孤立无援，没有人可以交流，没有人理解你的处境，而如果你表现出沮丧、颓态或情绪抓狂，会让你担心毁了一段人际关系、友

第四章　穿越荒野

谊或职业。你应该把心态反过来。你最应该做的就是交流，寻找愿意倾听你的人。我们一直在。

帕特丽夏不再是一个人挣扎，而是向外寻求帮助。最终，她的妇产科医生同意做子宫切除手术，并联系了一位从事功能医学的医生。经过几年努力，医生们找到了适合她的激素组合。帕特丽夏现在搭配雌激素、DHEA 和黄体酮一起调理。早上涂抹外用雌激素和 DHEA 以增加能量，晚上每周服用几次黄体酮以镇静并辅助入眠。我看到她脸上露出了温暖的笑意。

有一点需要明确，过渡期和更升期几乎仅发生于大脑之中，但卵巢和子宫产生的反应会直接影响大脑神经回路。卵巢会产生或触发那些能影响我们现实和情绪的激素。事实上，20 世纪有关卵巢雌激素不足引起情绪低落、记忆力下降和脑雾的结论都来自那些切除了子宫但没有使用激素治疗的女性。因为这样可以排除卵巢激素引起的激素波动的干扰，所以最容易研究。为了提升更升期的生活质量，有些女性会选择或是需要做手术，但大众对手术仍然存在较大的文化偏见。

我的过渡期表现是经期大出血和情绪起伏较大。2005 年，我还在创作我的第一本书《女人为什么来自金星》，并在加州大学旧金山分校医学院的女性情绪和激素诊所培训新人——年轻医生对怀孕和产后期间的激素更感兴趣。当时，我去做了几次刮宫和栓塞治疗子宫肌瘤大出血，还服用口服避孕药镇定过渡期后期出现的激素波动。我那时 53 岁，总是觉得疲劳、易怒，即将迈入更升期。在了解了这一阶段后，我笃定了想法，准备切除子宫和卵巢，术后贴雌激素贴片而不用黄体酮，以此迎接更升期。

最终，我找到了能够同时进行子宫和卵巢切除手术的外科医生。手术前，我填写了同意书，表明我想切除这些器官，包括卵巢在内，以免将来得卵巢癌。宫颈的结构性支持我也不需要，因为保留宫颈就要每年都做宫颈巴氏涂片检查。因此，在医生反复询问我后，我再次确认，"是的，全部切除。"另一件我要做的事，是想在术后恢复室里贴上雌激素贴片。虽然现在术后贴雌激素贴片已成为标准，但当时还不是。我从各种文献和患者当中了解到，切除卵巢手术后没有雌激素的话，会遭遇脑雾、潮热、失眠和疲劳等问题，这是我无法承受的，并且术后几个月我有一场签售会。我需要进入的是"更升期"，而不是"更'降'期"。

但那时候要用激素治疗尤为困难。美国国立卫生研究院在2002年春发布了一份不严谨的报告，让女性健康发展倒退了至少二十年。而我作为专门从事女性激素研究的医生，差点儿就因为这份报告无法进行激素治疗。

两种激素的故事

雌激素受体存在于女性身体的各个器官中，这种神经化学物质对人有重要影响。在20世纪90年代，研究人员发现雌激素能保障心脏和大脑健康，维持骨密度和情绪平衡。当时有研究表明，激素治疗可以降低女性患痴呆症、心脏病、糖尿病和骨质疏松症的风险，惠及了许多那个年代的女性。无论是妇产科医生、内科医生、心脏病专家、家庭医生，还是刚获得执照的功能医学医生，都在过渡期就给患者开处方使用激素治疗，而不必等到更升期。

但在2002年，激素治疗急转直下。美国国立卫生研究院发布了一份不严谨且让人不解的《女性健康倡议》(Women's Health Initiative, WHI) 报告，其中提到在过渡期和更升期使用激素会

第四章 穿越荒野

带来风险。媒体对这份报告展开了报道，有关激素治疗会导致早逝、心脏病、中风和癌症的说法仿佛瞬间如野火般蔓延开来，一时间众说纷纭。WHI 项目终止，闹得医生和患者都人心惶惶。最终激素治疗被迫停止。

WHI 报告发布 6 年后，即 2008 年，当时只有 5% 的过渡期女性正在接受激素治疗。这份报告确实指出了激素治疗的风险，但它完全忽略了雌激素对大脑、骨骼、新陈代谢、阴道、心血管和情绪健康的保护作用。激素治疗的益处毋庸置疑，且早在 WHI 报告发布之前就已有相关数据。

20 年后，也就是在 2021 年和 2022 年，我们发现当时有些数据完全是错误的。例如，研究遗漏了一些重要信息，未标注参与了激素治疗并患有心脏病或中风的参与者信息。这些女性在参与研究前已经存在潜在的心血管健康问题。她们的饮食、是否抽烟喝酒、生活方式都没有被考虑进去。以及当时的研究对象平均年龄在 64 岁，她们开始激素治疗时已经距离上一次月经 14 年了。我们知道，激素治疗要在更升期开始后的 5 年内才最有用；如果中间拖延十年甚至更久，则可能产生负面作用。

WHI 报告的另一处数据纰漏是，它指出接受激素治疗的女性患乳腺癌的风险显著增加。但有部分研究对象早在接受激素治疗之前就已经患癌，只是尚未发现；还有一些女性携带乳腺癌易感基因（BRCA），本身有七成概率患上乳腺癌。而研究人员未从数据中剔除这部分女性。重新分析数据就会发现，即便搭配雌激素和黄体酮治疗五六年后，女性患乳腺癌的绝对风险只增加了不到 0.1%。但在当时，这份报告确实产生了颇大的影响。女性停用了雌激素，医生不再开相关的处方。但如果这份研究报告属实，如果女性远离了会危害闭经后生活的激素治疗，那么女性健康水平应该在过去 20 年内有所改善。如果激素治疗真的会导致中风,那么这么多女性停止了激素治疗,如今女性中风的人数应当比 20 年前少得多。但事实并非如此,女性的中风率一点儿也没有变化。这就让人不得不重新思考:激素治疗真的会导致女性中风吗?同时,20 多年来女性饱受失眠、悲伤、意识错乱和脑雾之苦,而这些症状其实是可以通过激素治疗缓解一二的。

随着医生们意识到 WHI 报告中的问题,在黑暗中沉寂了 20 年的激素治疗终于重回人们的视线,也有医生悄悄地再次开始研究激素和开激素药方。当然,激素治疗的争议仍未休止。北美绝经协会(North American Menopause Society)和美国妇产科医师学会(American College of Obstetricians and Gynecologists)不再反对开处方,但美国医师学会(American College of Physicians)则发布声明称,激素治疗引起癌症和其他疾病的风险太高。新研究如雨后春笋般涌现,再次更新了 2021 年的共识底线——如果女性在过渡期和更升期交替阶段的前后开展激素治疗,引起心血管问题的概率微乎其微,而且激素治疗中的雌激素还有益于保护心血管和骨骼、强化认知能力,也许能预防女性痴呆症。

我对 WHI 报告不满还有另一方面原因,它没有考虑女性的生活质量,让人以为女性整体的健康跟睡眠充分、情绪稳定毫不沾边儿。帕特丽夏就是活生生的案例,激素治疗挽救了她的心理健康和谋生能力。要是没有低剂量的激素治疗补给,许多女性会陷入悲伤和疲惫而无法自拔。几乎九成的女性在过渡期和更升期都会遇上点儿状况,需要寻求医疗支持。对于某些女性来说,比起激素治疗,悲伤造成的健康风险可能更为致命。

无论是因为生活所困还是雌激素不足,在我情绪低落的时候，结合科学研究、几十年与患者打交道的经验以及我的个人经验，我知道这时候自我关怀不是最重要的。就算我知道每周进行适度的有氧运动有助于改善情绪，就跟服用 SSRI 类抗抑郁药一样有帮助，但我在情绪低落的时候也不想运动。如果我一直处于悲伤之中，我也不太可能主动去社交，而这不仅会影响情绪，还会影响认知和寿命。

新的医学场景

如果你也决定像很多女性一样开始激素治疗，你可以从你最熟悉的医生，也就是妇科医生入手。因为你可能已经跟医生打过交道，医用药物也都有美国食品药品监督管理局（FDA）的批准，还能从医生那儿获悉可靠的研究发现，明确治疗时长，了解激素治疗对健康的影响等诸多信息。不过，你的妇产科医生或家庭医生要想提供帮助，得先通过北美绝经学会的认证。激素治疗手段跟大多数妇产科医生接受的培训不同。妇产科医生在专业领域（如妊娠、分娩、癌症检测和做手术方面）得心应手，主要围绕子宫和卵巢培养知识和技能，但子宫也不过是一块肌肉，在过渡期和更升期，大脑才是核心，一切都跟大脑脱不了干系。如果你想听更有说服力的回答，想听低沉的男低音，不妨看看罗切斯特大学医学院的教授詹姆斯·伍兹怎么说的。詹姆斯教授曾经是妇产科医生，由于想要获取妇产科培训以外的知识基础，便成了少数几位决定专攻过渡期和更升期的早期妇科医生之一。用他的话说："就像外科和儿科不一样，更年期（更升期）也跟产科不一样。"看在他付出辛劳的份儿上，我们暂且不计较他用了"更年期"这个词。

受 WHI 报告影响，激素治疗逐渐原始化。有人甚至想通过摄入食物（如大豆）中的植物雌激素来获取雌激素，简直是无稽之谈。一方面，易患某些癌症的女性不可食用大豆；另一方面，大豆的高脂肪含量会导致体重增加，其本身对缓解潮热、阴道干涩、关节疼痛或脑雾等症状也没有帮助。植物雌激素对大脑和身体的作用跟普瑞马林[1]、合成雌激素或生物同质性雌激素等不同。此外，像当归之类的草药治疗完全不受监管，使用这些草药也可能影响健康，例如当归会让有些女性产生焦虑；而草药黑升麻已得到证明，属于无效药物。

总之，我不建议你去保健品店里购买激素替代品，最好是找一位靠谱的医生，他会开具 FDA 批准的激素治疗处方，或开具口服和外用的生物同质性激素，如雌二醇、黄体酮和 DHEA 等。医生还可以通过血检和尿检观察你的激素水平变化。这些人工制造的生物同质性激素跟人体的天然激素结构相同，但并不代表它们一定优于其他处方。有些未经 FDA 监管的激素药物可能存在风险。靠谱的医生会让你定期血检，监测激素水平，并给你开 FDA 许可的复合激素处方药。针对那些对药物剂量和来源比较敏感的女性，个性化定制药剂虽然是一种选择，但还是先试试标准的医疗方法更为安全、便捷。以我个人为例，我每周都会用两次 FDA 批准的雌激素贴。当然，个体存在差异，你最应该做的就是好好观察身上的"科学实验"，记录每次使用的剂量以及每天的感受。

1　一种处方药，为结合雌激素，对女性生殖系统及第二性征发育和维持有重要作用。

第四章　穿越荒野

找到新的最佳状态

不是所有女性都需要服用激素，但如果你在日常生活中遇到困难时情绪极度失控，或是总觉得兴味索然，且并非临床抑郁症所致，那你可以考虑一下激素治疗。它相对安全，风险较低，还能对大脑、心脏、阴道和骨骼起到一定的保护作用，因此你可以放心遵照医嘱展开激素治疗。

你也许会好奇："那乳腺癌呢？"服用雌激素和黄体酮五至十年可能会略微增加患乳腺癌的风险。因此，最好还是跟医生交流一下你的个人情况和家族基因问题。我现在能告诉你的是，如果你接受激素治疗，一定要每年进行一次乳腺 X 光检查，且保持正常体重、适度运动、不吸烟、不饮酒。任何酒精，包括红酒在内，都会使你患乳腺癌的风险增加一倍。至于能不能"适量饮酒"，我们尚不得而知，因为迄今仍把"饮酒"这一变量规定为"是"或"否"来研究。

当然，我的建议并非激素治疗的宝典。鉴于受 WHI 报告的影响，以及新研究不断涌现，要编写这样一本宝典是不可能的。我们的想法瞬息万变。在我研究了激素治疗的演变后，我所提供的内容不过是当下激素治疗的现状。

如果你准备接受激素治疗，根据研究经验来看，时机很重要。要是你从过渡期后期开始激素治疗，并在进入更升期后的三至五年内继续治疗，即便后来停药，这些药物所带来的益处也会持续很久。但要是你拖了很久才开始激素治疗，反而可能对身体有害。雌激素需要跟健康的脑细胞或神经元协作。倘若这些神经元长时间缺乏雌激素刺激，并开始老化，那么雌激素甚至可能加速老化的过程。心血管系统的细胞也同样如此。有研究表明,女性在65岁及以上开始使用雌激素进行治疗时,就会出现这种情况。但如果你已经错过了最佳时期,也不必担心,你还有许多事情可以做,特别是通过饮食、生活方式和运动锻炼来保护你的大脑和心脏(具体在第6章和第11章为你讲解)。

如果你正处于过渡期或是更年期早期,那么激素治疗对你来说是一个安全的选择。记得跟医生交流你这段时间的变化,告诉医生你想试试补充雌激素。过渡期前期或早期时,你可以口服避孕药补充雌激素,但到了过渡中后期或者更升期早期,激素治疗可能更为合适。也记得告诉医生你希不希望再有月经或出血,以便其相应调整你的激素配方。

如果你处于过渡期前期,可能会经历体温调节异常,如运动后难以降温,但还不会出现月经不规律,那么现在补充雌激素为时尚早。此时单纯提高雌激素水平可能导致子宫内膜过度增厚。如果每月体内的黄体酮没有大幅下降,内膜将继续增生,就会出现月经不规律或出血过多。医生需要用大剂量的黄体酮或靠刮宫来清理内膜。在这一阶段没必要补充雌激素。

黄体酮是女性子宫的必需品,能让人气定神闲,也能让人郁郁寡欢,有过经前综合征的人应该对此深有体会。你知道自己周期激素的表现,也能为此多忍受几天。当你开始服用黄体酮控制出血,结果发现在经期容易情绪低落、易怒、犯蒙,很可能就是黄体酮的副作用。你可以让医生换种药物剂型、减少剂量或用不含黄体酮的药物替代。有子宫的话,医生可能需要通过超声观察子宫内膜厚度,并按季度剂量使用黄体酮来清理内膜。

如果你身上出现了潮热,入睡困难(在第6章会详细展开),不必自己单枪匹马地克服困难。微小剂量的雌激素(摄入

17β-雌二醇或结合雌激素）可以消除八成女性的潮热，缓解剩下两成女性的潮热反应。[1]

睾酮或 DHEA 可以提高女性的性欲和能量，但不要随便用你丈夫的外用凝胶剂，因为女性所需的剂量会比男性少得多。

接受激素治疗的过程中，你要时刻照顾好自己，因为你的健康状态、体脂、饮食和生活方式都会影响治疗效果。我用了两章的篇幅来阐述这些道理，就是希望能让你对神经科学概念上的健康和幸福建立清晰的认知。虽有研究表明，肥胖、抽烟和饮酒会减弱激素治疗的效果，但只要是在最佳时间段接受了三至五年的激素治疗，你的骨骼和认知健康都会受益终身。

避孕药还是激素治疗？

"我当时反应非常严重，"帕特丽夏谈到她服避孕药时的痛苦，"身体浮肿得厉害，常常很烦躁。当时还在月经出血，医生决定加大剂量，可仍然不起作用，于是我只能用纯黄体酮。结果不仅没有止血，反而让我神经紧张，蜷缩在沙发上哭。我没被诊断为临床抑郁症，但这些化学物质确实让我虚脱无力。我无法思考，完全无法投入工作。偏偏在我辞职准备开启纽约生活新篇章的时候，让我感觉浑身乏力，丧失了对生活的热情。这种转折是翻天覆地的。但我很庆幸，当时有足够的积蓄渡过难关。"如果你在过渡期的中后期开始月经不规律、大出血，妇科医生可能会

---

[1] 本书建议源自作者实践与科学数据，但医学知识更新快，个体病情复杂。请勿仅凭此书替代专业医疗咨询，以免影响治疗。

建议你服用避孕药。从女性开始有月经到过渡期前，医生都会建议服用避孕药来稳定经期、控制出血并且适时避孕。避孕药所含激素能够让卵巢–垂体–下丘脑的信号系统暂时下线。如果大脑感知到体内有足够多的黄体酮和少量稳定的雌激素，就不会刺激促卵泡激素或促黄体生成素来促进排卵或增加子宫内膜厚度。避孕药发出的信号一到，垂体和下丘脑就可以适当放松。在避孕药作用下，经期会变得规律，出血减少。当然，你也要留心观察自己在不服避孕药、月经不规律的时候有什么反应，学会捕捉这种反应是更升期最重要的自我护理。这样你才能懂得倾听身体的诉求，不会强行忽视身体想要休息的信号。关注身体发出的信号能让你更好地度过更升期。

无法判断月经什么时候来确实让人头疼，但在过渡期的中后期，经期不规律对健康的影响并不大，往往是其他问题更让人心烦，比如，生活应激引起的生物应激反应，睡眠不规律、间歇性锻炼或过度锻炼都可能导致应激。所谓"过多无益"，在这一阶段过度锻炼可能引起应激激素爆发。你的锻炼座右铭应该从"只要练不死，就往死里练"变成"只要能快乐，练什么都好"。虽然情况各有差异，但对许多女性来说，养成良好习惯，保持身体健康，耐心让身体找到稳态，生活就可以重回正轨。但如果经期大出血持续时间长，逐渐超出承受范围，那就需要另寻办法。

避孕药细分有五十多种，每种激素含量和组合都不同。医生通常根据他们的推断，让你先试用某几种避孕药，并找到对你最有效的。如果医生告诉你需要药效更强的避孕药来控制出血，则说明你需要更多黄体酮。这对一部分女性而言，尚在可接受的范围；但对多数人而言，会感觉很不适——心情不佳，头脑混沌，难以专注，动不动就想哭，或是像在临床抑郁症边缘游走，所以

第四章　穿越荒野

很多人不愿再用避孕药。对帕特丽夏这些处于过渡期的女性而言，大剂量避孕药中的黄体酮无异于精神毒药。全世界有逾1亿名女性服用避孕药，但我们对避孕药的短期或长期影响知之甚少。黄体酮能起到镇定和安定的作用，但稍有不慎或是不当使用，则会抑制脑内活跃的神经连接。科学研究表明，女性自杀率增加两倍与避孕药内的黄体酮有关，其中青少年自杀占比最多，而这些青少年之前从未患过抑郁症或焦虑症。如果青少年使用避孕药（主要成分为黄体酮）导致自杀率蹿升，那么过渡期女性使用黄体酮药物也须更为审慎。我出于担忧，咨询了不少美国一流的医学专家：如果女性吃避孕药有一系列反应，或因激素波动出现经前情绪问题，该怎样给予她们更好的激素治疗？专家们说，这是个好问题，但目前的研究数据尚不充分。此外，在1999年至2010年，自杀率增长最快的不是白人男性，而是各族裔处于花甲之年的女性。但我们偏偏缺乏对这一现象的报道和研究。

黄体酮跟雌激素一样是强效神经化学物质，会改变人的情绪和现实行为。如果医生给你开了含有大剂量黄体酮的药物，如口服避孕药、皮下埋植剂、外用或口服的黄体酮补充剂、含黄体酮宫内节育器，得先确保你对黄体酮已建立耐受。如果你需要植入设备，先找医生开具等效剂量的口服或外用（药膏）黄体酮处方，观察黄体酮对情绪的影响，并记进日记里。持续观察至少三周，你才能决定是否使用宫内节育器或皮下埋植剂。其间最好有伴侣或闺蜜陪着你，帮你监测情绪。顺便给你提个醒，黄体酮可能还会降低性欲。

服用含大剂量黄体酮的避孕药后，即便你感觉不适，但在接受激素治疗时，结合少剂量黄体酮和雌激素，就可能好受得多。只有亲身体验才能帮你找到最合适的疗法，同时要对情绪和心态变化多加观察。每天记录情绪日记（详见附录），记录你在这三周内的情绪起伏。一旦你觉得生活不顺心，事事不如意，及时找医生看看激素剂量。

如果医生告诉你，某种治疗手段理应不会产生这种反应，你得反驳他。即便你和朋友、姐妹接受了同一种药物或治疗手段，你们的感受也可能不尽相同。人与人的症状表现千差万别。在我眼里，患者永远是正确的。我们作为医生，就是要倾听患者的症状表现，然后用医学术语描述症状，帮助患者采取下一步措施。我们需要尊重个体的迥异。如果你的情绪日记里某次状态异常跟使用新处方时间对得上，要及时找医生沟通交流。你比任何人都更清楚哪种药最适合自己。

停药，开始激素治疗

自三十几岁服用避孕药以来，51 岁的苏珊第一次停药，因为医生建议她停用激素。"我很痛苦，想继续服用激素。"于是我帮苏珊找了位新医生。这位医生没有受《女性健康倡议》和其他错误报告的误导，一直悄悄地给一些患者开展激素治疗。某次私底下聊天的时候，这位医生告诉我："实际上，许多女性使用雌激素能改善身体状况，但还有很多人不需要。天然的雌激素 17β-雌二醇和黄体酮对我的大多数患者来说还挺有效。"这位 56 岁的医生自己也在使用这些激素。我认识不止一位妇产科医生会这样做。一项研究发现，大多数处于过渡期或更升期的女性妇产科医生，她们即便不建议患者使用激素，但自己仍会使用。

怎样才能知道自己停用避孕药会不会出问题？那你得先停用

第四章 穿越荒野

试试。对于大约两成的女性来说，停用避孕药没什么大问题。但绝大多数女性如果停用避孕药，并且刚度过或正处于过渡期的某个阶段，就有可能对情绪和身体健康造成影响。在垂体、下丘脑和卵巢努力重启的时候，你可能会出现严重的戒断反应。如果你现在处于 48 岁至 54 岁，正在经历过渡期的早、中、后期，等你停用所有避孕药，大脑就仿佛要重启一台断了电的故障系统。等系统"刺啦刺啦"重新启动，你会感觉很抓狂，甚至可能爆粗，记得先给伴侣打个预防针。

雌激素之于许多女性，就像睾酮之于男性，是不可或缺的快乐维生素。一旦雌激素骤减，仿佛整个世界都黯然失色，无法呼吸，甚至让人失去了微笑，你可能无缘无故就会失落。避孕药的药效一般是激素治疗的四至八倍，所以停药直接改用激素治疗，无异于你从智能机改用旧式翻盖机。

"新医生建议我用激素治疗替代避孕药。"苏珊告诉我，"我当时犹豫了。激素治疗不是给老太太用的吗？后来医生给我开了非常低剂量的激素治疗处方，我也没感觉好多少。"于是我和苏珊同医生相互配合，终于找到了解法。转换到激素治疗并不容易，但通过慢慢增加激素剂量，能够让苏珊安稳度过过渡期。如果你现在恰好要迈入过渡期后期，且决定停用避孕药转向激素治疗，务必逐渐减少避孕药剂量，避免雌激素断崖式下降。很多医生会在激素治疗初期给你提供较高剂量的激素，比如每天 1—2 毫克的 17β-雌二醇，不过这仍然是某些避孕药雌激素含量的五分之一到二分之一。而如果你已经开始接受激素治疗，医生若想提高你的雌激素水平，从而提振情绪与性欲、保护骨骼，也一定要逐渐增加剂量。有研究证明，类似康美华、Vivelle、Alora、Estraderm 和 Menostar 等外用药膏和贴剂比口服激素治疗更安全,还可以灵活调节剂量。另外,如果你用的是生物同质性激素外用药膏,涂抹时务必避开乳房,且涂抹于能够快速吸收的部位,如前臂、肚脐三英寸(1英寸=2.54厘米)范围内、大腿上部,或有些药膏要用阴道给药器上药。

有关激素治疗,我能告诉你的就是它的相关数据,以及我本人、我的患者和朋友们的治疗经历。激素治疗帮助了成千上万名女性。如果你有顾虑,我完全理解。正因为我是医生,我才能最早接触到研究中表明的激素治疗的风险和优势,也才能在20年前做出接受激素治疗的决定。

最关键的是要意识到药物对你有什么效果,并且要勇于表达。你和你亲近的人能够判断哪种药物有效,以及你能承受药效的极限在哪儿。如果有任何药物过敏,及时向医生指出。有以下任一种情况,都要及时让医生调整剂量和检查子宫内膜,如乳房出现痛感,在过渡期结束或未在周期性治疗时出现不正常的阴道出血。如果你情绪容易焦躁,有可能是雌激素水平过高。总而言之,如果你选择激素治疗,就要尽量确保它不会增加你患其他疾病的风险。

SSRI 类抗抑郁药以及非激素治疗干预手段

如果你身上出现潮热,又不能接受激素治疗,那么选择SSRI类抗抑郁药(学名为选择性5-羟色胺再摄取抑制剂)可能有助于缓解潮热。SSRI类抗抑郁药最初用于治疗男性,这些男性因患有前列腺癌而接受激素阻断治疗,在治疗过程中出现了潮热。其中帕罗西汀(美国的商品名常见为Paxil)被用于研究能否缓解男性因使用激素阻断药物亮丙瑞林产生的情绪低落。研究还显示，帕罗西汀能够缓解潮热症状。于是，研究人员决定同样给出现潮热症状的过渡期女性开展试验。结果表明，7.5毫克的帕罗西汀能有效缓解部分女性的潮热症状。随后美国更名该药物，推出了面向女性的帕罗西汀药物Brisdelle，并在2013年由FDA批准用于治疗女性潮热。

萨拉也是我的患者，她是一名电影行业的高管。由于她对激素治疗仍抱有顾虑，抗抑郁药便成了她的最优选择。萨拉介绍说，"就在我的过渡期，我的上级退休了，可以说他既是我的人生导师又是我的坚实后盾。然而，接任他的新上司非常难搞，动不动就发飙。所以我需要维持情绪稳定，保证自己不会丢了饭碗。当时我的激素分泌有问题，所以一听医生说有文拉法辛，一种类似SSRI类抗抑郁药的SNRI类抗抑郁药，可以辅助睡眠、调节情绪、保持稳定，我立马答应说，'我要开药！'"这种药物对她非常管用。

在50岁以上女性中，有近四分之一正在使用抗抑郁药物。但事实上，SSRI类抗抑郁药并非所有人的灵丹妙药。塔尼娅是一名底特律的家具制造商，在过渡期由于补充过量黄体酮，经常郁郁寡欢。精神科医生因此给她开了帕罗西汀缓解潮热和抑郁症状。"我的大脑也感觉受了重创。"她接着说，"在欧洲出差时，我头一次产生了自杀的念头。为了不让自己胡思乱想，我强迫自己每天早上去跑步。多亏了医生，我终于停药了。但还是花了好几年才完全脱离这种状态，重新找回自我。这时候我的过渡期也差不多结束了，犹如脱胎换骨。我算是费了好大劲儿才找回自我，回归平衡。"

帕罗西汀虽然有效，但也有许多副作用，甚至可能加重有些人的不适感。根据制药厂的说明，其副作用包括易出现性冷淡、头痛、疲劳与呕吐，产生不适、乏力、恶心等症状，容易做（噩）梦，肌肉痉挛、抽搐，或出现紧张、焦虑、抖腿或失眠问题。研究显示，跟雌激素能够预防痴呆症不同，帕罗西汀可能增加痴呆症风险。虽然尚未成为定论，但这一猜想也足以拉响我们的警报。

常常有人问我，抑郁症患者的大脑会发生什么变化？你可能或多或少知道大脑内神经化学反应过程的变化，原本能够让人产生愉悦心情并加以发挥的神经激素受到了干扰。但我们更需要了解这些神经化学变化对人现实生活的影响。当人深陷抑郁之中，他们便很难感受不同的情绪，大脑神经回路也不顾过去的生活。他们渐渐屏蔽了外界的一切声音，只能听到自杀的念头在不断召唤，可以说是神经系统的成瘾状态。待患者慢慢康复，也会逐渐打消死亡的念头，但这个念头也可能一直萦绕在很多人的耳畔，久久不散。一旦你遇上这种情况，并且持续了一月有余，请尽快联系你的医生，医生会帮助你。随着大脑研究不断探究认知技术和药物疗法的有效性，摆脱抑郁的人们终于可以重新接纳自己，过上安稳的生活。

SSRI类抗抑郁药能有效缓解近六成女性的抑郁症和潮热症状。如果你被医生诊断为患有抑郁症，一定要听从医生的建议，及时接受治疗和服用抗抑郁药物。雌激素虽然能让人保持乐观，增加对生活的热情，但无法治疗严重抑郁症。但在过渡期，你如果觉得情绪很低落，倒不一定有临床抑郁症中的快感缺失现象那么严重。这种低落情绪往往只是激素变化和身份转变暂时引起的副作用，好比感觉自己在职场或社会里成了透明人，不受男性和年轻女性重视，这种低落情绪很正常。我们可能得寻求更科学的办法应对情绪低落。

第四章 穿越荒野

可残酷的现实是，女性在过渡期和更升期更容易患抑郁症。调查显示，有近30%女性在过渡期前出现过抑郁症状，而45%至68%的女性在过渡期时抑郁症状会更明显。如果你在过渡期前曾患抑郁症，那么在过渡期和更升期，你再次得抑郁症的可能性则是之前的二至三倍。因此，保护心理健康尤为重要。研究表明，雌激素可以保护人的大脑、认知和情绪。对于处于过渡期中后期和更升期的患者，如果确诊为抑郁症，我通常会选择激素治疗、心理治疗和SSRI类抗抑郁药多管齐下，密切关注她们的身心健康。虽然雌激素不能治疗抑郁症，但如果及早在过渡期早期服用，很有可能抑制一些女性患抑郁症的倾向。

情绪低落、精力不足？也可能是贫血或甲状腺问题

在过渡期，女性经期大出血很容易导致贫血。帕特丽夏就出现了贫血，有次诊疗的时候她还说："没事，我一直躺沙发上就没事！"这样可不行。如果贫血持续过久，大脑就会缺氧，会严重影响认知。所以要记得让医生检查你的血红蛋白和红细胞比容。即便不再出血了，也应当测量红细胞分布宽度，以确定骨髓是否已经恢复正常造血。如果骨髓造血正常，方可停止摄入补铁剂。

甲状腺是位于喉部底部的一种小内分泌腺体。甲状腺激素（T3和T4）会直接影响大脑认知能力的维持、新陈代谢以及精力感知。由于我们体内的神经内分泌系统深度关联，在过渡期，很多女性的甲状腺也可能受到激素变化的影响。如果你发现皮肤和头发变得干燥，时常疲乏无力，难以专注，一定要及时找医生

做甲状腺检查。女性是甲状腺疾病的高发人群,发病率是男性的十倍。

记录自己的情绪

"我先生是工程师嘛,"帕特丽夏说,"他总喜欢用数据表记东西。我过渡期那会儿,他会把我的月经周期也记在他的日历上。我自己当然也记,这样就能尽早往包里放些装备,以防万一。但他记这些做什么?他说他是想观察我的情绪变化,我起先挺介意,老实讲还很生气,但他也确实因此帮了我好几次。例如,我笃定朋友生气了或是觉得自己被同事冒犯了,就摩拳擦掌准备跟人大吵一架。他就会提醒我:'宝贝,你发飙前要不要看下日历?'起先我觉得他没有跟我同仇敌忾,于是劈头盖脸把他也骂一顿。但我后来发觉他说得有道理,我开始慢慢消化情绪。现在我一边接受激素治疗一边服用 DHEA,如果哪天我不乐意跟他卿卿我我,他就知道我肯定是停用了 DHEA,导致性欲下降。"

在这个阶段,你也许很清楚激素变化会导致情绪跟着起伏。开始或结束激素治疗也可能导致情绪变化。一旦你调整了激素,记得告诉身边亲近的人,好让他/她们在察觉到你行为或情绪变化时,及时告诉你。而你自己有时压根儿意识不到自己的情绪变化,以为这只是现实生活的正常反应。这就是激素的可怕之处,服用的药物也同理,我们往往很难分辨是激素作用导致我们产生了情绪,还是现实本身引起的。

开始使用新激素或药物时,你可以记录下每天的情况。当然,不一定非得像帕特丽夏的工程师丈夫那样用数据表。我会建议患者每天记录,一直记到我们调节好激素平衡为止(详见附录)。记录六至八周后,你就能了解身体的问题,且有数据支撑你相应地调整剂量。我的多数患者在三至六个月就找到了最佳状态。因此,有这些信息辅助,你就更有可能尽早调节平衡。

在过渡期和更升期,没有人能时刻保持愉悦和专注,但也应努力保持好心情。等你找到了平衡,激素就有可能帮助你调节情绪。激素对改善一些女性的情绪和记忆力有立竿见影的效果,但有些人可能需要尝试不同剂量的激素,才能达到平衡状态。使用激素时,其核心就是感受你情绪的变化。

平衡

调节体内平衡达到稳态常常可以形象地理解为倒 U 形曲线,就像我们年轻时胸部的形态,躺下时胸部依然挺立的弧线。假设稳态就是乳头的曲线顶部,在很长一段时间里你可能一直处于这个位置——你能感知身体,了解自己内心和生命的体验。但随着激素变化,调节你入睡、醒来、生物应激、感受温度变化的神经化学物质也发生变化,你离开了稳态,从顶点滑落至曲线的后半段。你会感觉不适,感觉像变了个人似的,你现在体内的感觉跟之前印象里的截然不同。

等你做完体检和化验,你还会发现数值都不一样了。过去几十年里,你的胆固醇、炎症标志物、维生素和无机盐水平一直很正常。以前胆固醇156,现在变成了210[1];以前血糖很低,现在

---

[1] 按照《中国成人血脂异常防治指南》标准,总胆固醇正常小于5.18mmol/L(200mg/dL),如果总胆固醇为 5.18–6.18mmol/L(即 200–239mg/dL),定义为边缘升高,总胆固醇 ≥ 6.19mmol/L(240mg/dL)定义为升高。

接近于糖尿病前期数值；以前血压一直是 110/70mmHg，现在是 132/85mmHg；而且缺乏维生素 B 和维生素 D。过渡期和年龄增长双重施压，身体哪儿还能跟年轻那会儿比？仿佛一颗让人难以下咽的苦药丸，我们也难以接受这一事实。

但我向你保证，这些不正常指标过几年都会恢复正常。过渡期的神经激素不稳定会导致身体和大脑出现不健康的炎症，但随着时间的推移，饮食和生活方式的调整，它们会逐渐稳定。你会重新找到适合自己的最佳状态，虽然这种平衡已和过去相去甚远，会是一种全新的稳态。你可能会接受并适应，甚至可能更喜欢这种稳态。这一过程需要大量的耐心，但只要你好好照顾自己，关爱自己，就一定能够耐心调整，最终达到新的平衡。

这一阶段必然会面临种种风险和考验。在你最崩溃、最痛苦的时候，不要轻易做出重大决策，最好能阶段性地部署、规划。如果你在过渡期的任一阶段想做出重大改变，别急于一时，至少等上一个月、三个月、六个月，甚至十八个月，等你觉得自己更沉稳和清晰了，再下定论。无论是自然发生还是依赖于医疗手段，你都会重新进入稳态。好比是旋转的陀螺，虽然在地板上硌了一下，瞬间猛烈地晃动起来，但最终又会重新恢复至平稳的、轻松的旋转状态。

第五章
焕然一新：迎接新生活

"宝贝，就算我瘦下来也穿不上这条性感的裙子了。"66 岁的赛茜从衣柜里拿出一件小巧而性感的礼服，交到了卡洛尔的女儿道恩手里。眼前这位年轻的女孩正好 22 岁。"穿着这身衣服可要当心哦！我还记得当时穿着它，一出场就吸引了全场男士的目光。我当时挽着第一任丈夫的胳膊，还是有两个男人走过来当面跟我搭讪。"赛茜笑着说，不过语气中倒是不含一丝遗憾。

15 年前，32 岁的卡洛尔向稍年长的赛茜寻求建议，两人因此结缘。卡洛尔很快将赛茜视为导师，不久就成了挚友。而今，道恩刚刚大学毕业，即将迈入职场。我此番前来，是来探访赛茜的，正好碰上了道恩和卡洛尔来赛茜的衣柜里"寻宝"。

卡洛尔知道赛茜很注重自己的外表，但赛茜看似一点儿也不为目前的身体和生活变化而伤神。卡洛尔很好奇，因为她自己很担忧往后的日子，只是现在还嘴硬着说自己不可能瘦下来。"你当然不希望自己的胳膊松松垮垮或是胸部下垂。"赛茜对卡洛尔说，"还是微笑面对现实吧，情况往往只可能更糟糕。什么也别管，你只需要好好地拥抱内在的健康，庆祝没有月经的生活！"

卡洛尔将目光转向赛茜放在床上的一堆抗衰老产品，都是她在时尚行业工作时收到的高档护肤品和化妆品礼品。赛茜注意到了她的视线,"这些你也拿走吧,我用不上。我不想在家里留下任何抗衰老的东西,一看到就恼火。在时尚行业深耕多年,我才知道——抗衰老不过是市场为迎合年轻女性的年龄焦虑所做的营销。像道恩这样的年轻人才会担心长皱纹,又是整容又是打针的。我反正不会上当了!"

尽管听起来有违直觉,但赛茜说得没错,大多数接受整容手术的女性都远未及 50 岁。赛茜接着埋怨道:"有段时间我一直有容貌焦虑,觉得自己老了,拼命地想要掩盖年龄的痕迹。我不会告诉别人自己是哪年出生、哪年毕业,生怕别人觉得我老。我很在意同事对我的评价,希望让她们觉得我看起来比实际年龄小 10 岁。但其实我心里在思考:如果我跟现实抗争,究竟谁输谁赢?我以前总把自己框在某种人设里,把我的外表和工作视若珍宝。不管我们认为自己作为女性有多进步,这些东西都根深蒂固于我们的神经系统中。这是一个莫大的考验。别相信别人说得轻描淡写的话。自从我接受了自己衰老的现实,生活就简单了许多。现在我发自内心地为我脸上的每一条皱纹、增长的每一岁年龄感到自豪,也不再担心别人问我年龄,大大方方地说便是了。"

赛茜顿了顿,回忆起过渡期时经历的激素"过山车"。之前卡洛尔问起的时候,她还不太愿意谈,但我最擅长的就是挖掘女性背后的故事。犹豫片刻后,赛茜松口了,她说那时候大脑和情绪仿佛发了疯似的在打网球比赛。激素起伏则使脑岛遭了殃,它在大脑内部起到扫描各个系统以检查健康和自我形象的作用。自女性进入青春期后,脑岛就开始比较自己跟别人的外貌,进而影响我们对自己与他人关系的看法。你会不断问自己:"我有她这么好看吗?""我能像她那样好看吗?""我要变得跟别人一样

第五章　焕然一新：迎接新生活

吗？""我的风格是什么？"这时脑岛就会感受到理想与现实存在差距而产生的失望。

对于许多女性来说，这种刺激脑岛的心理和情感模式可能导致她们长期在意自己的体重和外貌。但在过渡期结束后，赛茜决定忽略脑岛的刺激，不再节食减肥，只保证摄入对大脑有益的健康脂肪，避免摄入过多的碳水化合物。赛茜发现很多女性在过渡期后也有同感，人体的新陈代谢会随着雌激素下降而变化。摄入碳水化合物只会刺激大脑想要吸收更多，从而挤压胰腺中的胰岛素，所以摄入大量碳水化合物会使血糖骤升和骤降。如果我们继续满足大脑对碳水化合物的渴望，就容易引发糖尿病，由此引起的炎症会损伤关节、动脉和认知能力。赛茜为了维持一天所需的能量，根据大脑的新陈代谢需求增加了精益蛋白质和健康脂肪的摄入量。对于赛茜和许多女性而言，需要不断尝试才能找到适合自己的饮食搭配。

"现在我每个月不再有剧烈的情绪起伏，内心非常平静，以一种全新的方式跟我的身体和谐共处。我非常自信，内心笃定而舒展，我清楚自己是谁，比起平坦的腹部、不长皱纹的面孔和手术带来的关节疼痛，我更享受这几年来走过的荆棘。这就是我身体最原本的样子。对了，让你女儿带着这些漂亮衣服回家，你看她脸上已经笑开了花。"她微笑着对卡洛尔说道，"我老了以后，还发现跟男人谈生意轻松多了。他们不会想方设法要跟我上床，而是终于认真地听我说话。之前可没见过他们这么认真对待我。"

赛茜的生活和事业都在此期间发生了巨变。赛茜有三个孩子，都已经成年了。排行老二的是个女孩，名叫斯蒂芬妮。斯蒂芬妮成年后的生活并不顺利，先是从大学辍学，然后去找份稳定的工作也很困难。赛茜每天都忧心忡忡，担心女儿能否找到属于自己的方向并照顾好自己。赛茜投身于时尚行业,她很热爱设计创作,但工作也一直是她压力的来源。赛茜曾经在一家世界顶尖的时装公司担任面料设计师,但在年近 40 岁的时候,她逐渐被焦虑包裹。"我晚上睡不好,总觉得没有安全感。过了很久,我才恍然大悟,找到了不安全感的来源,因为我发现所有我认识的年长女性都被解雇了。在女性进入 40 岁后,这种事情就会发生,不论你成功与否,每个行业都不例外,包括出版、时尚、金融、电视、房地产、公关等。有些也许能工作到五十几岁,但我认识的大多数女性员工都被解雇了。我意识到自己的职业寿命是有限的。"

赛茜没有立即捕捉到她的焦虑源头很正常。一方面,焦虑现象在美国很常见,近五分之一的美国人患有焦虑症;另一方面,我们经常想方设法分散自己的注意力,要么通过刷手机,要么通过看电视、喝酒、吃东西来逃避不适和恐惧。在受到威胁时,身体往往会充斥着压力激素,浑身发冷,心跳"扑通扑通"像是要从胸口蹦出来。我们的警惕性也会提高。血液涌向肌肉和大脑时,手脚还可能会发麻。长此以往,焦虑不仅会成为疾病,还会增加我们患心脏病、糖尿病、癌症、抑郁症和痴呆症等疾病的风险。

但并非所有焦虑都是消极的。研究证明了心理学家卡尔·荣格发出的忠告,即对于任何消极状态,"你越是抵抗,它就越有存在感。"如果我们察觉到焦虑,它可能只是在释放信号,让你警惕真正的危险。例如,你晚上逛完超市,走进漆黑一片的停车场,发现身后有人鬼鬼祟祟地跟着你,这时就会感觉紧张、焦虑。这就是某种强烈的信号。恐惧能让人当机立断,比如说跑回超市寻求护送或打电话求助,可能会救自己一命。释放信号就是为了调用大脑前额叶皮层，发挥解决问题的能力。如果只是因为不舒服而逃避焦虑的信号，反而可能因此错过大脑内部传递的重要信息。

道恩和卡洛尔这次寻宝的"战利品"，是赛茜有意割舍了部分昔日的自己。母女俩整理好物品，满载而归，而我和赛茜去了咖啡馆。我们认识不久，她刚加入我待了25年的冥想小组。我很好奇她的生活，以及她为什么要成为企业家，很多女性会在更升期走上这条道路。我俩在罗马咖啡馆里坐下，点了杯咖啡，沿着索萨利托的布里奇韦俯瞰旧金山海湾，她边喝边说："当二三十岁的时候，我就在公司看到那些年纪稍长的女性员工收拾东西走人。我那时毫不在意，脑海中有个念头一闪而过，觉得是她们失去了锋芒，所以就被淘汰了。但现在回想起来，在短短数月内见证四五个人离职后，我便开始失眠。"

赛茜稍作停顿，回想起工作时的劳累：总是提心吊胆，哪怕每晚只睡三个小时也得振作精神，情绪还很不稳定。"每天早上一睁眼，我都在担心今天可能是我最后一天工作。"她继续说，"我不敢想自己要是丢了这份工作和这一身份该何去何从。"

回想起来，赛茜觉得当时那样长期担惊受怕让她变得很扭曲，也让家里本就紧张的母女关系雪上加霜。工作中信任缺失的危机感也让人难以在生活中维系真正的关系，赛茜和丈夫的相处陷入了困境。由于大脑一直保持警惕，无法让人足够冷静地真正融入或建立友谊。"感觉就像那款《幸存者》(*Survivor*)游戏，"她说，"你可以暂时跟别人联盟，各取所需。但随着玩家一点点靠近奖品，赛道就越变越窄。你不知道谁会为了赢就把你挤下赛道。"危机感会让人分泌肾上腺素和皮质醇等激素，短期内它们可以有效地提升专注力、激发灵感，但随着时间的推移，反而会起反作用。"每天那么多工作中的事儿，"赛茜继续说，"我的灵感都枯竭了，想法不够有闪光点，反应速度还变慢了。我原本以为是自己上了年纪。当初我看到发生在其他女性身上的变化，也终于落在我身上了。我变'钝'了。"

我问她："你有没有想过，变'钝'并不一定是年龄问题？"

"一开始没觉得，"她回复道，"但后来我休息了一阵子，仿佛满血复活。只要逃离了让人有危机感的处境，大脑就找回了创造力。"

从生物学上看很合理。人处于压力状态下就会分泌皮质醇，根据分泌含量和持续时长判断，分泌皮质醇可能是好事，也可能是坏事。比起过渡期之前，更升期的女性皮质醇反应更强烈。适量皮质醇可以增强人的记忆力和学习兴趣，但如果分泌皮质醇过多，或持续时间过长，反而会杀死记忆细胞。

"后来你怎么办呢？"我听到这熟悉的情节，一下来了兴趣。我从患者和朋友那儿听过不少类似的故事。女性先是面对玻璃天花板碰壁，难以晋升，紧接着就坠下了玻璃悬崖。这个社会充满年龄歧视，而所有大龄员工都面临着职场歧视。统计数据显示，女性比男性更容易在职场中被"老龄化"，根据行业需要提前十到二十年退休。

"我放弃了头等舱，选择坐中间位置。"赛茜神采奕奕地说。她引用的是化妆品牌罗拉玛斯亚（Laura Mercier）的联合创始人珍妮特·格维奇（Janet Gurwitch）说过的一句话。格维奇曾讲述她辞去美国奢侈品零售巨头尼曼集团（Neiman Marcus）的高薪工作，开始创立化妆品公司，最终成为明星企业家的故事。

赛茜也有创业的打算，她一直想设计一款更修身、更时尚的健身服。但是在中年时期推翻一切、从头开始并不容易。在跨国公司上班时，她可以自由出入办公室，但之后可没法来去自如了。没有了公司福利，她只能用原先存的退休金作为创业资金，在预算内全国各地跑，推销自己的新产品。她说："焦虑袭来时，我只能一遍遍提醒自己，我正在做投资，自己就是唯一的押注。在我三番五次灰心丧气的时候，要是没有朋友鼓励我、支持我，就不可能有我这家公司。"

赛茜的创业之路也是更升期女性越来越典型的一种。无论是餐厅员工还是高管，有能力的女性发现求职之路走不通，就会自己创业，开辟属于自己的道路。"多亏了有位高管对我很坦率，一下把我点醒了。"54岁的税务顾问玛尔塔在就诊时告诉我，"当时她毫不客气地说没有公司会要我这种水平的员工，而且劝我趁早创业。创业之初，建立客户群是头等难题，挣的钱还只有以前工资的一小部分。我经常担心自己最终会沦落至街头流浪。但事情终于出现转机——我找到了一个人才库，里面都是些受公司年龄限制或因为家里有小孩而被辞退的女性员工。我便把额外的工作承包给她们，跟她们共事出乎意料地顺畅，我还从她们身上学到了不少东西。"赛茜的大脑再度找回状态，蓄势待发。

玛尔塔和赛茜构成了重要经济统计数据的一部分。在21世纪10年代末经济增长的过程中，女性成为创造就业机会的主要驱动者。2015年至2016年，女性创业速度为男性的两倍。截至2017年，由女性创立和领导的公司业绩比男性的高一倍，同时还创造了数千万个就业机会。在这些女性领导的公司中，大多数创始人超过45岁。在一篇2019年5月发布的《福布斯》（*Forbes*）杂志文章中，真人秀节目《创智赢家》（*Shark Tank*）的投资家凯文·奥利里（Kevin O'Leary）谈到了他对女性领导者经营公司的偏好。他说，65%的男性领导公司可以达到财务目标，但女性领导者的业务数据更漂亮，比例高达95%。文章还引用了某个研究结果，显示由女性领导的公司员工待遇更好，员工工作参与感更强。而盖洛普咨询公司的调查显示，通常70%的员工会缺乏参与感。不同的人生体验能丰富认知，为日后的成功铺路。而比起未经考验的人，女性经历过低谷，才能在不断"上升"的更升期坦然面对不确定性，她们的大脑在困境下更富有韧性。

赛茜在创业之初不得不起诉一家大型零售连锁店，要求对方支付欠她的款项。"如果对方再不付款，我就要破产了。"她说，"这在服装业是家常便饭，大部分时间都在催款。由于这笔款项有着巨额金额，我必须拿到钱，或者至少拿到大部分款项，才能周转。当时对方给了我律师一堆文件，光是看文件就耗了很久，眼看着截止日期一天天逼近，我内心惴惴不安，第一次意识到这种无力感可能会让我窒息。如果我长期陷于这种状态，肯定会有损健康。我记得我放弃了挣扎，让这种不安占据全身。我不信宗教，但我向宇宙中所有力量祈求了帮助。我虽然不指望有什么奇迹发生来拯救我，这本来也不可能，但我希望自己能够放平心态，面对一切。即使我变得一无所有、身无分文，我也能像其他人一样好好活下去。"好在赛茜并没有失去任何东西。几天后，她的律师解决了这个问题。经历了这次情绪突破，遇到再难的处境，赛茜也不像以前那样轻易动摇了。跌至谷底而后又重新振作，这就是更升期的一大标志，它表明你的大脑神经回路有了韧性。

让你安心面对新生活，仿佛居家般自在和轻松，是更升期带给你的一份礼物。自长大以来，这是很多女性第一次从汲汲营营中解脱，不再受内心欲望驱使，也不再受生育周期影响而行动。

第五章 焕然一新：迎接新生活

激素分泌会让你意识到孰轻孰重，迫使你行动，保证夫妻和亲子的关系紧密。但这违背了你的意愿。过渡期雌激素飙升可能会让人变得盲目，导致很多女性陷入某种习惯循环，就像小时候总会引起坏男孩注意。而雌激素骤降则可能让女性感觉失去了联结，丧失吸引力和性欲，只想钻进被窝，关掉手机。

还有一个事实也不容忽视：美国中年女性最担忧的中老年困境便是老年贫困。这种担忧并非空穴来风。虽然女性承担着78%的无偿照护责任，但女性在工作中只挣到了男性60%到70%的薪酬。工资差距还不是唯一的影响因素，由于薪资不平等加上多年无偿照护，女性牺牲了自己在外工作的时间操持家务，老了之后所能获取的资源也比男性更少。女性交的社保和退休金也少，男女之间的财富差距几乎无法弥合。自1990年以来，50岁以上夫妻的离婚率翻了一番。因此，如果女性后半生保持单身，也没法在外面找份儿工作糊口，很多人就只能靠每月600美元的社保支票勉强度日。虽然像赛茜和玛尔塔这类人不怎么受影响——因为一来她们有积蓄，二来她们在长期工作过程中交了足够多的社保——但过渡期后的多数女性不能实现财务独立。了解了她们的财务情况，你才能理解为什么很多女性即便婚姻不幸也还是咬牙坚持，甚至即便丈夫的态度很恶劣，她们还是百依百顺。因为婚姻的分歧可能会让她们老无所依。

但赛茜有财务能力、自主性和种种选择。她的新公司不仅起步良好，而且获得了巨大成功。她最终卖掉了公司，用这笔钱创办了自己的风险投资基金，专注于资助、指导和赞助年轻女性，帮助她们规划财务方向，以免她们哪天也需要自己白手起家。"找家公司干到退休"早已成了过去式。

逆流直上：女性如何完成人生进阶

我们远比自己所想的更有价值

"我花了很久才琢磨明白，自己可以给年轻女性提供什么。"赛茜在一个开放创意企业合作办公空间租了一套办公室。"年轻女孩们遇到问题就会来找我，"她继续说，"我本来也没觉得自己多成熟，所以不懂她们提问背后的用意。后来我想起来，自己在她们这个年纪也问过同样的问题。我二三十岁时结识了很多成熟女性友人，有个导师还说我是'智商控'。后来我终于明白，她们对待我就跟我当年对待我的导师和赞助人一模一样，觉得我深谙世事，心智过人。我也很诧异自己竟然真能解答她们关心的问题。"

谈及智慧，我们总是讳莫如深，觉得女性无法轻易掌控智慧。从我的经验来看，过渡期到更升期的巨大转变会让我们像青春期那样情绪多变，连连倒退和失控。对多数人来说，这种感受并不像是智慧的萌芽，更像是大脑在不断失去它的优势。

等到四五十岁，你已阅遍千山。在躁动不安的青春期，你想要搞明白自己是谁；在万事难料的20岁，你奋力寻找人生方向；在笃定不移的30岁，你努力实现人生目标；而在手忙脚乱的40岁，你过着自己创造的生活，冷暖自知。接下来呢？这个重要问题却无人解答。

发达国家的女性平均寿命已达85岁。过渡期在女性四五十岁时到来，而医学和发展心理学将女性过渡期后的将近30年甚至是50年统统归入"绝经期"。人们不曾规划、探索和阐释这一时期。中间没有任何划分，只有死亡这一节点。所以我才拒绝用"绝经期"这个词。

第五章　焕然一新：迎接新生活

我想向你的大脑传递这个信号：去成为你想成为的人吧，你的新生活刚刚开始。

你可能想说："噢不行，卢安。我受够了，太累了，我只想歇会儿！"我懂你，女性往往会在此时感觉筋疲力尽。我们为孩子、职业、照顾家人和操持家务倾尽了时间和心血。歇会儿也好，每个人都需要歇会儿。但我想问问你，为什么觉得"受够了"？是什么让你"受够了"？是具体某件事，还是整体而言感觉"受够了"？如果你觉得自己赚钱少、工作辛苦，还要时不时顾家，感觉"受够了"很正常。但在你辞职或结束一段长期婚姻前，我希望你能想清楚这个答案。在你知道自己要奔向何处前，盲目逃跑可能反而是个错误。最好先想清楚自己想要什么，并且如有可能可以休个假，给自己留些思考的余地。

这个问题的另一面是你如何描绘未来的愿景。像年轻时那样再次扪心自问：你现在想过什么样的生活？是只想去海边度个长假吗？是报门艺术课程吗？是想更好地照顾家人，照顾你的年迈父母、伴侣和子孙后辈吗？是肩负家庭的重任，把自己压得喘不过气吗？还是想怀揣着一种初学者的喜悦，开启一份新的职业、一场新的冒险？正因为我听过太多人的遗憾了，所以我希望你在更升期感受到的是喜悦，而不是遗憾。

我的另一位患者钦出生于 20 世纪 20 年代末的旧金山。虽然她的故事发生在 20 世纪，但跟很多女性都有相似之处，她们都没能选择自己想要的生活。钦第三次找我问诊时说："我一直很喜欢美国，但家人在美国挣够了钱，就在我 10 岁时迁回了中国。"钦最初因为脑干小中风，影响了情绪健康和睡眠质量，才找到了我。提起往事，平时沉默寡言的钦突然止不住泪水，仿佛打开了话匣子："我没能过自己想要的生活。我想上大学，想拥有事业，想继续学习。第二次世界大战爆发时，我正在学校教英语，后来打起仗来我只好躲在澳门，跟我广州和香港的家人分隔两地，而我家人所在的地方已经被日军侵占。我一直梦想着回到美国上大学和工作，毕竟我一出生就有美国公民的身份。战后，我的父母同意我去美国，还派了阿姨陪我去见在加州生活的哥哥。只是我刚在美国安顿下来，战乱就使我的家人变得一无所有。我和哥哥不得不拼命打工，把父母和兄弟姐妹一个个赎出来，最终救回了父母和妹妹。我当时起早贪黑地在哥哥的餐馆里打工！"

我没有立马作声，等着平时沉着冷静的钦整理思绪。"那后来大学呢？"我问道。

"我得接着工作。最后在一家银行谋了份营生，能让我照顾好家人。我这一生都是为照顾别人而活，说来都是辛酸泪。作为女性，一名亚洲女性，我的薪酬待遇并不公平。因为我就在审计小组，所以对此心知肚明。但是我也没有公开表达不满，生怕这样会丢了饭碗。"

我没有打断钦，由她尽情地诉苦。"你看我的身体和脑子都这副德行了，还追什么梦想？一把年纪了，但想做的事一件也没做成。"

虽说钦的故事比较曲折，但很多女性都会有类似的遗憾。要想克服这种伤感，需要个人的努力、适当的帮助和对生活的敏锐感知。我跟钦一道努力，更关注于她在工作和家庭中所取得的成就，时刻牢记内心对孙女们取得成绩的骄傲，这些女孩儿们正在分子生物学和环境科学等领域发光发热。在她问诊期间，我们聊得更多的是这方面的内容，并最终解决了她的睡眠和情绪问题。我还给她布置了写日记的任务，让她细心体会生活中的美好。

之所以提到钦的故事，是希望你和你的大脑也能做好准备，迎接不同的发展阶段，从过渡期到更升期早期，再到更升期的充盈期。我希望你悦纳自己过往经历的深度，与之和解，并不断向外反馈。这样一来，新一代的年轻人便可以从我们身上汲取养分，走得更远。

充盈期，即女性在过渡期之后采取实际行动，充分释放女性潜力，包括养成独立思考的能力、对自己和他人有强烈的同情心，以及终于认清现实、停止幻想。这是一种意志力和主观能动性的表现。"头痛医头，脚痛医脚"，如此被动地度过晚年人生，蒙蔽内心对衰老和死亡的认识，这些都不可取，不能算作更升期。这等于向"绝经期"所隐含的无用和僵化概念投降，只能算更"降"期。

拥有智慧

作为精神科医生，我常常观察女性是如何成为智慧长者并悦纳这一身份的。在不同文化中，我们自然而然地把"智慧长者"跟"男长者"联系在一起，但如果联想到"女长者"时，就会让人觉得有些怪异。年轻时，我们会形容年长的女性是"可爱、古怪、小巧玲珑、甜美、慈爱"的，但有没有想过她们也可以是智慧的呢？虽然我的本能告诉我，奶奶是真正看透人生和人际关系的人，但父亲和爷爷依然是家庭的主宰。尽管亚非群体，以及非裔美国人、拉丁裔人和一些萨满文化的家庭和群体很尊崇女性智慧，但世上没有哪个社会主要由女性来领导。如果你去了解女性担任最高政治职位和高管职位的比例，了解哪里实现了男女同工同酬，哪里能让女性平等地接受教育和获取财富，你会发现没有哪个国家能够让女性享有五五平分的权利。我们需要更升期女性扭转乾坤。

男人，要想成为顾问和智者丝毫不在话下，但女人，总是率先打退堂鼓。"我做不了什么贡献。"在20世纪90年代中期，一位患者波琳这样说道。当时72岁的波琳见多识广，热爱阅读。她在怀孕期间曾担任行政助理。但我能明显感受到波琳内心的沉痛和悲伤，每次听完她的经历，我的心也会变得沉甸甸的，像沉入了湖底。在精神病学中，医生需要观察自己的反应，以帮助判断患者在日常生活中会接收到别人什么样的反应。我问她，有没有跟别人讲过这些故事，她们听了有没有觉得难过？波琳给出了肯定的答复，但她同时也担心老友们在了解她的负面生活后，会渐渐疏远她。

我给波琳开了抗抑郁药，并约好每周一次复诊。可几个月后，她的情况并不见好转，我开始担心到底能不能帮到她。有一天她来复诊，看起来比平日要神采奕奕些。我好奇地问她缘由，她说是她的孙女米歇尔刚从旧金山州立大学毕业，马上要去洛杉矶工作。临行前，米歇尔找她请教着装风格。我心想，这孙女可是问对人了。波琳虽然穿衣打扮并不奢侈，但总带着点儿低调和典雅。波琳一边陪着米歇尔选购新衣服，一边跟她聊起了家庭、曾经的创伤和对未来的担忧。米歇尔现在的生活正是波琳曾经梦想实现的生活。"我也想拥有自己的事业和爱情。即便我当时喜欢的是别人，但最终还是按照家人的意愿嫁给了乔治。"波琳提起了丈夫乔治，彼时俩人已经结婚50年。"米歇尔有问不完的问题，八卦她的父母，八卦我和乔治的故事，还很好奇要怎样在洛杉矶生存。她为什么觉得我能帮到她呢？我哪能什么都知道？"

我顿了顿，觉得她跟孙女的互动是个好迹象，便鼓励她：

第五章 焕然一新：迎接新生活

"打算跟米歇尔多待待吗？"

"东西都整理好了，她很快就会动身。"波琳说，"我竭尽所能。我可以教她怎样买性价比高又时髦的衣服，可以分享我举办派对的经验，还可以告诉她怎样增强气场。但除此以外，我还能做什么？"

在米歇尔眼里，波琳可没这么普通。她很珍视这段亲情，把波琳当作可信的知己、温暖的避风港，无论什么时候觉得害怕都可以向波琳求助。"奶奶倾听的方式不同于他人，"后来米歇尔在某次家庭会议上告诉我，"她不像爸妈那样告诉我要'咬咬牙挺过去'。相反，她有时会取笑我为了这点儿小事心烦意乱。她说再过几年，这都不是事儿，也别太把那些不回电话的男孩当回事儿。这番话虽然让人有些恼火，但每当我在工作中遇到难题，或是跟室友闹了矛盾，奶奶就会以她的亲身经历开导我。她会经常告诉我，她在我这个年纪时如何待人接物，以及如果再给她一次机会，现在的她会怎么做。"

年轻时，我们学习语言、概念和技能。在更升期，我们从一次次悲欢、成败中提炼智慧。因为此时的大脑不再受激素波动干扰，运作更为规律，能将海马体存储的记忆吸收、整合到大脑皮层。到了更升期，我们就拥有了一台精干的问题解决机器。我们要做的，就是接纳自己的新身份，将编织好的人生经验一针一线地授予他人，为他人提供帮助。过渡期伊始，发育阶段为培养大脑韧性、抵御风暴埋下了智慧的种子。种子一旦种下，大脑便具备了这种能力。接下来你需要不断浇灌它，同时不惧风暴，不惧面对智慧的不足，智慧本就是你经历风暴后留下的财富。即便有时感觉智慧不够用，也不代表我们之前的努力都是白费。

跟当代男性天生的自信不同，女性相当缺乏自信。相反，女性天生就擅长自我怀疑。自我怀疑是人的一种本能，但女性总是过度自我怀疑，无法让人全身心投入更升期。在"拥有智慧"这件事上陷入自我怀疑，导致了女性迟迟无法传递手中的接力棒。

我也会跟自我怀疑斗争。撰写此书之时，我也常常有思想斗争：一方面，我很了解女性大脑和女性生命周期；另一方面，我也常常怀疑自己是否有资格将这种智慧传递给更多女性。写书的过程其实就是我浇灌内心种子的过程，我想将这份自信也传递给你。

站在人生岔路口：是上坡还是下坡？

在我们能进入某种全新的心理状态时，生理状态也发生了翻天覆地的变化。某些变化甚至会导致大脑陷入悲痛、震惊和否认。我们如何应对决定了我们是走上坡进入更升期，还是走下坡进入更"降"期？

需要面对的新现实是，你的新陈代谢会放缓。睾酮有助于肌肉的新陈代谢，同时能够燃烧更多卡路里，拥有更结实的肌肉纤维。但现在，包括睾酮在内的所有激素分泌都会减少，脂肪长了，肌肉没了，减肥也变得更加困难。如果你准备参加高中同学聚会或婚礼，想在三个月甚至三个星期内甩掉五到十斤体重，几乎不可能，得至少六个月甚至一年才能看出减肥的成效。对于许多人来说，还得几乎不吃碳水化合物、不喝酒、不吃加工食品，只吃蔬菜、精益蛋白质和少量健康脂肪，每周训练四次负重和有氧运动。但有些人不管怎么练，五到十斤的体重照长不误。比起克制体重增长，我更愿意穿宽松点的衣服来适应身体新陈代谢的新状态。

第五章 焕然一新：迎接新生活

接受挑战

如果不能接纳拥有新生活、新智慧的自己，可能会长期影响我们的认知健康。在此，想告诉你两个有必要步入更升期的理由。

我们知道，积极参与并完成任务时，大脑会启动奖励系统并释放多巴胺。这种化学物质能让人感觉良好，在我们出现高潮、相谈甚欢或是剧烈运动时，就会分泌大量多巴胺。但华盛顿大学医学院的研究表明，在我们产生畏难情绪时，大脑中的某些细胞会抑制多巴胺的释放。当我们开始自我怀疑，被懒散打败，决定放弃目标时，这些细胞就会迅速行动，阻止激活奖励系统。我们越是不想坚持、不希望继续，这些抑制多巴胺的大脑回路就会越强。而缺乏动力导致大脑活动转向消沉，隐含了极大抑郁风险。我指的不是普通的情绪低落，而是指你会感觉"不想起床""今天一动都不想动""窗帘一整天都不拉开"，一整天仿佛瘫痪般关在家里。抑郁症会让人失去自我关怀能力，存在一系列健康风险：可能出现心脏问题、失眠、口腔溃疡、成瘾，以及炎症，进而引起关节、动脉和认知损伤。我们变得孤僻，不断爽约，大脑缺乏与人交往的必需维生素。不在乎意义和目标会让我们折寿。如果我们决定不激活更升期，不去滋养智慧种子，便是冒着风险把生命置于危险之中，甚至可能折寿十年。

让自己摆脱畏难情绪的方法之一，是启动"解决问题"模式。例如，列个本周"每天散步一小会儿"到锻炼时间表，重新跟亲朋好友联络下感情。像是刚才提到的波琳，我就要求她继续跟孙女多接触、多聊天，甚至可以跟她去洛杉矶帮她在新公寓里安顿下来。当然还有其他的选项，如计划旅行、学习新事物、去教堂、读完一本书、每天给别人打个电话等。

步入更升期，不放弃属于自己的智慧、身体和健康，不仅是为了自己，也是为了别人。无论你怎样怀疑自我，这个世界总有需要你的地方。倒不是让你解决重大的全球性问题——这也不太可能，而是说你在日常互动中的行为会影响他人。与人交往时是和气生财还是针锋相对，都取决于你的言行。

有种症状叫"高年级倦怠症"（senioritis），是指高中或大学毕业前的几天，此时成绩公布，命运已定，人就会不想上课，只想做最低限度的事情。但对你而言情况并非如此。相反，扪心自问，自己还想做什么。以高屋建瓴的视角，想一想自己长期因束缚于家务、文化偏见而忽视的东西。女士们，到了我们该启程的时候了！至少让思维先出发，像凯鲁亚克和垮掉派诗人那样饱含探险热情，打破常规，寻找意义和目标。像他们一样，透过新的目光望向自己和世界。唯一的区别是，我们可能还得戴副老花镜才能看清。

有次我跟赛茜聊天，发现她的生活明显改善了。"不瞒你说，我状态好久没这么好了。我现在每周上三次芭蕾操和一次养生瑜伽课程，隔一两天就散散步。而且，我现在能安睡一整夜，偶尔咳嗽或打喷嚏也不会尿失禁了！"当赛茜说到这里时，我一下来了兴趣。许多女性在分娩或摘除子宫后都或多或少会出现失禁问题，但她们可能没有意识到，盆底肌修复或类似普拉提和芭蕾这样的锻炼可以增强肌肉，缓解这一问题。

看得出来，赛茜非常用心地对待更升期。听她滔滔不绝地分享所思所感，我也很欣慰。"食物摄入真的对身体影响很大，如影响关节疼痛、精力等。"她说，"我差不多戒酒了。一喝酒，晚上就会潮热睡不好，第二天还会手疼，我就慢慢不喝酒了。但也不是说从此高枕无忧了。毕竟到了我这个年纪，容易失去朋友，容易生病，面临更大的变故。这是不可控的，生活中没有任何事情是可控的。"

我们总是向即将步入新十年的人们隐瞒生活残酷的真相。我们告诉二十几岁的年轻人，大好光阴正当时，这是你们的黄金时代，但这些年轻女性可能正在经历25岁危机，感觉还像14岁的自己那样莽撞、不知事。我们告诉她们，人到了30岁就能拥有平静。但无论你结婚、生子与否，这种焦虑感始终萦绕在30岁我们的心头。我们说，人到了40岁开始过好生活，但彼时过渡期可能正好开始，把你的感情生活和事业搅得一团糟。人到了50岁，对什么都不在意了。可就在你自我感觉良好时，生活开始连番发难，很有可能让你失去朋友、家人和工作。我们不知灾难何时降临，但它一定会来。生活本就是喜忧参半。但每遇到一个障碍，我们就会找到勇气继续前进。我们依靠前额叶皮层解决问题，维持身体活动为海马体提供能量、存储新记忆，受皮质醇分泌影响而感到兴奋，尤其是提高更升期女性学习新事物的兴趣。

历经风风雨雨，我们最终学会了放下骄傲。正所谓"知之为知之，不知为不知，是知也"。当你束手无策时，就按弗雷德·罗杰斯（Fred Rogers）说的那样，去寻找帮手吧。

找到更升期圈层

如果你周围的人都在做你想做的事，成为你想成为的人，你也会沉迷其中并且逐渐变成这样的人。正如神经元相互放电，才会彼此连接。如果你一边解决问题,一边展望未来,神经回路才会得到激活,否则只会慢慢老旧废弃。

你心心念念的,便是你最终的归宿。你的想法或情绪会占据大脑,最终影响你的行为,把你引向这个归宿。只是太多女性陷入了所谓的"思维过渡"阶段,这是过渡期必经的发展阶段,因为人会因失去而陷入悲伤,也会对未来产生困惑。很多女性紧抓着过去的自己不放,试图保持年轻,如打扮得青春洋溢,甚至可能出现在整容手术中去世的极端情况。

对小姑娘、女学生和年轻女性而言,人生的过渡并不困难,因为她们清楚地了解,在社会文化里下一阶段的女性是什么样的,但更升期是个例外。我们见过许多孤僻的中年女性,但这并不是女性的归宿,也不是女性唯一的选择。

我希望你明白一点,即便你不再工作了,你也仍然处于成长期。妥善思考一下,你想怎样度过人生的这个阶段。如果你想,也可以像我一样在退休后给自己放个假,去聆听你身体的声音,不要忽视它。好好了解自己,你现在是一个怎样的人?你的大脑可能渴望学习新事物。你的选择可以是五花八门的,不一定要做志愿工作,不一定是接一份活儿一样但工资比退休男性低的工作。去做最让你有激情的事情!我在挑战你,希望你能勇敢迈出步伐,走到聚光灯下,在众人面前彰显你的女性身份。记住:这不是终点。是以你理想的方式去度过往后的岁月,造一场新的梦。

第六章
揭开自我关怀奥秘

在过渡期前,按摩师常常戏谑地说我是她的"玛莎拉蒂",就跟这辆娇贵的跑车一样,动不动就要返厂修理。因为我不断探索突破自己的极限,每当用力过猛时,就得找她帮忙,且这种情况时有发生。我经常不顾身体发出的疲劳、生病或疼痛的信号,硬着头皮干。身体觉得不舒服了,就找药物先镇痛,这些疼痛其实是由免疫系统释放"细胞因子"蛋白质引起,用于攻击入侵的病毒或细菌。我学会吃泰诺(或对乙酰氨基酚)而不是阿司匹林(或布洛芬)来缓解这些疼痛,因为阿司匹林会消灭抗体和细胞因子(还有你的胃),而这些东西对于免疫系统消灭入侵病毒和细菌至关重要。发现病毒入侵免疫系统的第一瞬间,我就会给自己开一张达菲[1]的处方,提早吃药以免耽误工作。

在我丈夫术后恢复期的那段时间里,我辞职照顾他,但并没有改变自己的生活作息。但在我 60 岁出头的某天早上,我醒来发觉浑身发热,像得了流感,行为举止也异于平时。于是我决定

---

[1] 达菲(Tamiflu)是用于治疗或预防流感(流感病毒)的抗病毒药物。

休息，相信身体的反应，给它充分时间自愈，生病就生病吧。这是我第一次任由身体发挥其自然力量。尊重身体的智慧对医生来说非常重要，尤其是医生可以给自己开处方（除了阿片类和安定类药物不能随便开）。这也是我第一次不用强撑着生病的身体工作。

回想一下，你作为婴儿的生活是什么样的？你和你看护人一整天都围绕着进食、睡觉和排泄周期展开。小小的你极其严密地支配着身体时间，每个想法、计划或者行动都受到时间支配。什么时候吃饭、午休和洗澡，都得严格按照时间表来，因为规律的明暗周期会刺激神经激素，缜密的日程安排能为大脑发育和健康奠定良好基础。

那么再想一想，身体什么时候不需要时间表？并不是说我们要主动放弃遵循时间表，像是上学的时候早上被叫醒，睡眼惺忪地从睡梦中强行抽离；成年后，即便前一晚因为陪伴孩子、生病的父母、朋友或配偶而熬夜，第二天早晨仍然得起早开会。

就像依赖时间表的婴儿一样，我们的身体和大脑自始至终都依赖于时间表。是，你年轻的时候身体好、适应力强，但这只是一时的幻觉，在过渡期结束后便一去而不复返。上有老下有小，既要工作又要照顾孩子和年迈的父母，我们的身体健康不堪重负，晚上会失眠，白天会焦躁不安，还容易得感冒和流感。一旦这道"浪"掀过来，肯定会压迫神经元的健康，影响提升大脑认知的大脑细胞。

我在伯克利学习神经生物学时，有幸得到神经科学家玛丽安·戴蒙德的指导。作为主要科研人员，戴蒙德教授证明了，随着年龄的增长人类大脑细胞死亡并非无解，在80岁至90岁时仍然可以长出新的神经元。她还让我了解到，与常人认知不同，

第六章　揭开自我关怀奥秘

大脑中最为重要、数量最多的细胞不是神经元，而是神经胶质细胞。

这些清除突触垃圾并为神经元提供营养的细胞超过了大脑中细胞的半数，它可以引起或缓解大脑中的炎症。我们称其为小胶质细胞和星形胶质细胞。早在20多年前，人们还只当这些细胞是黏结大脑的砂浆，它们的名称元素在希腊语中意为"胶水"。但神经胶质细胞使神经元得到滋养，还是清理大脑的园丁，活脱脱是大脑的"环境保护署"。在睡眠期间，神经胶质细胞会充分发挥它的作用。

入睡和保持熟睡需要控制分泌神经化学物质的复杂系统，控制其起伏，控制能够驱动行为的激素。至少有15个脑区参与调节醒睡周期，但神经科学家至今仍不知脑区间彼此如何相互作用。已知的是一些影响适当级联反应的因素，如阳光、运动、食物、饮料和安全感。睡眠是步入更升期的关键。如果我们睡眠不足，就不会锻炼；而如果我们不锻炼，清晰思考的能力就会下降，从而影响我们从饮食到感情等方方面面的决策。根据我们的行动和首要事项，会启动良性或恶性认知循环。

大脑一整天都忙着解决问题，创造新的记忆和新的联系。这些突触放电后产生的废弃蛋白质和分子需要被运走处理，以免它们腐烂或彼此纠缠成纤维，这些纤维会扩散到大脑的其他地方，引起各种认知问题。大脑中的淋巴系统，即胶状淋巴系统，宛如一条条沿着神经元和突触运行的脑脊髓液溪流。当你清醒的时候，细胞膨胀阻塞流道，减缓液体的流动。当你睡觉时，细胞会缩回去，溪流变宽并且冲走所有的废弃蛋白质，送到身体的淋巴系统中，并且过滤后到达肝脏，将废物转化为可排泄物经肾脏和肠道排出。如果大脑没有这种净化，有黏性、毒性的蛋白质堆积后就会妨碍突触放电。如果你曾经因为缺觉导致大脑宕机，罪魁祸首可能就是残留的黏性、毒性蛋白质。

保持自然、充足的 6 小时以上睡眠，就能让脑部免疫细胞——小胶质细胞化身为夜间"园丁"，仔细地为你修理、清扫，并清除多余的 Tau 蛋白和淀粉样蛋白。星形胶质细胞则负责恢复和滋养神经元，重振它们相互通信的能力。星形胶质细胞也形成了大脑的保护屏障，防止毒素入侵，并把合适的脑部营养物质分门别类，然后传递给神经元，就像鸟妈妈给幼崽觅食一般。星形胶质细胞和小胶质细胞能够保持大脑清洁、所需养分充足，对大脑和认知健康至关重要。如果睡眠不充足，大脑就无法处理废弃物和炎症，就会导致出现"僵尸"细胞。

在《哈利·波特》系列丛书里，摄魂怪有一种特殊能力，只要它们靠近任何人，就能吸光对方身上的幸福和希望。在小说里，摄魂怪负责守卫阿兹卡班监狱。摄魂怪非常强大，接近它们的囚犯不光意志会被削弱，就连计划逃脱的念头也会逐渐打消。而如果身体有炎症，无论是由于缺乏睡眠还是生活方式导致的促炎反应，体内都会生成像摄魂怪一样的细胞。这些细胞停止了分裂，处于半死不活的状态，像僵尸一样喷出毒性物质。"僵尸"细胞是大脑（特别是下丘脑）中毒性炎症的主要驱动因素。大脑出现慢性炎症时，小胶质细胞和星形胶质细胞尤其容易进入僵尸模式。一旦发生这种情况，这些细胞就会罢工，不再清理大脑内的废弃物。相反，它们还会产生新的毒素，制造更多炎症，导致大脑退化、连接不佳，最终可能导致严重的认知衰退。

但我们仍然有希望处理这些"僵尸"细胞。根据老鼠实验结果，即使大脑状况因疾病发生而恶化，消灭"僵尸"细胞仍有助于保留新形成的记忆。在实验中，清除掉所有"僵尸"细胞后，毒性炎症迹象消失了，大脑没有萎缩，脑部不存在认知障碍的实际迹象。最新的老鼠实验表明，开启星形胶质细胞上的某个遗传开关可能会将其转化为神经元，即生成新的脑细胞。目前，清除大脑废弃蛋白质和"僵尸"细胞的药物已进入人体试验。这对于全人类，尤其是对出现大脑退化的人来说，是一道科研的曙光。

睡眠也有讲究

"我睡眠一直不好。"契特拉一边喝着草药茶一边告诉我，"但以前至少能一连睡六个小时。"她看起来筋疲力尽，绝望不已。这三年来，她每天只能睡几个小时。"我入睡很快。到了晚上十点半或十一点，我就睡着了，但一到凌晨两点就会醒来。如果运气好，那我在早上六七点还能再睡一个小时。我感觉自己就在崩溃的边缘。我现在极易情绪激动，特别情绪化，能够高效工作和清晰思考的时间非常有限。"

契特拉试过服用安眠药助眠，但收效甚微。药物会扰乱我们自然的轻度、深度和快速眼动期睡眠循环，而在快速眼动期睡眠中，我们会梦见自己所学的东西，使神经系统和大脑有机会重温和整合新的知识和信息。睡眠质量差会导致易怒、情绪化和意识错乱，基本上与失眠的副作用相近，而潜在的药物成瘾问题还会带来其他的麻烦。长期失眠和服用安眠药往往会造成认知下降。

"那你现在怎么办？找到其他的助眠方法了吗？"我问契特拉，想知道她是否尝试了常见的非处方助眠药。

"没错，我找了别的办法助眠。我朋友带孩子乘坐红眼航班时，会用苯海拉明让孩子入睡。"她看到我一脸惊恐，停顿了一下，"这也是没办法的办法。我想它对成年人应该没什么害处。"

契特拉这么想就大错特错了。我并不是很担心苯海拉明对孩子大脑的影响，但我很担心它对契特拉"更升期"的危害。

乙酰胆碱这种神经递质在神经系统和大脑中具有多重作用。它是化学信使，可以激活肌肉，使我们保持警觉和学习新事物，并有助于形成和保留记忆。在清醒和睡眠周期中，稳健上升和下降的乙酰胆碱对记忆功能至关重要。清醒时，乙酰胆碱水平较高，我们白天经历和学习的内容会在脑中完成第一次连接。入睡时，这些记忆经过重组完成了记忆巩固，因此第二天早上醒来时，我们不仅记得前一天发生的事情，还记得现在要做什么。记忆巩固需要我们练习，以提升我们当下所学的内容，并且能让我们想起30年前发生的事情，有可能还跟现在的事情相关联。快速眼动期睡眠对于记忆巩固非常关键，但它会在你的后半生发生变化。随着女性年龄的增长，雌激素水平下降，出现潮热等症状，你的夜间睡眠可能会不太稳定。由于褪黑素水平不稳定，更容易出现"短片刻苏醒"。睡眠呼吸暂停综合征也变得更为常见。这些都会造成你出现短期记忆问题。

刚刚提到的苯海拉明，如泰诺安、Nytol、Unisom这类牌子的安眠药，还有用于治疗失禁的药物，以及去甲替林等三环抗抑郁药和其他类似的药物，都具有一种额外特性，我们称之为抗胆碱能作用。这些药物中的化学物质会抑制乙酰胆碱，干扰大脑制定记忆路径。乙酰胆碱长期受抑制可能导致记忆错乱，并阻碍肌肉排出大小便，增加了排便、排尿的难度。乙酰胆碱受抑制还可能导致认知困难。已有的认知后果包括轻度认知障碍、意识错乱、健忘、头晕、跌倒、精神失常和精神运转速度和执行力下降等。我遇到过看似患有痴呆症的患者，但很多时候其实只是服用了过量抗胆碱药物。如果我能尽早发现，就会让患者停药，通常可以恢复其记忆和心智，肠道和膀胱功能也能很快恢复正常。事实证明，契特拉便是患有睡眠呼吸暂停综合征。

皮质醇、睡眠和记忆

入睡时，记忆巩固需要维持较低的皮质醇水平，特别是在入睡前几个小时。皮质醇激素由肾上腺分泌，其分泌呈规律性波动：早上是高峰期，晚上是低谷期。偶尔也会在大脑和神经系统应对威胁时分泌大量皮质醇。因此，如果你在睡前吵架、看新闻或浏览暴力事件，大脑会因皮质醇分泌过多而难以正常发挥记忆功能。如果长期处于应激状态，就意味着皮质醇持续升高，使人在悲痛和创伤期间几乎无法形成新的准确记忆。

戴蒙德教授还告诉我一些神经科学小轶事。爱因斯坦去世后，他捐赠了自己的大脑用于科学研究。他的大脑大小和形状都很普通，但星形胶质细胞数量极高。众所周知，爱因斯坦每晚都睡十个小时，而且几乎每天中午都会小憩片刻。当然，只是小憩片刻，白天睡得太久会扰乱夜间的睡眠周期。

爱因斯坦的星形胶质细胞数量多也意味着他的大脑非常干净，且营养良好。从他每天十个小时的充分睡眠和规律的片刻小憩，使我们得到了一个更升期的重要启示：睡眠质量好的时候，会觉得自己思维敏捷、活力满满，不会因为一点儿小事困扰，像是大脑的带宽突然升级。但要挤出时间获得充足的睡眠，听起来不太可能甚至有违直觉。如果你有孩子，还要工作，你这一辈子基本都是缺觉的，再加上照顾年迈的父母，简直层层加码。早晨起来喝杯咖啡，咖啡因慢慢失效后，脑袋就开始变得混沌，过完一天都让人觉得筋疲力尽。长此以往，你只会觉得生活在不断消磨你。

研究显示，60 岁以后，我们需要每晚睡眠七至九小时以步入更升期。睡眠不足六小时会导致无菌性炎症，这种炎症并非由感染引起。然而，65 岁及以上成年人最常抱怨的问题之一就是失眠。不过睡眠问题仍有解决的可能，往往也不是永久性问题。我们可以在白天采取简单的行动来预防睡眠问题。以下是我的《日常睡眠计划》，让我们一起迈出神经科学自我关怀的第一步吧！

- **获取太阳直射。**遇上大晴天，至少要在阳光下待 10 分钟；如果天气多云或是使用光疗灯，则至少待 40 分钟。每天早上起来后，第一件事就是步行 30 分钟，这样就可以搞定。
- **进行剧烈运动。**在下午三点前剧烈运动 30 分钟，接近筋疲力尽状态即可。如果晚于三点后运动，很可能导致睡前皮质醇水平较高，影响睡眠。
- **限制咖啡因摄入。**最多在早上喝一杯含咖啡因的饮料，能戒掉咖啡因最好。
- **避免下午摄入刺激物质。**避免食用黑巧克力和含咖啡因的汽水等食物和饮料（无论什么时候吃都对身体不好）。
- **傍晚或晚餐时不要喝酒。**酒精可能让你入睡更快，但很可能也会导致你在半夜醒来。
- **晚餐着重摄入蛋白质和非淀粉蔬菜。**碳水化合物会产生糖分，导致短期能量爆发，提高皮质醇水平。
- **尽量在晚上六点前用完晚餐。**
- **每晚都在同一时间入睡。**制订放松计划和睡前计划。
- **如果你情绪比较低落，就提前一小时起床。**仅凭这一条，抑郁症发病率就会降低两位百分比。这也意味着，你必须提前一小时睡觉。
- **睡前至少提前 30 分钟关闭电子屏幕和设备。**
- **晚餐多吃含色氨酸的食物。**这是大自然的睡眠氨基酸。火鸡肉、牛奶、干酪、鸡肉、鸡蛋、鱼、南瓜、芝麻籽和豆腐,甚至香蕉,这些食物里都含有色氨酸。但由于香蕉含糖量高,建议少食。
- **小憩片刻,不干扰夜间睡眠。**每次小憩限制在 10 到 20 分钟。
- **用黑色遮光窗帘,保持卧室安静。**条件不允许时,至少使用眼罩和耳塞替代。你会逐渐习惯它们。(因为我家沿街,窗外就是繁华的街道,所以我用的是量身定制的耳塞。)
- **保持房间低温。**睡觉时,房间温度应保持在 18—20 摄氏度。你仍然可以盖毯子保暖。如果你的另一半抱怨,就告诉他男人要有男人的样子,让他自己找个加热垫去。保持室内低温对他也有好处。
- **如果你的睡眠时间少于六小时,可以在下午四点前定个 20 分钟的午睡计划。**有些患有慢性失眠症的人每天定三次 10 分钟的小憩,以降低神经系统的兴奋状态,帮助夜间睡眠。长时间的午睡会干扰夜间睡眠,所以切记每次小憩时间不可过长。

过渡期和睡眠

对于我来说,过渡期很折磨人。我每晚都会醒来四五次,全身汗湿,还要换两三次睡衣。白天的状态也很糟糕。但是,按照这份睡眠计划，我睡得踏实多了。我的同事林恩比我小几岁，她显然正在经历过渡期，出现了易怒和记忆错乱等症状，我猜多半是失眠引起的。可当我问她的时候，她说她的睡眠还不错。我知道女性大多善于隐忍，便又继续追问。

"整晚都睡得很好吗？一点儿片刻的醒来都没有？也不会起床上厕所吗？"我问道。

"自从我做了盆底肌修复并坚持跳杠铃操后，不会再起床上厕所了。"林恩说。

"也没有潮热吗？晚上不会觉得热？"我接着问她。

"对，我不像你那样出汗，但是偶尔会因为感觉热，一晚上醒个三四次，有时踢掉被子。我丈夫通常看我冷了又把被子给我盖上。"她承认道。

如果你晚上只醒来一次，觉得有些暖和，然后很快再次翻身入睡，这种情况倒还好。但如果醒来不止一次，你的恢复性睡眠就会受到破坏。林恩几次踢开被子后，她的大脑就无法获得恢复性睡眠的好处。根据她的情况，我猜想稍许调整激素治疗的配方就可以有所改善。于是我看了她的复合药房处方，不出我所料，她晚上要涂抹外用的雌激素、DHEA 和黄体酮的合成药剂。这对有些人有效，但对于许多人来说，这三种激素引发的行为可能会发生冲突。雌激素和 DHEA 带点儿兴奋作用，非常适合启动引擎，激发大脑的认知能力，适合早晨使用。但黄体酮是让人感觉舒适、温暖，产生自我关怀的激素。记住，黄体酮增加了大脑中氨基丁酸系统的活动，起到镇静、类似安定效果的作用，使人放松并感觉困倦。这是非常强的行为诱因，像是让人在寒冷冬雨中靠近火炉，品尝世界上最醇香的热巧克力，舒适地蜷缩在温暖的毯子里。身体入睡前，正好需要自我滋养。

雌激素刺激大脑中的新连接，就像超级肥料一样，让大脑连接分布各处。在过渡期之前，黄体酮就会介入并调节这种过度生长。而在过渡期，雌激素飙升会加剧过度生长。雌激素可以在同一天内骤降至 10 微克，又再次飙升至 400 微克。这种过度生长会让人感觉混乱和失去方向感，精力无法聚焦。黄体酮可以调节大脑的过度生长以实现更好的睡眠质量。但是，如果早上用黄体酮刺激大脑，则可能阻碍你开启新的一天。

林恩习惯尝试新事物，所以她开始在晚上使用黄体酮。"三周后我像个婴儿一样睡得很香，没有潮热，没有醒来。有些日子我醒来会有些迷糊，需要早起锻炼并立刻使用雌激素和 DHEA。"林恩告诉我。

"太好了，需要调整剂量吗？"我问道，因为林恩把外用药膏放在了注射器里，便于她在规定的范围内调整剂量。她对剂量很敏感，她的医生也知道这一点。"对，我最终决定将每种激素剂量减半。医生原先增加雌激素是为了缓解潮热，但实际效果不佳，而且我变得非常焦躁。在我找到适合自己的剂量后，我的睡眠节奏舒适多了。"

雌激素和 DHEA 可以让我们保持高度警觉状态。如果你总是感到紧张，而且无论你做多久的瑜伽都无济于事，可以考虑在睡前使用黄体酮。如果确定要使用，务必逐步增加剂量，给大脑和神经系统适应的时间，同时考虑停止使用 DHEA。使用任何激素都应当逐步增加剂量，像林恩这样对剂量敏感的人就是一个例子。但多数妇产科医生都不一定知道这一点。毕竟妇产科培训是要求处理高风险妊娠和癌症手术。神经科医生也不会知道，因为神经科培训是针对多发性硬化、帕金森、中风、阿尔茨海默病等疾病的治疗，没有接受过关于激素如何影响大脑的培训。内分泌科医生接受过类似培训，但通常不在该领域开展实践。如果你能找到一个在甲状腺、糖尿病和罕见的内分泌问题（如肾上腺疾病、阿狄森氏病和库欣综合征）之外有经验的内分泌科医生，说明你很幸运。虽然作为一名精神科医生，我接受过培训，了解了激素作为神经递质的作用，但我此前没有接受过任何女性激素问题相关的培训，是我自己挖掘兴趣所在后才有了深入了解。没有专门的医学科针对女性激素治疗开展培训，所以别指望你的医生会懂。妇产科医生、家庭医生、功能性医学医生和开处方药物的护士才最有可能知道。无论找谁，你都可能需要告诉对方怎样治疗最合适。许多医生也许并不愿意配合你，那就继续找，直到找到能配合你的需求开展治疗的医生为止。

还需提醒你一点，即使激素能让你感觉良好，但激素摄入并非越多越好，要找到最适合你的激素剂量范围，而每个人的范围都不同，也不能以实验报告所谓的正常范围来衡量。只有你自己最清楚多少剂量是最合适的，因为但凡找到了最佳剂量，你就能睡得香，不会出现潮热，感觉状态更好。

减少应激反应

对更升期健康认知造成最长期威胁的，可能要数身体应激系统引起的慢性无菌性炎症。现在你知道了皮质醇长期释放引起的级联反应问题，尤其是存在不受控的抑郁症风险。而且无须脑科学家告诉你，你也知道应激性会造成睡眠困难。但是我们的神经系统有很多方法能让大脑解除红色警戒状态，稍稍得到放松。

甚至在过渡期之前，60岁的黛安娜就承认自己脾气很火暴，很容易出于恐惧和不安全感情绪爆发。她谈起自己怎么开始

第六章 揭开自我关怀奥秘

自我关怀:"在所谓的生育期阶段,我总是容易被别人牵着鼻子走。在职场,身边的男性都在加班加点工作,仿佛在嘲笑我不够努力,或是直接把我拒之门外。这时候挫败感就特别强。"我能懂她的感受。这在我读医学院和刚开始工作的时候也经常发生。"进入过渡期后,我更加束手无策了。我以前眼里的芝麻小事儿,动不动就击溃我。我越来越难睡个好觉,内心感觉完全失控,之前得以维系我生活的自信和确定性也无迹可寻。"

我问她,后来是怎样找回了平衡。"我小时候算是个小小音乐家,"她说,"我会演奏双簧管,参加了许多比赛和演出。如果你过于紧张,手会发冷,你就失去了对手指精度的掌控。同时,焦虑会让人更难控制脸部和嘴巴周围的肌肉。而演奏双簧管恰好需要调用这部分肌肉,用来保持发声稳定。如果你无法平静,胃部会收紧,使你无法深呼吸,无法演奏整段乐曲。"黛安娜所说的话都表明了交感神经应激反应的接管。

"对你有什么帮助吗?"我问。

"我学会了做鼻孔交替呼吸。在过渡期,当我的意识错乱时,我不知怎么想起了这个技巧。我在等吐司或咖啡的时候就会做鼻孔交替呼吸,其实什么时候都可以,直到你养成习惯,在应激状态下就做鼻孔交替呼吸。它还让我进一步接触瑜伽和冥想,为我提供了更有针对性和复杂的策略,防止大脑应对威胁的系统把我的身体搞垮。"

黛安娜分享的经验很有用:鼻孔交替呼吸是一种传统的呼吸方法,可以骗过迷走神经,激活身体的镇静回路。你有机会也可以尝试一下:开始时先堵住右鼻孔,通过左鼻孔慢慢呼吸。然后堵住左鼻孔,通过右鼻孔慢慢地呼吸。尝试保持呼吸不要发出声音,即便自己也听不到呼吸的声音。这时可以想象通过针孔吸气、呼出。这样练习三轮，堵住右鼻孔时吸气，堵住左鼻孔时呼气；然后交换，堵住左鼻孔时吸气，堵住右鼻孔时呼气，同样做三轮。最后三次呼吸，应该是两个鼻孔同时慢慢深呼吸（详见附录）。

  这个练习每轮有九次呼吸，它对大脑的影响作用如下。你的鼻孔里有许多细小的毛发，这些毛发的根部有神经，它们会将鼻窦通道内的变化传达给大脑。这些小毛发期望在你吸气时，同时刺激两个鼻孔关联的神经。我们堵上其中一个鼻孔就打破了这种预期，它就会提醒大脑注意呼吸。小脑感受到平衡失调，会调用敏锐、沉着的注意力。遵循这种可预判的模式，可以使大脑皮层感知这种激发的些许警惕性。我可以一整天都使用这个方法来安抚应激状态下的大脑回路。它可以让神经系统减弱威胁应激模式产生的反应，这一舒缓方式也有助于短期和长期的认知功能。在更升期，我们可以有意识地激活社会交往、增强安全感和善待自我的健康神经回路。学会"构想"是实现这一点最有效的方法之一。埃默里大学的关怀中心研究了围绕"善待时刻"开展冥想的效果。冥想过程中，参与者需要回想或想象一段得到保护、安全、和平或善待的时刻，可以是在精神上、在与人交往时获得的，也可以是从大自然中汲取的。惊人的是，所有经历关怀的大脑回路，无论是给予还是接受关怀，都很容易被激活。只需要凝心聚气，回想自己得到安全、保护、平静或得以避难的经历，或是想象其中的细节，就可以让大脑回路重新苏醒，犹如这一幕幕在你面前重现。无论原生家庭是好是坏，婚姻是幸福还是不幸，只要我们活着，就意味着在某个时刻，即使只是一瞬间，也有人无条件地在关心我们。我想到我的一个"善待时刻"，就是我小时候坐在父亲腿上，跟他一起读一本巨大的动物书，旁边是母亲满脸笑容地在给我们拍照。回顾这些时刻，仔细体会它们带来的影响，这就意味着在艰难的时刻，我们更有可能让大脑重新连接，激活更升期的连接。我把这些时刻也作为我的祷告和冥想练习的一部分（详见附录）。这是关怀训练指导的第一步。你会发现，这个指导能帮助大脑和身体更快地摆脱应激性并减少炎症，比那些纯粹的正念冥想甚至支持小组都更为有效。我也在把这套练习教给我的患者。

从肠道到大脑

跟睡眠和应激反应一样，我们所吃的东西、吃的时间也会对情绪和认知产生巨大影响。这是因为每个身体都有两个大脑。可不是你想的那样啊，我说的是从食道到肛门的那个大脑：消化道。

特丽有段时间每天早上五点醒来，冷汗淋漓，心脏狂跳，还伴随着内脏翻腾的感觉。她吓坏了，打电话给我。因为她的全科医生把这些症状诊断为惊恐障碍，并建议她服用抗焦虑药。特丽对服药有所顾虑：因为她妹妹曾因一种类似药物产生过不良反应，停药后几次濒临精神崩溃的边缘。因为我跟特丽相识多年，也治疗过许多患有惊恐障碍的患者，我的直觉告诉我这不是惊恐，所以我让她找医生试试这个方案："让医生开5片安定药，每片剂量为5毫克。然后按照以下步骤，当你出现这种症状时，把一片药分成四份，取一份放在舌头下溶解。"（安定药在舌下溶解可以更快地将化学物质传递到血液和大脑中。）只需几分钟特丽就能感受到效果，不用等到它从消化道被吸收进血液，那可能需要20分钟或更久。

在过渡期,大脑的杏仁核过度活跃会让人产生心跳加速、汗流浃背、感觉失控的末日降临恐惧感。如果特丽确实是惊恐发作,那么安定剂可以抑制杏仁核的惊恐回路,能够减轻症状和恐慌,甚至让症状完全消失,但如果不是惊恐发作,那么尽管恐惧可能会减轻,症状仍然会存在,也就意味着是其他原因导致了特丽突然发作。

果然,特丽不是单纯的惊恐。她告诉我,"卢安,我按你的建议服药了一星期,每次恐惧感都会消失,但肠胃翻搅、直冒冷汗和心跳加速没有停止。"我的直觉是对的。特丽的情绪冲击来源于身体的另一部分,很难描述清楚起因,但它对控制大脑和神经系统有很大影响。

在后续检查中,特丽查出自己患有严重的食物过敏症。也许你立马想问,因为我曾经问过同样的问题:不危及生命、不会导致喉腔关闭(过敏性休克)的过敏反应,如何引起恐慌感?

过敏是指人体在正常情况下,摄入无害物质(如花粉、花生、麸质或大豆)引起身体免疫系统的反应。免疫系统会将其视为危险的入侵者,对此展开攻击一举消灭它。过敏原会在消化道的各个过滤层中留下痕迹。身体的免疫系统主要位于消化道,攻击这些痕迹所附着的任何组织都会引起炎症反应,就像伤口会变红、肿胀一样。

从食道到肛门,整个消化道都被包裹在一层与肠壁相连的神经网中,调节着蠕动和分泌。消化道含有 50 亿至 100 亿个神经元,与整个脊髓中的神经元数量相同。这是消化道自身的神经系统,调节着肠道的关键功能,包括运输食物和营养物质、分泌和吸收液体、修复肠道内膜以及让血液流过。这就是肠神经系统,因其神经元数量之多,又被称为身体的"第二个大脑"。肠神经系统可以通过迷走神经向大脑发出信号，告诉它消化道内部发生了什么，特别是像在过敏反应中出现痛苦时，会让思维意识产生纠正行动的想法。这是在神经和大脑之间常见的传导机制。当信号以明确的形式传导给思维意识时，效果很好。例如，告诉你"哎呀，炉子很烫，把手拿开"，或者你刚吃到坏了的东西，会提醒你"快吐出来"。但当信号不明确，并沿着迷走神经等长神经通路传导向控制无意识功能的大脑部分时，这些信号可能更微妙，更难以理解。

模糊的迷走神经信号

迷走神经分布广泛，遍布喉腔、胸腔和肠道。"迷走"（vagus）一词跟"流浪汉"（vagabond）都来源于同一个拉丁语词根。迷走神经连接在脑干上，而脑干则掌控呼吸、心率、血压、体温、醒睡周期、情感状态、消化、打喷嚏、咳嗽、呕吐和吞咽等功能。迷走神经能在平衡威胁反应（交感神经系统）和镇静反应（副交感神经系统）方面起到一定作用。如果没有潜在的镇静作用，胃和喉咙中的紧张或不安感就可能是害怕的前兆；喉咙、胸腔或上腹部的灼烧感可能是爆发愤怒的前兆；喉咙中感觉像堵着一团东西可能是悲伤的前兆。由于它的敏感性，也经常被称为第六感。迷走神经还将大脑连接到肠道。

肠道内部也分布着大量单细胞生物群落，它们帮助我们处理进入身体和血液循环的物质，提取营养物质，排泄废物。居于肠道内的健康细菌通常有助于我们生长、发育、过上健康的生活。肠道中的各种菌群（统称为微生物群）对于帮助免疫系统维持炎症和抗炎的平衡至关重要（发现外来物质入侵就会出现炎症，待威胁消失、炎症退去，则开始消炎）。这是我们过去几十年所了解的。但最近有新研究表明，微生物群有多种方式影响大脑，可能会对情绪、思维清晰度，甚至情感产生强烈影响。

穿过肠神经系统－迷走神经－脑干的神经回路，微生物群会发出信号告诉你，"我们没问题，你就放心吧"，或者是"我们出事了，你肯定也会有麻烦"。这些信号会受到饮食、睡眠、旅行和锻炼等环境变化的影响。当你饮食不正常或生活不规律的时候，微生物群可能让你感觉疲劳、情绪低落甚至焦虑。想想你最近接连一两天有没有不好好吃饭，觉得无精打采，心思烦躁？幕后黑手很可能就是免疫细胞释放的细胞因子，让你感觉自己像生病了，累得爬不起床，头脑昏沉，感觉害怕、情绪低落甚至有些抑郁。当脑岛扫描以确认一切是否正常时，微生物群可能通过肠神经系统－迷走神经－脑干回路向你传话。它们会因为自身免疫反应导致炎症细胞因子而大声抱怨："不行！不行！这里太多炎症了。这里太热、太酸，我们无法生存！"同时，迷走神经所传递的信号可能非常含糊。它有两种极端，可以发出明确的命令，可以是绝对积极的信号"非常健康，继续做你做的事吧"，或是绝对消极的信号"有毒，现在就吐"，但中间状态都是不清不楚、模棱两可。微生物群不满意的时候，信号可能是让你多吃点、多睡觉，叫你躺在沙发上，或是惹得你哭泣或惊恐。2011年，加拿大科学家将一组育患有遗传性焦虑症老鼠的粪便移植到一组没有焦虑症的老鼠肠道中，证明了微生物群与焦虑的联系。短时间内，非焦虑老鼠的行为就跟焦虑老鼠一样，只是因为焦虑老鼠的粪便引起了微生物群变化。反之亦然，移植健康老鼠的粪便会使焦虑老鼠变得平静。当免疫系统因过敏原引起肠道炎症而出现超负荷，就像特丽的情况一样，肠神经系统会检测到威胁并尽其所能发出警报。微生物群的生命受到威胁,而它们在迷走神经中无法清楚地表达这种状态。特丽的过敏原导致与她的肠神经系统联络的约 100 万亿个菌群面临动荡,这些可怜的微生物在呼救,但由于迷走神经的缘故,它们的信息无法被准确传导和理解。

提升肠道和大脑的配合

在过渡期,特丽出现症状恶化并不令人感到意外。随着年龄增长,微生物组成也会发生变化,主要是受到激素水平变化的影响。黄体酮有助于形成乳杆菌微生物群,能发挥保护作用,对抗抑郁和焦虑。雌激素有助于调节微生物群,维系多样性以保持平衡。雌激素水平降低,身体则很难应付可能扰乱细菌平衡的炎症。出现这种情况,就可能导致环境恶化,从而允许有害细菌的生长,最终影响情绪和认知。当有害细菌数量多于有益双歧杆菌和乳杆菌(尤其是罗伊氏乳杆菌),不仅会影响情绪,还会干扰记忆。随着年龄增长以及平时过度使用抗生素,微生物群内的罗伊氏乳杆菌会不断减少。抗生素不仅能消灭有害细菌,也会消灭有益细菌。代糖,包括甜菊糖,也会导致微生物群失衡,引起肠道-大脑信号的变化。结合雌激素和黄体酮减少的影响来看,菌群不平衡不仅加剧了过渡期的脑雾和情绪变化,还可能使消化道内膜变得像瑞士奶酪般坑坑洼洼。如此一来,毒素和细菌就不是被排出去,而是通过微小的缝隙钻进你的体内。这些外来物质滞留在本不该出现的地方,就会引发慢性炎症,从而引发一系列问题,导致认知下降。这就是身体某个部位的炎症会引发大脑炎症,而大脑炎症会导致认知下降的原因。

新的研究表明,肠道微生物群可能是导致多发性硬化、中风、帕金森病和阿尔茨海默病等脑部疾病的因素之一。2019年，约翰斯·霍普金斯大学通过对老鼠的实验，探索了肠道微生物群与大脑健康之间的联系。在实验中，研究人员给老鼠注入了会损伤肠道并导致它们患上帕金森病的细菌。帕金森病会导致神经细胞受损和死亡，进而导致大脑分泌多巴胺减少。缺少多巴胺，行动更为困难，就连将勺子送进嘴里完成吞咽这一系列动作都会受到影响。科研人员将老鼠分成两组，其中一组仅观察疾病发展，而另一组则切断了迷走神经，阻断将肠道信息传导给大脑。实验显示，拥有完整迷走神经的老鼠最终得了帕金森病，而切断迷走神经的老鼠则没有。因此得出结论：由细菌产生的一些有害肠道蛋白质通过迷走神经向大脑发送信号，导致患上帕金森病。

同一项研究还表明，我们不必切断迷走神经才能防止微生物群向大脑发送消极信息。我们可以通过饮食和运动采取行动，两者对微生物群健康都有着积极影响。微生物群越健康，发送到大脑的信号也越健康，就更能在更升期中优化认知。体重增加对微生物群也有害（详见附录），对微生物群有害的事物对认知也有害。当然这不是鼓励你一定要大量摄取益生菌，而是提醒你应当多摄入高纤维食物，有助于促进再生，也可能保护大脑免受帕金森病和阿尔茨海默病的侵害。为了培育合适种类的有益细菌，可以遵循健康的地中海饮食，摄入精益蛋白质、大量绿叶蔬菜和少量健康脂肪（详见附录）。进食时间也很重要，确保晚餐和早餐之间间隔12到16小时。这样才能充分新陈代谢，就像在健身房里锻炼肌肉一样，其间让消化道充分休息有助于微生物群发展壮大。即使不改变饮食，适度的有氧运动（如每周3次，每次30到60分钟）也可以在短短6周内增加肠道微生物多样性并减少肠道炎症，其背后原因尚有待探索。

除非因其他症状不能使用，否则益生菌补充剂也可能有所帮助。尤其是在接受抗生素治疗后，抗生素会破坏有益、支持大脑的细菌。需要给微生物群播撒种子和浇灌肥料让它们重焕生机。因此情况允许的话，需要购买含有 200 亿个细胞的高浓缩益生菌补充剂，并确保它含有罗伊氏乳杆菌。

待微生物群重新充斥着有益菌群，这些细菌会带来平衡和幸福感。你可以通过饮食和锻炼来保持健康，但通常必须避免含有高糖和高脂肪的慰藉食物和代糖，否则很快就会前功尽弃。我们的肠道里有一处美丽的后花园，尽情滋养着我们的身体、认知和情绪，为我们提供步入更升期所需的能量，但它也同样需要我们的支持和配合才能完成它的工作。

食物、酒精和认知

我参加慧俪轻体[1]（Weight Watchers）的减重活动已有 25 年。我非常遵守减重的规则，有长期以来的数据可以替我作证。最近我不怎么喝酒了，因为喝酒会影响睡眠，而且影响身体的状态。但有天晚上我跟萨姆去朋友家吃饭，我决定跟大家一起喝点儿。朋友夫妻俩都是美食爱好者，对葡萄酒颇有研究，所以我喝了点儿红酒，还尝了两块零面粉添加的巧克力蛋糕，非常美味。其中的糖分让大脑变得异常兴奋，葡萄糖是大脑最喜欢的能量补给，吸收和消化都很方便。我当时非常高兴，回家后便很快入睡，我

---

1 一家美国健康减重咨询机构，旨在帮助学员通过智慧饮食和合理运动达到健康减重。

对自己这次随大流的放纵很满意。

结果到了凌晨三点，我醒了。心脏怦怦直跳，浑身汗湿。我很害怕，接下来的两个小时我像是得了心脏病，心脏不住地狂跳。到了 5 点 30 分左右，我发觉这是胃酸逆流，于是我服用了抗酸剂，在 6 点左右终于又睡着了。等我 9 点起床时，感到昏昏沉沉的，手很酸痛，手指和关节泛红，每个关节都在隐隐作痛。

在最好的情况下，出现炎症其实是身体在协调自愈。我们割伤了自己，促炎性细胞因子便立刻赶到现场，开始建筑治愈之桥。同样，错误饮食、睡眠不足或运动缺乏都可以触发体内的创伤反应。仅仅多摄入一点儿糖分就能刺激促炎性细胞因子的释放，引起红肿，但这次是在身体内部发生的。随着年龄增长，身体更易受炎症的影响。

在大脑中，促炎性细胞因子会降低肌肉刺激的信号，导致你不想动弹，抑制动机。大脑炎症会使神经元的能量降低，减缓包括记忆在内的认知过程。在炎症状态下，阅读、工作或专注都变得更加困难。就像慢性炎症当中那样，当细胞因子保持过度活化，会干扰睡眠并降低血清素和多巴胺等有益神经化学物质的释放，对女性大脑产生重大影响。细胞因子促使大脑收回有益神经化学物质，而不是让它们自由地漂浮并进入恰当的神经回路，进而改善人的感觉和睡眠质量。这样一来，你将无法感受到神经化学物质的益处，也无法体验到幸福感。

在促炎性细胞因子的猛烈攻击下，可能导致情绪波动、性欲下降、焦虑、失眠、不受控的抑郁和肌肉无力等。在健康的稳态中，炎症过程是免疫系统完美配合后演绎的一出编排舞蹈，使得促炎和抗炎性细胞因子保持平衡。但倘若细胞因子滞留过久，就难以发挥修复组织的能力。当我们持续摄入大量含糖的食物和饮料时，细胞因子也会滞留，就引发了慢性炎症，结果逐步导致组织损伤而非修复。

过渡期后，雌激素减少，身体难以在面对炎症时快速恢复。随着小肚腩出现，毒性腹部脂肪也会释放促炎性细胞因子，进而又引发慢性轻度炎症。美国艾奥瓦州2013年的一项研究甚至显示寿命缩短和炎症存在相关性。

一旦饮酒量超过一杯，酒精就会变成一种炎性脑毒素，破坏神经元末梢，影响新细胞的生长，特别是影响大脑的记忆器官海马体。多项脑成像研究与记忆、学习能力测试表明，过度饮酒增加了认知能力下降和痴呆症的风险，有些研究结果甚至骇人听闻。例如，澳大利亚2013年某项研究发现，在诊断为有酒精滥用障碍的人群中，78%的人表现出某种形式的痴呆或脑病变。酒精对大脑的影响颇深，还有特定的痴呆症类型被冠名"与酒精相关"，这种痴呆类型跟阿尔茨海默病和血管性痴呆又有所不同。长期酗酒确实会重构大脑，引起永久性损害，尤其是影响前额叶皮层，也就是你的规划、判断和认知中枢。结构性的变化有可能是永久的。

更糟糕的是，酒精对老年女性的危害甚于对老年男性的危害，导致过渡期不良反应更为严重，减缓新陈代谢，并增加骨质疏松和失眠的风险。

除此以外，如今六十多岁女性的酗酒问题可以说是史无前例的突出，甚至比同龄男性还严重。美国国立卫生研究院的研究表明，男性饮酒是迫于社交压力，而女性则是面对情感痛苦借酒消愁。过去二十年对女性和酒精的研究表明，即使对于和男性肌肉质量和体重相似的女性来说，过度饮酒也会加速损伤大脑、肝脏和新陈代谢。实际上，适量饮酒（女性每天最多一杯）还可能对预防老年性痴呆起到神经保护作用。即使只喝一杯酒，也可能加重潮热和失眠症状。

我知道这谈不上什么好消息，但我们也只能接受现实。

糖和酒精的结合会让你的更升期急转直下，直接变成更"降"期，恐怕比你开一瓶香槟的速度还快。此外，对于很多过渡期结束的女性而言，糖和酒精会诱发不利的炎症反应。可以由医生检测炎症标志物，其中指标升高会直接威胁女性大脑，具体表现为认知能力下降和抑郁情绪不受控。一项 2019 年的研究显示，老年人的中高水平 C- 反应蛋白（一种常见的炎症标志物）预示着在检测到升高水平仅仅 12 个月后，情绪反应就会加剧。随着时间的推移，缺乏积极情绪也预示着炎症不断加剧，形成了恶性循环。法国对 80 至 85 岁老人的一项研究显示，另一种细胞因子标志物白细胞介素 6 水平最高者，脑萎缩也最明显，这就是痴呆的前兆。随着年龄增长，炎症既可能是导致脑萎缩（因此导致认知能力下降）的重要因素，也是导致慢性抑郁症和失眠的重要因素。

相反，饮食、睡眠和运动可以成为你的良药。在正确时间摄入消炎食物，控制腹部脂肪，保证充足的运动量，就可以转变炎症，对现在和将来的精神敏锐度产生巨大影响。我们可以通过饮食、睡眠和锻炼来提升自己。

这段话我已不记得出处，但听了之后很快便烙印在脑海中："我们今天重新解读'美食、祈祷和爱'这句话，可以理解为：我们吃得更少，更多祈求于食物不会让我变胖，每天都试着爱自己的身体，但每天都以失败告终。"和美国社会的大多数女性一样，我为了维持外表身材，终其一生都在节食。但现在，我想把顺序颠倒一下，深思熟虑下更升期的我最在意什么。没错，我希望保持身体健康和状态良好，但首要的问题是要拥有一个强大、敏锐、清晰、快速的大脑。这是让我比前半生过得更好的唯一途径。

把油箱的油加满

在生育期，生物本能和恐惧决定了我们最看重什么。如果你问大多数女性在更升期更想做什么，她们会告诉你是自我关怀，不论运动、休息还是修行等形式。你会从过渡期中被唤醒，提醒你油箱里的油已经所剩无几，再不加满油就会遇上麻烦。我经常听到女性在进入过渡期时遇到类似情况，但我们对这些信号视而不见、充耳不闻，直到身体崩溃。

我的同事林恩说，"这些年来，我一直说要休息，要度假。之前我经常无视身体发来的信号时，后果无非得个感冒或是流感，卧床休息几天或一周就好了。但这次我患了感冒、流感和肺炎，整整躺了两个月。要恢复多久？医生说我需要六个月才能基本恢复正常，需要两年才能免受刺激物质影响。"因此，我的女性朋友们：要相信你的身体，相信你的大脑，倾听神经系统的呼唤。如果你挺进了下半场，说明你的基因素质很优异，高于平均水平。因此，即便身体经历种种变化，你仍然可以相信你的身体和大脑，但方法必须有所转变。

你必须给身体创造合适的自愈条件，获得充分的休息、营养、睡眠、锻炼和阳光，同时管理你的应激反应，耐心倾听身体的需求。可能是需要做心肺运动，也可能需要做养生瑜伽。倾听并信任身体发出的信号，尽量不要因为恐惧或焦虑而操之过急。在更升期，自愈所需的时间会不断变化，难以捉摸。我们以为解决的问题又会不定期再次出现、再次消失。

如果我们想保持更升期的认知能力，必须密切关注大脑和身体的需求，除此以外往往别无他选。如果超出了你的负荷，学会调整，找到方法告诉别人："交给你了。我的身体撑不住了，别再要求我做事。给我十分钟，给我一天喘个气儿。麻烦你自己解决一下。"我们可以开始改变周遭的环境，让它更能治愈和鼓励自己。我们可以选择承担自己确定的责任，我们也拥有改变一切的自由。

第七章
没有人生来是孤岛

"我也没想过自己会陷得这么深。"在每周通话中,雪莉这样跟我说。她已经丧偶五年,卖掉了在康涅狄格州的咖啡馆,搬到了亚利桑那州,方便跟儿子戴维一家住得更近。雪莉是三个孩子的奶奶,跟埃莉斯的婆媳关系也很融洽。她参加孩子们的学校活动,经常帮小两口儿带孩子,已经成为孩子们生活中不可或缺的角色。她帮着十六岁的孙女打扮时尚。如果妈妈不给她买,奶奶就会帮她买(当然是在合理范围内)。不过这一切其实都在埃莉斯眼皮底下,她眨眨眼默许同意。"跟孩子们相处非常愉快。"这位72岁的老人告诉我。"但是不能自欺欺人。我仍然感觉到孤独和难过。我远离了美国东海岸的好友,儿子也不过是让我暂时陪他们一阵子。搬家后那几年,我经历了重度抑郁,当时以为自己一辈子都走不出来了。"

在孤独中感受社交痛苦的大脑部位叫作前扣带回皮层,它同时属于灵长类生物拥有基本共情能力的大脑回路。在我们面对哭泣的婴儿和他人伤心的表情时,拥有共情能力的大脑回路会告诉我们应该作何反应。前扣带回皮层让我们能够感受到对方的情绪和疼痛,并给出相应反应。但长期的孤独感导致皮质醇水平升高，可能使这种连接失灵。我们领会不了语言和面孔的暗示，无法对悲伤做出反应。人如果独处得够久，恐怕不会再想重新建立联系，哪怕外界试着跟我们建立联系，也会让人感觉敌意四伏。我们更可能猛地反击，然后躲得远远的，拒绝与家人、朋友和合格的心理医生来往。

"我可能会孤独终老。"这句话听起来像是陈词滥调，但它也深刻反映了当下社会的变化，成为许多人现实处境的写照。人类和其他大多数哺乳动物一样，在野外生存时，只有集体生活才更有生存概率。有人跟你一起分担采集、耕种食物的责任，相互照顾，共同抵御攻击，依靠相互协作才能创造更多生存的空间。对于女性来说，这种本能特别强烈。女性身形偏小，还经常带着小孩，有人数优势才能保障自己的安全，尤其是面对暴力的男性，更需要人多才有安全感。

为了生存，大脑和神经系统会向我们发出信号，驱使我们采取行动，如口渴时，我们会感到口干、头痛、疲倦和迷糊。而喝水后，神经系统就会停止向大脑传递激发我们喝水冲动的激素和化学物质，时间一长，症状就会消失。饥饿时，我们的胃会收缩并"咕咕"作响，有时会感到疼痛、疲惫和心情糟糕。吃了东西，症状就会消退，神经系统告诉大脑：安心关上冰箱门，离开厨房吧。

寻求人际关系是人的归属感需求，这跟吃、喝和睡觉一样，是流淌在人血液里的生存本能。社交关系激活大脑报偿回路的效果比研究人员想象得强得多。芝加哥大学的研究发现，因社交关系产生的大脑强烈愉悦感是基于数亿年前人类在生存中成功协作的反应进化而来的。获得归属感的喜悦让身体感受到轻松愉悦。同时，他们发现，社交痛苦跟身体的疼痛回路息息相关。因此，

第七章　没有人生来是孤岛

在我们感觉受伤、心碎或孤独时，可能会产生实际的疼痛感。对大多数神经系统来说，没有比来自身体的痛感更强烈的信号了。它适时喊停一切，让我们知道自己身处于危险之中。研究人员认为，这同样可能是进化的结果。在荒郊野岭独自一人行动的孤独感，或是新生儿被人遗弃的无助感，这种情绪过于强烈，在极端情况下致使社交痛苦可以劫持身体疼痛回路。

对于哺乳动物，拥有归属感回路是最为突出的，但比起识别饥饿、口渴或困倦的症状，识别缺乏人际关系的症状要难得多。我们可能会将倦怠归咎于饥饿、睡眠不足或劳累，将身体疼痛归咎于流感、过敏、关节炎、睡眠不足或生活压力的影响，但我们很少听到神经系统喊你去破解孤独，因为集体文化的立体扬声器反复播放着一首主旋律，不遗余力地宣扬"优胜劣汰"的个人英雄主义。

让我们就此打破"人喜欢独来独往"的谎言。没有人是一座"孤岛"，从理论上和逻辑上来讲，人都不可能一个人孤立存在。没有其他人，就不会有生命，也不会有你。没有其他人，也便失去了食物和水源、无居所、无行路、无工作、无收入。不管是否对方本意，其他人的行为每分每秒都在帮助我们活下来。

哥伦比亚大学心理学家斯科特·巴里·考夫曼（Scott Barry Kaufman）分析了在各个学术机构开展的有关性别和性格研究的结果。依据性格特征，他能够判断这是男性还是女性的大脑，正确率高达85%。因此，根据考夫曼教授的研究，我们形容男性性格为有控制欲、侵略性和死板教条，也是完全有依据的。研究同样显示，女性更有可能表现出温顺，男性更有可能表现出不合群。在现实生活中，女性更偏好重视合作、透明度高和流动性强的组织结构，而男性则更喜欢独来独往，看重长期固定的等级制度。

因此，我们如果信奉自力更生，多数情况下是在内化某种男性的价值观。因为害怕被认作软弱无能，我们在伤心欲绝的时候就蜷缩成一只马铃薯虫，拒绝寻求帮助，也拒绝了跟他人建立联系的生命生存机制，这不但危害了健康，也危害了我们作为女性、作为人类生存的权利。

支一个"我"的帐篷

对雪莉来说，不只是搬到新城市让她产生了迷惘。人依靠镜像神经元投射对方的神经系统，帮助建立共情桥梁。但当雪莉经历搬迁后，她的大脑、镜像神经元和神经系统都要经历巨大调整，失去了对过去自我本能感觉的确信，不亚于"伤筋动骨"。她不仅失去了往日熟悉的老友，也失去了与干洗店店员、美发师和杂货店店员之间的交情，在与这些人的日常互动中塑造了她的自我意识。神经系统需要多年时间来适应反馈的变化：既要接受熟人的离开，又要接纳那些走进她新生活的新角色。

当我们意识到大脑和神经系统怎样将他人纳入自我感知后，我们便可以与之合作，而不是任其摆布。我们可以将这种自我感知带入更升期，成为我们一直想要成为的人。

大脑建构自我感知时，必须通过整个神经系统的传输来实现。一个具体的自我感知是由各种神经元特殊组合而成，每条神经回路都会帮助建构感知。大脑通过神经脉冲在各种系统中四处存储着作为"我"的感觉，这些系统不仅与大脑的许多复杂神经回路相互作用，也跟你的皮肤、器官还有血管中的大大小小神经元相互作用。我们的种种经历，与人邂逅以及对方在我们神经系统中留下的印记，是我们对"我"自我感觉的重要组成部分。每一次人际关系和纽带的形成，神经系统都在拿它与之前熟悉的言行表达模式做匹配和整合。我们的神经系统越频繁地与他人接触，就越受对方神经系统的影响，越容易把两个人在一起的感觉融入自我感知中。

虽然结识新朋友、获得新体验会不停地触发我们大脑的动机和奖励系统，间歇性地刺激多巴胺和催产素的分泌，但是只有在跟能让我们持续感受到亲密和爱的人相处之时，这个系统才会彻底打开并保持运转。

当我们同起同坐、并肩而行，又或是彼此交谈时，我们的心跳、血压，甚至呼吸都是同步的。我们的神经系统会在不知不觉中触发肌肉运动，就像乐团演奏一样，我们能感知到其他人需要我们做什么，下意识会对微妙的信号做出反应。而当这种共振得到回应时，它就会变成依恋：认为伴侣、子女、父母或兄弟姐妹已成为我们不可割舍的一部分。

他们不在身边时，我们会想念，而且会切实感觉到在他们身边那个熟悉的"自我"消失了。平日里，我依赖于熟悉的"我"告诉自己一切正常，但当最亲密的人从生活里消失后，"我"的神经信号变得混乱，仿佛身体某个部分被移除时也会扰乱神经信号。当我们的亲密关系发生戏剧性或突然变化时，大脑和神经系统会强烈地渴望对方的陪伴。如果伴侣、子女、父母、亲密家人或老友去世或者你们之间的关系破裂，神经系统会进入急性戒断状态。指示熟悉感缺乏的信号会嘀嘀作响，让我们惶恐不安。神经系统受到压迫，悲伤情绪也会变得复杂，引发焦虑、恐惧和睡眠中断，以及食欲、食物偏好和性欲的剧烈变化。这种感觉可能会非常极端，仿佛世界末日即将降临。

如果你觉得自己遭遇不公对待，或者担心自己在别人眼里说什么、做什么都是错，感觉自己缺乏人际关系的建立是人最痛苦的生理和心理体验之一。那些在过渡期离婚的女性告诉我，这种被排斥感尤为强烈，因为她们的已婚朋友开始疏远她们，有些是因为关系本就建立于男方好友基础之上，而有些是因为担心离异女性会插足自己的感情。被排斥感会触发痛苦神经回路，也宛如一场末日浩劫。

在过渡期，特丽为了专注于重建她的工作生活，慢慢跟先前参与了 20 年的宗教冥想小组失联了。某天，她刚入职时关系还不错的同事桑德拉突然来电，邀请她参加接下来的节日烛光守夜，为和平祈祷。特丽谢绝了邀请。因为活动地点在亚特兰大市的另一头，而且是晚高峰六点开始。特丽当时正忙着创立自己的平面设计公司，但进度稍显缓慢，由于对未来收入预期低，焦虑感在心头弥漫，她便不自觉地开始加班。这种压力感侵蚀着她的犀利和创造力，让她忘记曾经学会自我关怀来恢复能量。她已经记不起上次真正放假是什么时候了。

接到桑德拉电话后的那几天，特丽一直感觉生活里缺少了什么。她感觉身体有些不适，脑海中一直回忆起她跟桑德拉早年寻求意义、超越价值的点点滴滴，她大脑中有关人际关系的神经回路得到激活。事到临头，特丽改变了主意。她非常想去参加这个守夜活动。单打独斗这么多年后，她现在再次渴望获得团体为她提供的力量。于是她决定今晚去参加。只是看了眼钟表后，她犹豫了一下。时间看起来来不及了，可她忽然萌生出一股决心——虽然她不知道这股力量从何而来——让她抑制了坐回去继续工作的冲动，而是起身收拾好东西，离开了办公室。

在特丽有意识做出决定的同时，激活的大脑和神经系统也开

第七章　没有人生来是孤岛

始相互配合。当她伸手拉车门把手时,她感受到强烈而矛盾的信号:一方面自己想尽快赶到现场,另一方面又因为担心迟到而紧张不安。这就像我们虽然饥肠辘辘,但还要在时间紧迫下尽快出门时的窘境。由于被急迫感控制,大脑难以集中精力制作早餐。于是我们可能一边匆忙打开燕麦盒,一边去拿蓝莓,结果两样东西都没拿稳,还在慌乱中撞倒了灯,踩碎了蓝莓,弄得满地板都是。这些意外频频发生,让人更有压力,耽误的时间也更久。

基于特丽既孤独又焦虑的感受,她的下丘脑和垂体激发肾上腺素分泌,释放出应激激素以在危险面前刺激警觉。杏仁核(大脑控制恐惧感的中心)也变得异常活跃,混淆了她的判断力,压制了迷走神经将心率和血压维持在舒适状态。特丽讨厌错过机会,也讨厌自己在跟小组失联四五年后再次重返会打扰别人。

适量应激激素可以让我们保持警觉,加深学习兴趣。但是加上特丽低血糖,经常担心财务状况,还拥有缺乏归属感的神经系统,皮质醇和肾上腺素水平就会过高,让特丽感到过于紧张和混乱。杏仁核切断了通向冷静前额叶的路径,也就无法开展更高水平的推理。她也因注意力分散,左转走错了街区。车载导航显示她这一绕弯还得再延误十分钟。当特丽驶入昏暗的停车场时,她的应激系统高度紧绷,激活了炎症反应,这是身体对感染和伤口才会做出的反应,同时让体内皮质醇和肾上腺素再次飙升。人的幸福感和归属感受到动摇时,下丘脑和肾上腺就会分泌这两种激素。如果不加以注意和控制,炎症有可能会诱发心脏病、癌症、糖尿病、记忆力丧失和认知功能下降等。

当特丽最终打开冥想大厅的门时,她看到参与者手中的烛火营造出柔和的光芒。当她看到莹莹烛光和小组图案,听到屋子隐藏的扬声器中传出来的格里高利圣歌时,她的身体终于收到了安全信号，肾上腺得到平静，并让身体中最多的神经，也就是大脑的迷走神经，开始调节她的心率、血压和应激激素，也有机会平息刚刚引发的炎症。

特丽寻找空位时，有人伸手向她打招呼，她大脑的奖励中心被激活了。人的"亲密激素"催产素，以及多巴胺等令人愉悦的化学物质大量涌入，让她感到被熟悉和陌生的拥抱所包容。催产素调节了她的大脑应激反应，向下发出信号，告诉下丘脑和垂体，不再从肾上腺获取能量。她开始逐渐平复。同时，室内和平、善意的信号冷却身体系统后释放出内啡肽，跟跑步者达到快感时所感受到的是同种神经化学物质。通过社交，特丽的大脑开始连接到获得满足感的神经回路。

她的神经系统让她专注于当下，清晰地思考，将注意力从工作和日常安排上转移，转而与集体及其更大的目标感产生联系。她记忆中多年来属于这里的熟悉感刺激了下丘脑去释放催产素，并被大脑伏隔核的特殊受体接收，而后者又向其他途径发送信号，释放大量的血清素，即幸福的神经化学物质。这种深度连接带来的愉悦感再次涌入内心，特丽感觉自己每时每刻都变得更像自己，更像她熟悉的"自我"。

上周她还在为失去了某些东西而烦心，她怀念跟一群人相处的感觉，希望她的镜像神经元帮助她反射出已知群体的和平与幸福感。她的身体正在寻求神经化学物质的刺激，为自己制造熟悉感。这样她回到家时，就能感觉更为心平气和且充满希望、活力和创造力。这并不是心理或精神上的奥秘，而是社会动物"智人"必需的神经激素级联反应。这是对"我"的帐篷熟悉感的反应。

不妨想一想，在你说出"我"这个标签时往往会落脚在哪里。我们年轻时，简单地告诉别人"我是谁"似乎就足够了。但随着社会责任的累加，我们的身份可能受到各种角色的加持，这取决于你属于哪个群体，跟哪些亲友产生归属感，如我可以是妻子、员工、医生、母亲、朋友，也可以是激进分子和照顾者。不同情况下，生活可能会迫使我们质疑这些是否都是"我"。没有孩子和伴侣在身边，我还感觉是"我"吗？离开了居住30年的城市和家，我还感觉是"我"吗？结束了30多年的工作、没有了定义我社交生活的同事和朋友，我还感觉是"我"吗？如果不是，那么那个感觉如此确定的"我"发生了什么？在后半生，住着"我"的帐篷里可能会感觉空空荡荡。但急于试图重新填满帐篷可能并非最优选择。

填补空荡的帐篷？当心陷阱

何为孤独？孤独是人"拥有更少的被倾听和理解的关系，无以维持基本的幸福感"。孤独已成为6 000多万美国人不幸福的主要原因。但罪魁祸首可能不是孤独，而是缺乏归属感。这跟刚刚提到的"我"的缺失感类似，因为孩子离家，亲朋好友搬家或离世，我们离开成长的家庭和社区，结束或改变一份职业和角色，帐篷里的"我"会逐渐减少，最后变得空空荡荡。这种长期归属感缺乏可能会引起一系列生物反应，加速衰老过程，甚至增加患痴呆症的风险。它表现在应激激素分泌、免疫功能和心血管功能上，一些研究表明，可能缩短多达15年的寿命。

理解这一点后，雪莉正在努力调整心理状态。她坦言："现在搬回东部我负担不起，如果能回我一定当机立断就回了。但我试着克制自己待在家里的冲动，因为每次我放纵自己都会饮酒过量。"以前,喝酒对雪莉来说还不是什么大问题,"但我喝多了会影响我跟戴维的母子关系。我理解他,他是在保护他的家人。"

雪莉动起脑筋,通过建立人际关系来扭转局面,重新填充她的"自我"帐篷。她告诉我:"我开始参加我以前嫌弃的运动课程,让我能有结识新人的机会,认识了几个新的朋友可以一起散散步。我还去做志愿服务,为那些居家难以出门的人送餐。我认识了很多跟我年纪相仿的人,目睹了他们的遭遇和挣扎,这让我重新审视了自己,慢慢不再自怨自艾。"

当你和老朋友、家人和同事产生实时连接,哪怕是在线上,也会提醒神经系统:没错,我依然是"我自己"。脑岛在检查身体健康时,会确认以下几点:我仍然感受到同样的模式;我的镜像神经元受到刺激后仍以同样的方式反应;我的系统会接收到反馈,表明我仍然重要。脑岛接收到异常信号时,警报就会响起。这可能是通过一系列神经激素的级联反应产生弥补性行为,让人渴望找回熟悉感。这可能会让人变得酗酒或暴饮暴食,也可能是让人在结束一段长时间恋情后,像青春期时那样想要重新追求坏男孩。你会采取的行为取决于神经系统渴望什么样的熟悉感。

致命的熟悉感

在 57 岁离婚后,雷娜起初很难找到可以建立联系的人。"我不明白,卢安。"她对我说,"不是说找不到人。这个年龄段的男人很多,很多人也想认真谈恋爱。他们都想再婚。但是不知怎的,我就是找不到跟我有共鸣的人。而且就算有共鸣,也总是遇到瓶颈。"

如果你知道雷娜之前的经历,这一切就都说得通了。她的父亲酗酒，丈夫丹尼斯结婚20年来一直偷偷赌博。作为一个旁观者和医生，我对丹尼斯的判断是，他是个自恋狂。27年来，雷娜一直在满足他无休止的要求，要她为他打造一个完美世界。但无论雷娜说什么做什么，她丈夫都会数落她的不是，还常常指责她自私，不考虑他的感受，让他不高兴。"后来，每次他问我意见，我就会反问他，'你想听我说什么？'他的反应当然是暴跳如雷。"雷娜回忆起往事，"后来我开始担心我的安全。他脾气越来越差，会追着我在房子里大喊大叫，我还曾经把自己锁进客房不敢出门。"即便几年过去了，我还是能看出她为此感到很难过，"我仍然觉得这是我的错"。

在接下来的两年里，雷娜又开始约会了。她又爱上了几个像丹尼斯一样的男人，她觉得彼此之间有化学反应，一开始很激动。而朋友介绍给她了几个并非自恋狂的优质男，雷娜却觉得跟他们不来电，后来也就没了下文。

受她的童年和长期婚姻影响，雷娜的神经系统渴望拥有一个不合理而苛求的伴侣。这种熟悉感让她感觉到自己还活着。缺乏熟悉感的刺激会让她觉得安全的环境无聊，提不起兴致。当我们习惯于不断地被一个暴躁的人激活，"我"的存在感便和恐惧感绑定了。一旦这种感觉消失，我们就会觉得无聊和迷茫。神经系统通过连接熟悉感，向大脑发送寻找意义的信号。这也是为什么在伴侣戒酒、保持清醒后，你仍会感觉到一丝不对劲儿。雷娜需要下一番功夫，需要点儿时间帮助自己重新建立平衡。

致命的熟悉感对大脑内的自我感知是一剂毒药，固化了那些发送自我毁灭信号的熟悉模式。在生育期，我们可以忍受和克服很多痛苦。但是在人生的后半段，我们越能感知到压力的作用，比以往更容易觉醒。随着女性年龄的增长，她们的社交应激回路变得更加敏感，因为 HPA（下丘脑－垂体－肾上腺）轴对社交应激激素的反应更快，但需要多花时间和精力来恢复平静和重启。根据以往经验，我们更容易意识到不能让自己或朋友力臻完美，否则我们会非常孤独，但我们也意识到，如果某段特定关系近乎病态，那么应当适时重新考虑这段关系。前文中提到过的特丽就最终奇迹般地想通了这一点。在更升期，我们的生活不需要带来致命体验的熟悉感。

重启神经系统

琼的丈夫杰克在她 74 岁时死于癌症，她一连几个月都没有跟人打交道。在她麻木地面对孤独的时间里，她认为自己无法得到爱，是个失败者，没有人愿意跟她见面。但这种想法完全不合理，毫无现实道理。当琼的丈夫成为"自我"的一部分，她在失去这一部分时就把这种缺位解释为自己的不足。她找我看诊时告诉我："为了填补杰克走后的空白，我脑海里响起了无数说我不够好的声音，让我感觉自己很无能的声音。我现在这样讲当然也觉得很疯狂，但当时就是那种感觉。"

神经系统指导人的和谐相处，让我们在身体上习惯与亲密的人彼此贴近，润物细无声。这就像在合唱中唱和声，只有你的搭档离开了，你才能意识到方才的配合有多美妙。而当对方消失，我们的神经系统和大脑则会一直寻找彼此存在的熟悉状态。

好在琼的朋友们一直帮助她重新融入这个世界。在只属于她的这一方小小天地里，琼花了几年时间才重新调整好神经系统，回归正常。"我永远无法忘记。"她说。我支持她感受内心的失落感，毕竟谁心里都有一个无法取代的人。"但我也能看到一条通向前方的道路。"她总结道。

"社交退缩"是一把双刃剑。当我们需要缓解不安，适当休息和恢复神经系统时，独处可能是有益的，但如果达到孤独的临界点，反而会加剧不安。从长远来看，归属感是镇静神经系统的最佳方法。即使与陌生人愉快交流也能向神经系统确认，告诉自己：你很重要。这些交流可以帮助我们平衡认知。

所以才说单人监禁很残酷。我们依托别人相互映射，所以当我们感到不安时，平衡的神经系统可以增进彼此距离，重新做出调整。我们可以相互调整，也可以相互干扰。我们都有一个在受挫时不会打电话找对方诉苦的朋友，或是在脆弱时第一时间想要联系的人，或者那个可以帮助我们面对脆弱的朋友。这并不神秘，也不奇怪。这是关于镜像神经元和催产素的神经科学，它们通过肢体语言、声音语调和无数微小的潜意识线索让我们相互协调。

想一想，跟一群朋友出去吃饭或待在朋友家里玩，你当时有什么感受？你会想起那些喋喋不休的聊天、众人哄闹的笑声、美味佳肴，还有彼此交心的对话。如果你闭上眼睛，让自己回忆起某个印象深刻的场景，可能会让你感到很快乐。这种感觉对你的神经系统和大脑都有益处。又或者，你想象自己在年轻时参加派对，播放当时现场的那首歌，跟你认识多年的闺蜜一起跳舞，研究表明，这对人的记忆、身体力量、视力和听力都有积极的影响。

缺乏现实或想象的社交刺激时，我们会枯萎一部分。失去社交刺激平衡神经系统，我们大脑就失去了关键的社交维生素，也丢掉了我们的决心和韧性。波琳从行政助理岗位上退休后，再次感受到孤独的她仿佛揭开了几十年前的伤疤，过去婚姻甚至童年的痛苦回忆再度浮出水面。不仅是因为我们的安排变得空闲，不容易再分神，也是因为缺乏催产素和血清素的滋养，促进大脑回路保持健康状态。在人生后半场，健康状态的区域收得更窄，健康的边界变得更多孔，我们越能强烈地感知到，自己时常游离在健康状态之外。一时之间，我们可能突然茫然无措，不知如何应对。但让波琳帮她孙女搬家到洛杉矶，能让她再次感受到连接和个人的价值。

　　同群体互动并体验到互惠感对大脑和神经系统都有裨益。镜像神经元和催产素在我们彼此调节过程中起着重要作用。在群体的一派和气之中，镜像神经元在成员之间传递幸福和归属感的信号，使得纽带连接得到了加强和奖励。下丘脑释放催产素作用于伏隔核，使大脑和身体神经系统获得平静，缓解痛苦，同时伴随血清素、多巴胺和其他内啡肽的分泌，让大脑和身体获得即时的健康感。

　　拥有信任和相对更镇定的神经系统意味着更强的认知能力。而当免疫系统能够正常运作，不是因为孤独感发出信号，激活应激系统，迫使系统做出反应，我们的生命也会走得更长远。我们未雨绸缪，准备好了信任和拥抱，以备应激状态调用，让我们可以游刃有余地应对生活中的起伏波动，尽早进入更升期的最佳生理和心理健康区域。

　　社交跟人长期的大脑、心脏和全身健康发展之间密切相关。通过降低应激激素，社交降低了引起炎症的可能性，提高了认知能力和免疫功能。通过刺激让人产生感觉良好的神经化学物质，我们更有动力培养健康的生活习惯。他人的关怀同样也能让我们更好地关怀自己。

　　要养成良好习惯，实现生活健康和幸福，归属感就像飞机的喷气燃料一样必不可少。归属感在改善认知能力和降低糖尿病风险上，跟充足的睡眠享有同等重要地位。最新研究表明，孤独感可能会像吸烟、缺乏锻炼或不良饮食习惯一样有害健康。虽说孤独感可能会缩短女性长达15年的寿命，但如果女性能得到伴侣的支持，并且每周参加两次三人以上的女友聚会，她们的寿命会更长久。

作为归属感不可或缺的要素之一，信任能让大脑和神经系统感觉良好。由于过渡期和更升期激素变化，我们重新拥有机会，让自己从错误信任中得到解脱。在过渡期之前，即便是你猜忌的伴侣拥抱你，也会使你分泌催产素，忘记所有的猜疑。我曾经警告一位即将迈入过渡期的女性，如果她怀疑伴侣撒谎，就不要让对方拥抱自己。拥抱会使人分泌大量催产素，并且雌激素水平猛增，也会让人变得盲目相信。

在更升期，我们能够鱼和熊掌，两者得兼。我们仍然可以选择怀着爱意和信任面对生活；同时，由于雌激素水平持续下降，我们不再被大量分泌的催产素牵着鼻子走。信任不再是神经激素的必然导向，而是成了一种选择。你能够判断对方是不是在用一种熟悉而不健康的神经系统模式压迫你。

步入更升期，就需为大脑提供必要的社交维生素和社会认可。各位女性朋友们，我希望你能暂时放下骄傲，诚实面对自己的衰老。如果你开始遇到漏尿问题，嫌弃别人说话口齿不清，出现腰酸背痛，你可能会从此拒绝别人与你交往的邀请，但先等一等，先别拒人于千里之外。如果你腿脚不便，就买个电动代步车。约六成60岁以上的女性会遇到行动不便的问题，你绝对不是一个人。如果你发觉周围的人说话都变得轻声细语，记得去医院检查听力。放下你那固执的自尊心吧，不然它只会成为你迈入更升期的绊脚石。尽最大努力和社会保持连接，与人保持交往。

在更升期，我们追求的不仅是长寿，还有生命的快乐、敏锐和情感力量。我们每个人的身份都得益于某种环境而形成。它并不遗世而独立，而是由社会连接构成的复合体，且有赖于跟人的交往才让我们形成了自我意识。健康的社会连接不是生活中可有可无的部分，而是人类本质的一部分；寻找归属感也不是无关紧要的小事，它决定了我们能否走上上坡路，并迈入更升期。

随着我们不断翻新"自我"的帐篷，我们与谁为伍、同谁来往就显得尤为重要。去找到那些发现你闪光点的人，找到你的同道中人，也在翻新自己帐篷的人。人类大脑在进化过程中，会不断适应群体的生活，并找到如鱼得水的感觉。而我们的"亲密激素"催产素则让这一过程更为牢固。研究发现：女性朋友能够改善我们的健康状况。因此找朋友踏出家门，结伴而行吧，或是跟三两好友线上聊天，就为了获得完整的健康和减压效益，不要有任何内疚感。放下责任、负担，关注当下美好，放大这种效益，和友人们去到天南海北。遇到应激情况，即使是在更升期后女性大脑也会释放催产素来建立联系，而不仅仅释放让我们"战或逃"的应激激素皮质醇。在更升期，那些给予我们最大限度自由，让我们成为真实自我的人，就是我们值得交往的人。

第八章
今天起，不再当妈

"你说至于吗？我妈刚才收到了暴风雪警报，然后在达拉斯上班的她，像煞有介事地放下了手头的工作，特地打电话给在芝加哥的我，提醒我戴手套和帽子。"35岁的通信公司高管拉坦娅向我吐槽她刚刚接到的电话，"她难道还把我当十岁小孩吗？"

作为母亲，我们可能已经让孩子从家里搬走，开启独立生活，但我们是否要把子女推出我们"自我"的帐篷，又是另一回事。如果你希望生活里仍有子女陪伴，那这一步可能非走不可。就像我跟我儿子的关系，干预太多只会让子女开始排斥我们。孩子不回短信、不回电话，而我们还傻等着回音的时候，就感觉自己的一部分被留在了风中，一遍又一遍缓缓被风拉扯着。我发现自己还是很容易被儿子的情绪牵着走，唉，这样可不行。

一旦我们变成"妈妈脑"，一言一行都会受到影响。胎儿头部通过宫颈和阴道的通道导致催产素激增，哺乳期间的乳头刺激也会产生类似作用；但是摸到宝宝和闻到宝宝头部的气味就会引发强大的亲密激素级联反应。通过育儿，我们的身体重新调整了对宝宝身体气味和粪便气味的敏感程度，甚至能分辨出宝宝哭声的不同，这一切都融入我们的"自我"帐篷之中。无论是否你亲生的孩子，抱在怀里的那一刻一切都不同了。

无论孩子长得多快，还是我们老得多快，"妈妈脑"一旦开启，都很难避免。哪怕我儿子成年了，我还是经常容易"妈妈脑"。惠特尼第一次搬出去的时候，我经常去他的房间闻他的味道。我最近在努力培养爱的分离，因为在某个时候，我们的孩子真的希望妈妈少管一些，给孩子留一些独处的空间。

即使孩子过得很好，我们仍然会担心。我的前额叶始终处于解决问题的状态。所谓关心则乱，过度关注和担心反而可能平添麻烦。孩子对此只有一个撒手锏，那就是：远离、沉默和分离。不论什么年纪，女性的大脑回路仍然始终需要社会连接。子女的沉默对女性大脑及其神经系统来说无疑是一级戒备状态。简·伊赛（Jane Isay）在她的著作《如履薄冰》（Walking on Eggshells）中如实而熟练地描述了她跟儿子相处的经历：

> 有段时间特别揪心，我感觉自己失去了他。他捂上自己的耳朵，不乐意听我多说一句。非常痛苦。他必须教我如何与他分离，我呢，必须学会更多地关注自己，而不是他。我不得不习惯淡出他的生活。我没有改变这些的权力，也必须学会放弃期望（尚在努力学习中）。他很风趣、幽默，还见多识广。我花了多年时间适应新的常态，但时不时就会冒出新的挑战。我们继续努力保持彼此之间的亲密关系，而不让对方抓狂。接受我自己的错误和缺点，我俩现在还能一起开玩笑。我知道他爱我，偶尔他还会亲口表达。

当初，惠特尼不愿意让我频繁去他的公寓，我说："我想经常见到你，你一个人待着可能会孤单。"他回答说："对，我很孤

第八章 今天起，不再当妈

单，但就算你来了也没法改变什么。"我以为我去找他，可以陪他消磨时间，但事实恰恰相反。我带着焦虑出现，反而不能让他尝试其他方法去化解孤独。这让我从责任中解脱出来，我不必再为治愈他的伤口忙前忙后。

为了维系我们跟成年子女的关系，我们不能再"妈妈脑"，成天只围着孩子打转。不放心地看着孩子，只会让孩子觉得自己没有得到尊重或信任。如果找不到方法肯定孩子的成年期，你们之间就会慢慢筑起一道墙，包括在社交媒体上屏蔽你、不接你电话或是对你撒谎。哪怕会伤到你，孩子也自有办法跟你撇清关系，保持适当距离。可别不信。

对大多数成为母亲的女性来说，这一身份成为她们往后生活的主宰，只为了让孩子能安然无恙地成年。我们的社交和工作都围绕着孩子，让孩子在每个年龄段做该做的事，并且跟学校里的其他妈妈们联谊，每天都在下一场高阶的棋局，运筹帷幄。但我们的思维也局限于此。从历史长河看，在生育期之外的女性的生存状态无人知晓。我们的注意力不必再被工作、社交和孩子分散。但没有人告诉你该怎样做好一个成年人的母亲，这一发展阶段还没有得到命名和探讨。随着人类寿命的延长，应当有更多女性涉足、探索这一阶段。

你可能听过这个故事：一个老人走进树林，他发现一只正挣扎着破茧而出的蝴蝶。老人以为蝴蝶被卡住了，便好心打开了茧，结果发现蝴蝶的翅膀还皱缩着，身形也不够轻盈，根本飞不起来，反倒更容易变成鸟雀的腹中之物。蝴蝶只有靠自己奋力挣扎，才能真正破茧成蝶，生出强有力的翅膀，轻盈地翩翩起舞。老人本能地拯救蝴蝶，却剥夺了蝴蝶拥有其天赋——飞翔的力量。

故事的出处不详，但我听过很多人讲过这样的故事。同理，我们面对孩子的成长也如此，不要急于为孩子打开茧囊。就像孩子在操场上摔了一跤，我们会安慰说没事的，没事的。像对待其他成年人一样对待孩子，给予孩子尊严，这很重要。

"妈妈脑"的表现之一是我们认为我们了解自己的孩子，但事实不然。给孩子多留些空间，彼此尊重，以对待成年人的方式对待孩子。在更升期，我们也可以像认识新朋友那样，跟孩子交往、相处，学会倾听，而不是百般操心地问："付账单了吗？""你要填的表格在哪里？""打电话给牙医了吗？"让孩子自己去解决，或是等孩子从中吸取了教训，就有破茧成蝶的一天。

人的后半生的转型过渡比较漫长，你要学会放手，学会爱的分离，安静地聆听成年子女、伴侣和兄弟姐妹的声音。我们终于知道，子女需要的是温柔呵护和一定的私人空间，而不是给对方划定一片区域，牢牢紧盯着。我知道，不再像以往那样为孩子奋不顾身，小心翼翼地不侵犯孩子的空间，这些都不容易做到。就像对待其他成年人一样，我们和孩子之间也需要保留界限，轻易越界只会让子女觉得不受尊重。"妈妈脑"的拯救模式只会让子女觉得无力。

极致"妈妈脑"

我们需要爱和谦卑承认自身的不足，并且认识到孩子的缺陷。

——简·伊赛，《如履薄冰》

第八章 今天起，不再当妈

如果你的子女已成年，且有自毁型习惯，如酗酒或吸毒，或者出现心理健康问题，但孩子不愿意接受治疗，你会怎样把这样的孩子纳入"自我"的帐篷？你的选择可能会给你的生活带来巨大影响。

"我快陷入财务危机了。"在我结束了丹佛的演讲后，温迪找到了我，"我来自内布拉斯加州农村，家境贫寒，但幸运地上了大学，在金融行业闯出了事业。结婚后，夫妻俩也挣了不少钱。但后来，我们发现大儿子克里斯 15 岁时沾了毒品，花了六位数的钱把孩子送去戒毒所戒毒。等他到 22 岁时，已经经历了五次戒毒项目。"她的痛苦我深有体会。作为精神科医生，我知道毒品上瘾和酗酒的康复率仅有 30% 左右。多数人永远无法摆脱自己的瘾疾。因为我对这些项目比较了解，能估算到温迪在这上面已经砸了一百万美元。

"五年前丈夫去世后，"温迪继续说，"我一时束手无策。我已经退休了，还要保证攒够钱养老，维持生活。毕竟除了克里斯，我还有两个子女要照顾。但克里斯这边也很棘手，作为妈妈，当他深陷痛苦向我求助的时候，我该怎么办呢？"

当我们将别人纳入"自我"的帐篷，无论是伴侣、子女还是亲密朋友，对方生活一旦发生变故，或是他们想要跟我们保持距离，我们的神经系统就会警铃大作。我们的神经系统无意识地与他们交织，可能会让我们深陷那些可能伤害我们的人，却又无法自拔。彼此相互依存，逐渐上瘾。神经系统往往会寻求熟悉和重复的感觉。听上去很奇怪，但如果我们习惯了某个人对我们的伤害，奇怪的是，我们会离不开那种熟悉的痛苦，除非自己能努力挣脱，或依靠朋友和外界支持才能挣脱。我们需要帮助（详见附录）。虽然把这样致命、危险的人留在"我"的帐篷里很痛苦，但把他们推出去可能只会更糟。进退两难之下,我们不仅孤立无援,还会推开那些想叫醒我们的人。我们没有解决这道难题的思路。可我们但凡有一丝自我保护本能,它就会激活我们的社交回路。即便我们不情愿,也会让自己去到商场里,跟销售人员聊聊天,打电话给治疗师,或是接受邀请参加一个自己也不熟悉的圈子的晚宴。如果我们对社交冲动置之不理,那么神经系统就会把我们拖入深渊,陷入无边无际的抑郁之中。

"我开始反思自己和克里斯的关系,觉得很孤独。"温迪说,"别的父母都会说自己的孩子有多优秀。但轮到我了,我却不知从何说起。就算我跟别人待在一起时,也要时不时看他有没有给我发短信,确保他还活着。我很羡慕别的父母。然后我开始变得易怒,很难相处。克里斯任何表现都能牵动我的神经,我仿佛失去了自我和自己的生活,濒临崩溃。"

不同的人会选择不同的方法来解决孤独问题,并修复"自我"的帐篷。"我开始参加互助会。"温迪下定了决心要做出改变,"我全身心地投入互助会,学习如何与儿子划清界限,多多关心自己。两年前,我做出了一生中最艰难的决定:换掉了手机号码并且搬家。我没告诉克里斯该怎么联系我。我终于意识到,我帮不了他。他35岁了,该为自己负责。克里斯离我的生活太近,反而让我失去了自己的生活,影响了我和另外两个孩子的关系,同时也妨碍了他自己寻找帮助。我必须远离他的生活,让他走自己的路。我的两个孩子也担心克里斯的病说不定哪天会伤害我,毕竟他曾经动手威胁我。当我做出这个决定时,我已经与大部分朋友断联了。只有互助会的成员能够理解我所经历的痛苦。"

社交会训练神经系统习惯性地给出反应和行动。因此,如果我们身边一直有瘾君子、精神疾病患者或有暴躁倾向的人,那么中断帐篷内的"我"跟他们的联系，可能会有仿佛末日来临的恐慌。分离最初的几周和几个月，我们时常会感到焦虑和无聊。"搬家后，我不知道自己该做些什么好。"温迪告诉我，"我一直都在为克里斯而活，现在反而一瞬间陷入了身份危机。我不知道在这种平静状态下该做什么。"温迪的神经系统渴望熟悉感，但这种空虚感只能依靠制造麻烦和危机才能填补。

当"自我"的帐篷在无意识中被孩子搅乱后，它会让更升期出现短路。但随着我们清醒意识到，神经系统和大脑在形成"自我"帐篷时能够提供反馈，我们有了更多掌控权，允许谁可以进入我们的帐篷，以及对方能起到多大影响。温迪意识到，她不仅让克里斯在她的帐篷内占据了重要位置，还让他"操控了那些帐篷杆。就像他操控着我对自我的评价，总是干扰我的日常计划，时不时要应付他打来电话、来家里拜访或是给我惹麻烦。因此我定不了计划，总是取消计划。当时我以为这很正常，理所应当。但我现在更需要关注自己，让自己过得更好"。

更升期是我们展现力量和美德的机会，由智慧和勇气驱动我们为成年子女所面临的一切留出空间。这需要耐心。当他们因痛苦而发泄出来时，我们会受到伤害。但一旦他们在"我"的帐篷中找到了适当的位置，他们对我们的不满就不再是威胁我们身份的痛苦了。我们终于可以为自己和他们留出健康而亲密的空间。

"奶奶脑""外婆脑"

有次跟赛茜喝咖啡的时候，她告诉我，"自从有了孙子孙女，心情快乐得像是冲上了云霄，但同时我家的家庭关系也遭遇了极大考验。"我先前问了她一个问题，想知道她在更升期面临最大的挑战是什么。"是吗？"我有些出乎意料。因为我还没有孙辈，所以只能借神经科学和他人经验判断。"我听别人讲的基本都是好的方面。我还有个巴西朋友总是开玩笑说，自己先生个孩子，再让孩子生孩子，这就叫先苦后甜。不过我很好奇怎么个考验法。"

"这些孙子孙女让我感觉心都要化了。"赛茜继续说，"简直就是我的心肝宝贝，我恨不得天天把他们捧在手心里。我们聊天也逐渐亲密，无条件地接纳彼此、相互尊重、用心倾听。我很爱我的宝贝们，只能这样跟你形容。"

"妈妈脑"的影响很深远。即便催产素含量不高，也很容易重新激活大脑神经回路。因为隔代的生物距离，祖辈更能付出无条件的爱，而不像当初养育子女时要承担许多责任，瞻前顾后。我们不会把孙辈纳入"自我"认知的帐篷里，大脑神经系统也就不会那么有紧迫感，所以更容易用开放的心态包容他们的苦难，认真倾听而不会随意操控、干涉对方。但这种连接依然能产生巨大的力量。

女性大脑和神经系统再度激活了年轻时的关爱回路。催产素缓缓淌过，雌激素让人觉得舒适而温馨，记住了那些亲密的连接。虽然会受到"妈妈脑"影响，但你仍能获得内心的平静，很明显赛茜现在就有这种平静。"太棒了，赛茜。我很难想象它会有什么负面感受。"

"那我给你说说。"她回答说，"自从第一个孙子出生后，我经常帮儿子带孩子或陪孩子过夜。但我后来有一次拒绝他的时候，我忽然意识到了一点。我有些忘记了自己当初给更升期设定的目标。像这样日复一日地照顾孩子，跟辛苦工作没什么两样。我也需要时间散步、思考和休息，我也想重新审视生活，分清优

第八章 今天起，不再当妈

先事项，做出自己的选择。如果我努力变得优秀，我可以更好地帮助他人；如果我能找到平静和幸福，也会对周围人产生影响。我花了很长时间才真正深刻理解到：追求幸福并不自私，它是对别人幸福的贡献。不是什么小确幸，而是当你不再顾虑自己的外表、穿着和财富时，发自内心的幸福感，是你能够拥抱生活的喜悦和不确定性时，真真正正的幸福感。这就是我定心和加固帐篷杆的方式。倾注了这么多的时间和心血，我值得拥有幸福。我有权获得幸福。"

我能感觉到她想抓住当下的迫切感，仿佛是离开监狱后重获新生的感觉，这个类比还挺贴切的。

在许多女孩一岁时，她们会收到人生的第一个洋娃娃，大人还会教她们用玩具奶瓶喂娃娃。但当今社会在不断培养女性成为全能妈妈，肩负家庭的主要责任，成为"顶梁柱"之一。我们仿佛踏入了一座监狱，它满怀期待地欢迎我们的到来，但它的要求又十分严苛。我们愿意出于爱而接受这一切，同时也是出于担心，担心自己不这么做会遭到社会谴责，承受负罪感。但在更升期，我们可以打破枷锁，哪怕社会和过往的大脑不停地劝诫我们，但现在开始，你不必再为孩子的生存担负过多责任。

全能妈妈的思维一旦形成便很难改变。如果我们足够警觉，不被原来的自己牵着鼻子走，就能扭转自己的重心，把对自我的认可从外部转向内心健康。这让我们能在变得更好的同时，也在满足周围所有人的利益。

"所以当我跟子女讲，我要给自己留点时间，或者是因为我忙工作拒绝了带孩子，我女儿和儿子都非常诧异，表情难看得仿佛我刚说了什么话要跟他们绝交似的。"赛茜说，"你根本想不到，他们听完后说话有多过分。他们说：'我早就该想到了。从小你就没怎么照顾过我们,我怎么能指望你当了奶奶和外婆就变得不一样呢?'但当我那老头子拒绝帮他们带孩子的时候,俩人反而一句怨言也没有。平时,他们一般都找我来替他们带孩子。"

"真不容易。"我说,"你当时肯定百感交集。一边是黏人的孙子孙女,一边是愤愤不平的子女。你当时什么感觉?"

"在我内心最为挣扎、痛苦的时候,这番话打响了我内心激战的第一枪。"赛茜顿了顿,神情流露出悲伤。"我发自内心地想照顾孩子,不能照顾我的宝贝心肝也让我很有负罪感。"调查数据证明,女性往往承担了 78% 的照顾职责。"但我孩子的气话刺痛了我。我想起了你说的那个帐篷隐喻。我开始审视四周,到底是谁在控制我的'帐篷杆'。于是我开始独自在早晨散步,一边散步,一边厘清思绪。随着我的运动量增加,感觉体格更强壮了,我意识到还有别人动了我的'帐篷杆'。我开始观察到底都有谁能动我的'帐篷',结论很出人意料。我的子女、朋友,甚至我去世的母亲都在拉扯着我的'帐篷'。我开始坚持散步、健身、做瑜伽,还会辅以一些写作和呼吸练习,让我能更好地看清周遭的事情。"

我的生活我做主!

我跟黛安娜是同行,且我俩认识了很多年。她是内科医生,而且在不断向细分专业发展。黛安娜已经结婚 37 年,她跟她先生在医学院相识,家里有两个孩子,都已经二十多岁。黛安娜跟很多中年女性一样,还要照顾住在家附近的年迈父母。她的日程塞得满满当当,要满足别人各种各样的需求,但最近她变得空闲了许多,我很好奇发生了什么变化。"我们很容易感觉被四面八

第八章 今天起，不再当妈

方拉扯着，"她说，"容易陷入照顾他人的陷阱，而失去了自己的生活……"她的话戛然而止，低头看向苹果手表上弹出的一条消息。"等等我，乔希刚刚发短信说他把护照搞丢了。"

我知道她 26 岁的儿子正在欧洲旅行。于是我准备掏出车钥匙告辞，以免妨碍她。黛安娜总是为孩子忙前忙后，所以我感觉今天差不多只能聊到这儿了。"哎呀，那你要回个电话给他吗？"

意外的是黛安娜告诉我，"没必要，稍等我一下。"她转身进了厨房，拿着手机出来，看起来很淡定。"所以你怎么办？"我问。

她递给我一杯茶，说："我回了他的短信，跟他说，'你是个成年人，我相信你能在机场找人帮你想办法解决。'"

我顿时就很佩服她了。换作我，我可能做不到像她这样克制。因为我儿子总是让我很紧张，如果他出了事，我不回他的话就会让我觉得很别扭。

"如果是两年前，"她看出了我脸上的疑问，"我可能会跟你道别，然后去解决他的问题。其实那样做会让他很无助，也让我很疲惫。我妈也是，她会疯狂地打电话给我。而我不管在做什么，都一定会接她的电话。我就给她找了些事情，让她自己忙起来。她每隔一个半小时就给我打电话，这时候我就不一定接了，然后她就会发短信联系我，这样我知道什么事是急事，什么事没那么急。一开始不接她电话的时候，我感觉像是背叛了她。后来我明白自己其实是在摆脱一种瘾，像是依恋感。至于我丈夫，他如果进了厨房，在里面碎碎念'哪里有……''怎么做……'的时候，我也只当没听见，反正他总能够自己找到他想要的东西。我不用做出任何回应，他自己都会搞定。"

在过渡期，你可能觉得别人碰你的"帐篷"完全没问题，而且把很多事都揽在自己身上,包括人际关系、各种疑难杂症、别人的生活和感情等。这种冲动是"自我帐篷"的重要组成部分,让我们对自己的能力和主观能动性充满信心,除非哪天我们的计划不起作用了或是帮了倒忙。事情出错时,我们会失去一部分或全部自我感受,"帐篷"内的"自我"崩溃带来焦虑、恐惧、不安、悲伤的情绪;如果执迷不悟,一直钻牛角尖儿,只会让"帐篷"里的"自我"不断得到失败的反馈。

但到了更升期,就变成"谁也不准碰我的'帐篷杆'"。我们发现要想改变别人的想法,几乎是不可能的。我们便只顾着自己的想法,管好自己的"帐篷"。可能过去几十年里我们一直尝试着控制别人,但也终于接受了这一真相,认清了自己:我们对大多数事情都无能为力。虽然我现在还在努力做好这一点,但等我去世后,我希望我儿子能同意我把这句话当作我的墓志铭:

"她终于学会管好自己。"

第九章
应对亲密关系

想知道你 80 岁时的身体状况？不妨看看你 50 岁时，对亲密关系的满意度。

从出生开始，女性的大脑就是一台精密、善于观察的机器。观察面部表情和听取语调的能力让女性看起来像会读心术，这得益于一个调节能力极其精细的神经系统，还有支持这种能力的神经化学物质，两者配合得天衣无缝。目前为止，你可能用了毕生的努力来提升自我，预测他人的需求和情绪。你甚至能够先于他人感受到对方的疲惫、饥饿或悲伤感，而你自己已经下意识地开始想方设法帮他们解决问题。这种能力一部分是靠后天习得（任何处于从属地位的人都会发展出这种技能），一部分则是女性天生具备的。

这种能力既可以成为你的盔甲，也可能成为你的负担。

我想起我在《女人为什么来自金星》一书中提到的西尔维亚和罗伯特夫妇。虽然他们多年的婚姻已经破裂，但我很想知道在婚姻中她是否也跟我认识的许多女性一样有这样的共鸣。感觉就像是你在不停地获取伴侣神经系统的信号，结果最后信号过多，反而淹没了你自己的神经系统信号,也就是过度共情。"我总是很难忽视我丈夫的情绪。"现年77岁的西尔维亚告诉我,"如果他情绪低落或生气,我的胃部就会感觉绞痛。如果他焦虑或是生气了,我的胸口也像被人攥紧了一样痛,还会手心出汗。我也能感受到他的满足和平静,这时候我感觉很不错。但多数时候我感觉自己失去了自我,无法感受到自己的情绪和不适。我的灵魂像是被撕裂了,而无论是哪个部分的我,都被他笼罩着。"

我回应她:"你肯定觉得很没有安全感。"因为我也有过同感。情绪感染是一个较大的研究领域,从神经系统看,我们的催产素和镜像神经元成了"捕捉"他人情绪的放大器。随着亲密关系的亲密度不断增加,你更加难以抗拒与喜欢的人产生情绪共鸣。"但我其实很恼火这一点。40年过去了,我发现自己对他了如指掌,却对自己毫不了解。这也是我离婚的原因之一,我需要再次找到自己的立足点。"

在亲密关系的开始阶段,由神经激素(主要是女性的催产素,男性的加压素)驱动的爱情依恋会让我们把恋人的习惯、口味和偏好视作自己的。随后"自我"的范围扩大,接纳了这位新成员和他的感受,包括他喜欢什么、讨厌什么、经历过什么,我们的感受也会发生改变。双方的任一方因为出差要离开时,你就会接收到不舒服的信号,提醒神经系统缺少了某种重要的反馈。回家后立马拥抱一下,往往会让一切恢复正常,因为它激活了让人拥有归属感的镇静回路。

但这种深度连接也有负面影响。很多时候我会发现自己的某些态度和行为很不像自己,让我觉得有些羞愧。神经科学研究表明,我们的许多态度、习惯、生理反应,都是我们从最亲密的人身上学来的。哪怕我们依然是我们,但我们的所思所想、一言一行，不一定就代表了真正的自己。

在生育期，受雌激素作用影响，这种深度地、无意识地模仿他人神经系统模式的现象只会更加明显：它使我们更容易达到高潮，并向神经系统中注入更多催产素。在更升期，这些产生亲昵和关怀的大脑回路恢复了平静，给我们更多空间关注自我、认真分析，能够集中精力做必要的事情。它可以让我们有力抵抗过去关怀浪潮的影响。过去我们总是怀有救世主情怀，谁都想帮，但等我们了解了共情背后的神经科学知识，我们也更有力量。

共情，感受到他人的感受，是同情心的核心馈赠。但是根据德国马克斯·普朗克研究所和威斯康星大学麦迪逊分校的研究，共情能力有一个潜在的黑暗面。我们感受到别人的感受，特别是他们的苦难，听起来颇为高尚，颇具美德，但是想一想，在我们面对身边人的苦难时，我们自己会发生什么变化？我们容易因他们的经历产生悲伤，容易沉溺于他们的痛苦，但自己却觉得无能为力。不用看功能性磁共振成像研究的结果，我们就知道感受到别人的痛苦会唤醒自己大脑中的痛苦回路。这种被动共鸣很容易让人陷入共情困扰，这是一种强大的神经系统力量，可能引起一场应激神经化学物质的海啸，使我们无法清晰思考，无法正常运作，无法参与有益的问题解决。西尔维亚因受到罗伯特情绪感染而头疼不已，赛茜跟她的前夫也不例外，我曾经也受到我丈夫和儿子的情绪感染。即使在健康的关系里，无论哪方被伴侣的抑郁情绪淹没，于己于人都无益。对方的应激反应可能会唤醒我们内心的恐惧，并触发杏仁核。一旦杏仁核开始工作，它就会切断我们清晰思考的通路，让我们火急火燎地进入救援求生模式。

对于西尔维亚来说，找到神经系统的独立性已经成为至关重要的自我关爱。当然，故事的结局是，西尔维亚在更升期中找到了自由。她开始设定新的界限，并决心在五十多岁时开始自己的事业。西尔维亚的变化让罗伯特很害怕，长达四十年的婚姻开始瓦解。她搬出去了。他们离婚了。我再次联系上夫妻两人，想看看他们有什么改变。

在他们离婚大约六个月后，一切慢慢冷却，他们重新当回了朋友。两个人各自和他人约会，但遇到问题时，他们仍然会相互求助。罗伯特身体不舒服的时候，西尔维亚会连着两个星期每天去家里照顾他；当西尔维亚的母亲需要法律援助时，罗伯特也向曾经的岳母伸出了援手。他也试过建立新的恋爱关系，但都没有成功。"有一回，我照常约会，但对方晚饭还没吃完就中途离开了。"罗伯特告诉我，"因为她觉得我心里仍然爱着西尔维亚。很明显我永远无法承诺任何人。因此我跟西尔维亚相约一起回治疗所，看看能不能找到解决办法。"

分手七年后，西尔维亚又搬回来了，跟我开玩笑说他们要同居。他们环游世界，享受彼此的陪伴。西尔维亚继续着她的事业，创立并经营了一家非营利性心理健康组织，然后交给年轻人继续打理，她只负责给家庭和教育工作者举办研讨会。罗伯特仍然做着律师，但减小了公司规模并将他的工作场所搬到了家里的书房。

罗伯特比西尔维亚大 14 岁，他的认知能力下降对她的生活产生了很大影响。西尔维亚仍然时不时出个差，但罗伯特变得容易患得患失，非常黏人。他总是担心西尔维亚会再次离开，尤其是为了年轻男人离开，所以她只好带着他一起出差。但随着他身体逐渐虚弱，他们只好选择待在家里。

慢慢地，罗伯特记性越来越差，他变得更像以前的罗伯特，整天埋怨个不停，既不能完全自理，又固执地坚称自己可以照顾

第九章 应对亲密关系

自己。他每天生活都很幸福：在厨房里享用早餐，花几个小时在家里办公，然后在厨房里吃午饭，其余时间则在书房看新闻。他听不到电视声音，所以只看底部的新闻滚动条。下午4点30分，他会喝一杯马丁尼，导致晚上容易发脾气和失眠。

西尔维亚尽一切努力让他参与社交活动，跟亲朋好友见面。他的记性越来越差，西尔维亚变得越发孤独。一方面是她只能待在家里，另一方面是她已经没法正常跟罗伯特交流。她说："我正在失去我的朋友。我无法与他讨论日常生活或政治。他只记得法律，其他什么也记不住。在这方面，他倒还挺算一名称职的律师。"

西尔维亚变得沮丧、愤怒。她自己就是心理健康专家，还给其他处境类似的女性推荐治疗，可她却认为自己目前处理得很好。她没有意识到，自己也需要与专门处理老年性痴呆患者的专家聊聊，帮她出出主意，保留自己的独立性。这时，她的女儿再次联系了我。罗伯特的认知能力不断下降，孤独感正在威胁西尔维亚的神经系统，让她从更升期逐渐走向下坡路。

要想让自己的神经系统与伴侣分离，需要发动全身心关闭回路并设定"自我"的范围。我问西尔维亚怎样实现分离，怎样保持与罗伯特的联系而不被他的情绪压倒。西尔维亚告诉我，"我找了位瑜伽老师，她教我应该怎么处理丈夫情绪对我产生压迫的情况"。当她意识到自己被罗伯特的情绪感染时，西尔维亚学会了先有意识地放慢呼吸，并将注意力集中在肚脐下方和后方的一个点上。一旦她能够感受到这种连接，就能把想法都集中在那个点上。她将注意力集中在身体的重心，可以让自己平静下来。而她集中注意力后，就有能力放弃寻找罗伯特发出的痛苦信号的习惯，她可以选择性地回避那些信号。

当西尔维亚进行呼吸和身体感知冥想时,她的帐篷帘可以轻轻合上,但没有完全拉上,只是给她足够的密封空间来包容神经系统中传递内在自我感知的大脑回路。"这就是能让我保持自我完整性的方法。"西尔维亚还说,这种练习让她能更游刃有余地应对丈夫以及生活中的起伏。

我认为这个过程就像是让人待在自己的呼啦圈里。一旦我觉得自己受到了丈夫的情绪感染,我脑海中就会浮现这个呼啦圈。很多人费尽心思想进入别人的呼啦圈,修复和解决那里出现的问题,但这样做也会侵犯他人的感受和自主权。待在自己的圈内,与人保持一定距离,支持自己和周围所有人的完整性。

做出改变,直面恐惧感

西尔维亚最初觉得,自己不应该学着从罗伯特的情绪中分离。任何改变,无论好坏,都会破坏系统的稳态。在向更升期转型的初期,神经系统需要适应"自我"帐篷的新形状和把帐篷杆变得更稳固的新搭法。它就跟学习新技能或进入新状态一样,需要练习。养成新习惯一开始总会让人觉得别扭。

大脑默认情况下会通过恐惧感来评估自己做出的改变。我们的神经系统本能地扫描常态中的威胁,时刻警惕任何稍有不同的事物,把它当作对我们生命存在的潜在威胁。坏消息往往就是这样扰乱我们的内心,我们称之为"负面偏差"。它有好处,如让人担心自己的健康,避免真正的危险,如果我们忽视恐惧的信号,就可能危及生命。如果没有负面偏差,我们就会像失去痛觉的人一样,如果碰到热锅会烫伤自己。但我们必须时刻牢记:大脑遇到负面信息时就像尼龙扣一样有黏性,而面对正面信息就像不粘锅的特氟龙涂层。大脑察觉到改变时，由于缺乏熟悉感，往往会像消防警报那样鸣笛大叫。这种偏见可能会误认为健康的变化是危险的，就好比我们在跟一个与自己不同，但更适合的人约会。

在过渡期之前，我们的激素水平处于全盛期，驱使我们不断跟世界交手，发现新事物的多巴胺和肾上腺素飙升，盖过了负面偏见产生的恐惧感，受新事物和新发展的驱动，我们一路高歌猛进。但更升期则不同，我们的探索回路不似之前那么嘈杂，没有了 DHEA 和睾酮等雄激素的强烈刺激，新事物产生的冲动和刺激都减弱了。对变化的感知在过渡期可能会表现为深刻的焦虑。我们现在感知到的危险，在我们三四十岁时可能没有任何感觉。

女性在文化熏陶下形成了警惕和过度警觉的本能，但这并非我们的自然状态，而是我们居于从属地位出现的本能。我们会对"老板"的需求保持高度警觉，能够快速预测并解决潜在问题，让自己的衣食住行免受威胁。我们认为女性的高光时刻是她随时待命，什么问题都能迎刃而解的样子，但这只是在一段时间内表现出来的应对能力，在过渡期时就会逐渐失效。其契机是女性不再需要时刻紧绷，准备回应他人的需求。西尔维亚了解了这一点后，能够更坦然地享受这种自由。

群体对大脑的益处

如果我们过分看重一对一的长期伴侣关系，可能会对更升期中的认知造成损害。在俄亥俄州立大学对老年雌性老鼠的一项研究中，研究人员将退休后的老鼠置于两种不同的社交环境中。一组老鼠生活在只有两只老鼠的笼子里，也就是老年夫妻的养老模式，而另一组老鼠则生活在有六只老鼠的笼子里。三个月后，研究人员对这些老鼠的记忆和认知能力展开了测试。六只群居的老鼠轻松获胜，它们大脑运转的能力跟健康年轻的老鼠大脑相差无几。相比之下，只有两只同住的老鼠不仅记忆力下降，而且脑部炎症增加，跟其认知健康损伤高度相关。群居的老鼠大脑出现的炎症迹象更少，因此它们的大脑实际上比不群居的老鼠大脑更年轻，大脑负责记忆的部分也更加强壮。

"自从四十多岁起，我就一直梦想着集体生活。"赛茜说，"多好玩，多有帮助啊。我一直想要聚一拨人，在墨西哥圣达菲买一栋楼一起住，我对那儿的人很熟。楼房有12间左右的房间，当然还要有电梯，留出一间给年轻人住，他们还能帮忙到处维修。我们可以共享资源，彼此照应，读书、讨论、聊各种话题，让彼此在认知上保持活跃。如果谁的伴侣遇到困难，我们可以互相轮班照顾。不用住进养老院里，我们就能拥有一个自己的支持系统！"

保持认知能力对更升期至关重要。越是朝夕相处多人越是对我们的长期认知能力产生更大的影响。甚至老鼠实验也告诉我们，孤零零地待在家里或只和一个人待着，会导致大脑受到的刺激不足，进而损害大脑功能。只跟伴侣相处的老鼠大脑中存在的炎症可能会导致认知能力下降。因此，尽可能扩大社交圈不仅可以保护更升期，还可以减轻家庭压力。

无论如何，我们反复做一件事久了，便能掌握它。就像小提琴手左手灵活度提高，其大脑右侧运动皮层连接性增强，而社交圈更广的女性，更擅长建立新的社交联系。研究表明，这种连锁反应的结果是，比起社交圈小的人，她们患痴呆症的风险更小。每天与朋友、家人保持联系的女性，患老年性痴呆的概率减少了近一半。人际关系和归属感会引发一系列舒缓情绪的神经递质,在人受到压力和感觉焦虑时提供缓冲。女性好友就是你更升期的秘密武器,与朋友们相聚能够滋养大脑,这些交往甚至可能重新调整衰老的时钟。

1979年,新罕布什尔州的心理学家埃伦·兰格(Ellen Langer)为一群七八十岁的男性创造了一个环境,让他们感觉重返20年前,并在这个环境里度过了一个星期。他们在广播里听纳京高(Nat King Cole)的音乐,看新闻报道卡斯特罗在古巴上台执政,读伊恩·弗莱明(Ian Fleming)和里昂·尤里斯(Leon Uris)的新书,看杰基·格黎森(Jackie Gleason)的电视剧。跟没有重返1959年的对照组相比,以及比对他们在实验前的数据,测试结果显示这些男性在记忆、视力、听力和体力方面都有显著提高。实验前后拍摄的照片显示,这些男性在里面度过一周后,外貌都明显年轻了许多。任何能够重新调整衰老的时钟并减少炎症的措施对大脑都有益。因此,看看你儿时的电视节目,听听你少年时代的音乐,随之起舞,去参加那个你一直回避的聚会吧。这些过去的记忆有助于重新调整衰老的时钟。

我们可以通过有意识地激活健康的大脑和神经系统回路来重现实验的一些效果。其中视觉想象是最有效的,也是最快让人产生改变的方式之一。你可以坐下来深呼吸几次,让身体试着放松。然后回忆一下,你童年、青少年或刚刚成年时感到快乐,充满乐趣、处于巅峰状态的时刻,也许是某次派对、某次在别人家留宿,也许是你职业生涯中的第一个重要突破,也可能是你小时候刚学会某项新技能,父母对你表现出的热情。花些时间想象细节,从声音、气味、景象、人物、环境、情感和感觉等方面入手,让自己感觉身临其境。你可能听到了音乐,感受到欢笑;可能感受到年轻时运动的快感；可能沉浸在对老友的深厚关怀中。花几分钟停留在这个记忆中，关注自己的身体是否有变化。这可能需要多尝试几次才能欺骗身体释放大量让人感觉良好的激素，但这确实是可以做到的。如果你经常在冷静时进行这种心理训练，那么就像埃默里大学所做的研究一样，你可能在渡过难关时拥有更多的韧性。我现在每天都做这个心理训练，也跟我的患者推荐了它。

旧"我"的亲密关系回路对人的影响颇大，但并不是所有人都能找到升级它们的方式。但是，在更升期打开的新空间里，我们尚有选择的余地。我们可以沿着旧模式继续前进，被绝望和担忧包裹，感觉自己枯木朽矣，对子女的生活感觉无助；或者我们可以重新跟现实交朋友。对于许多在意自己能力的人来说，在更升期中有太多事超出了我们的掌控，会威胁到我们的效能感。但更升期还有更多惊喜等待着我们。我们可以开辟新的大脑回路，转变自己在亲密关系中的角色，选择最自由地做自己。我们可以感受自己的情绪，找到自己的欲望，让自己从朝夕相处的人身边抽离出来。学着在更升期回归自我的中心，能够接受事物本来的面貌，自信地应对生活的起伏而不是与其抗争。

第十章
回归自我的中心

"等会儿就要见到老同学了,现在什么心情?"我问我的朋友黛安娜。58岁的她准备参加她的第40届高中同学会。对我个人而言,这种聚会是我过渡期时最担心的事。我想象着黛安娜可能感到的焦虑。人的脑岛让人陷入跟人比较的旋涡,不停发现自己的不足,从青春期就开始折磨我们。脑岛会激活她关于社交等级制度的记忆,如果她没有被邀请参加想去的聚会,或者不如受欢迎的女孩漂亮,她就可能觉得自己被人排挤。于是我打电话给她,给予一点精神上的支持,希望她不会跟很多人一样产生聚会压力,人们可能只会记得自己觉得最好看的那些人。

十几岁时,高中的"我"在脑岛里描绘了自己理想的模样,所以当我们看到自己灯光下的照片,看到自己在视频通话中的样子,看到那些再也穿不了的衣服,还有自己和40年未见的高中朋友见面,发现她们比我们更年轻,脑岛的神经回路随时都可能产生自我厌恶的信号。这番遭遇可能会给女性大脑带来一场神经系统风暴,我很担心黛安娜脑海中的回忆会引起她产生担忧和焦虑。

但是黛安娜的反应却出乎意料。"亲爱的,谢谢你特意打电话来。但别担心，我挺好的。"她边说边在壁橱里东翻西找，然后电话那头静了下来。

我问道："亲爱的，你还在听吗？"

"这件衣服怎么还在这里？"只听她轻声地自言自语，"我以为我早把它扔了。"

"你找到什么了？"

"一件以前的晚礼服，现在已经穿不上了。"她说，"不过我记得当时我很难过，以前总想着控制自己的身体变化。"我当然记得，她当时为此流了不少眼泪。

"那时候我费了半天劲儿，想把自己挤进这件裙子出席侄女的婚礼。"黛安娜继续说道，"我丈夫甚至在帮我拉这条拉链的时候划伤了手，他知道我很想穿上这件裙子，所以他没放弃尝试。他从车库找了一把钳子，用钳子拉上了拉链。"黛安娜开始咯咯地笑，"他先拽掉了拉链上的小标签，然后再抓住整条拉链，最后他是把拉链拉上去了，但整件裙子却在这时崩裂了！"

黛安娜讲完这个故事，跟我一起笑得前仰后合。我知道她一直在改变自己的生活方式，但我不知道她还在努力调整大脑里的神经和神经化学轨迹。值得一提的是，她已经在脑岛建立了新的轨迹，这些轨迹让她能感受到与她目前现实相符的"我"，而不是非要与过去的"我"一较高下。我们的脑岛描绘出世俗标准下的美丽，然后不断地进行比较。黛安娜已经从十几岁的脑岛 18.0 升级到了脑岛 58.0。她努力保持健康，科学饮食，锻炼身体，不设立不切实际的目标，如想让体重重回 18 岁的水平。她已经接受了自己的腰围变粗，接受了自己长出鱼尾纹、唇纹和颈纹，接受了下颌的松弛。人生短暂，她不会为脖子的变化过分担忧。

我问她怎样协调自己的更升期，黛安娜说，"我也是花了点儿时间才走到今天。当时,撑裂了一条裙子以后,我又另试了两条裙子,但都不合身。我哭得眼妆都花了,做了整整一小时的妆发到头来都是白费功夫。我跟我的侄女关系很好,但直到我试着把自己塞进第三条裙子的时候,我已经不想去参加婚礼了。我丈夫非常有耐心。我当时几近崩溃,但他一直在旁边安慰我。他知道如果我不去,将来会后悔一辈子。最后我找了一条宽松的黑裙。我知道穿黑衣服参加婚礼不合适,但如果不穿这件,我可能只剩下瑜伽裤这一个选择。我们迟到了一个小时,错过了整个仪式,我不知道该怎么跟姐姐解释。我只说我生病了,跟真相也确实八九不离十。我想等她们读完这个故事,应该就知道真相了。"

"亲爱的,我也经历过。"我说,"你不是一个人在战斗。"在我五十多岁步入更升期的早期,我也经历过不少这番痛苦。听着黛安娜的经历,我回想起自己的脑岛 18.0 滋生的厌恶感,痛苦回忆再次涌上心头。在更升期早期和中期的发展阶段,我们往往要跟身体作斗争,接受新生活的变化,但很少有人提及这一点。

像赛茜一样,黛安娜决定把不合身的衣服都捐出去,寻找舒适的穿衣风格。她说:"为了自己的心理健康,还有我丈夫可怜的手指,我得摆脱这些念头才行。"

黛安娜这么做,有她的更升期意义所在。如果她每天打开两次衣柜,结果里面挂满了不合身的衣服,她就会激活脑岛 18.0 的比较能力,容易转变为自我责备和惩罚。这些态度会促使脑垂体分泌激素,刺激肾上腺释放压力激素。这些激素会触发大脑和神经系统,使人烦躁、焦虑和易怒。如果我们放任这些旧的神经通路掌控大脑,我们可能最终变得失望,甚至患上不受控的抑郁症。对于那些被诊断为抑郁症的人,脑垂体向肾上腺发出的这种信号已经被卡在了高位,压力激素不断涌出。并非每个人都能在不用药物的情况下解决问题，但像黛安娜等人，总能找到办法。转变脑岛 18.0 通路的策略就是升级黛安娜的脑岛，认清她 58 岁的"自我"帐篷是什么样的。

"我以为我已经把衣柜整理干净了。"她接着说，"但这一件肯定是漏网之鱼，明天一早就捐到慈善机构去！"

许多患者和朋友都告诉我，在过渡期和更升期早期，她们原以为处理好的问题再次出现，并出乎意料地揪住了她们的神经系统，牢牢不放，但她们克服问题的能量已经消失殆尽。

一丁点儿小事就有可能触发我们的情绪，如别人不同意我们的观点，对我们表现出排斥，等等。我们在这时可能觉得，全世界都看不起现在的自己。可能是我们的伤疤再次被触碰，时时提醒着我们。进入过渡期和更升期后，帐篷里的"自我"每天都面临着挑战，或是生活环境，或是过往的伤疤和他人对我们的反应。即使是最坚强的人，那些经历多年治疗、付出诸多努力解决大小问题的人也不例外。当我们厌倦了曾经凡事都体贴、善解人意的自己，我们可能哪天又会变回过去的自己。正如我所经历的那样，这种情况可能会在我们与身体和解十年后再次发生，即便我们以为自己早已结束了一生的战斗。有人依然能成功找到我们身上的"乖乖女"按钮，让我们付出义务劳动；我们最亲近的人依然能夺过我们的帐篷杆，把主导权掌握在他们手里（也可能是我们再次自愿交出了控制权），扰乱我们的优先事项安排。

波涛会留下印记。当我们在平静的水中行走时，我们可以感受到它们在脚下沙子中留下的波痕，这是它们留下的证据。虽然在更升期，我们的激素波涛已经平息了，但它们的余波仍留在了"我"的帐篷中。在某些情况下，余波可能会变得更为强烈，激活其他时期的遭遇回忆，会触发我们的神经激素（和情感）按钮，使我们失去平衡，陷入悲伤、恐惧、孤独（如萌生"我不想去参加婚礼"的念头），有时甚至是自我厌恶。

回归自我的中心是更升期赋予女性的礼物，然而未妥善处理的旧波涛余波始终把这份礼物推向远处。我们在生育期时理解的自我模式是我们该怎样打扮自己、感受情绪、与人社交、锻炼、进食，并且关心自己和他人，这可能会比你所说的"潮热"更快地将我们拉出健康关爱的状态。要更好地步入更升期，就要集中注意力和智慧，充分掌控自己的帐篷杆，学习如何防止它被拉出地面或被旧波涛的余波折断。即使过去的伤痛要将我们拽离中心，我们也能保持镇定。路遇障碍，你不会再从马背上摔落。即便感觉情感上不安，你也知道只要自己坚定地朝前走，疼痛会在两到三天内自然减轻。我们撑起了自己的一片天，洞察外界发生的变化，抑制一时的冲动。随着波涛退去，它们在我们漫步的海岸线上化作温暖柔和的泡沫，这是我们曾经坐下沉思的地方。

演员蒂娜·斯隆（Tina Sloan）曾在美剧《指路明灯》（*The Guiding Light*）中饰演护士莉莲·雷恩斯（Lillian Raines）26年之久。在她的著作《换鞋：时尚、幽默和优雅，度过衰老而不老》（*Changing Shoes: Getting Older—NOT OLD—with Style, Humor, and Grace*）中，她讲述了自己遭遇"年龄打击"的经历。在某次拍摄派对戏份的中场休息时间，她和扮演自己女儿的女演员穿着晚礼服去咖啡馆喝咖啡。作为肥皂剧明星，莉莲自青少年时期起，就从法国社会精英那里学会了如何控场和吸引男人们的注意力，她对此熟稔于心。但这天，在曼哈顿中城的这家咖啡馆里，已近50岁的她感觉有些不对劲儿。她感到局促不安，但也说不上来到底是什么问题。后来她才发现，咖啡馆里男人们的注意力都放在另一位女演员身上，对她却毫不在意。莉莲很困惑，觉得自己长久以来待惯了的帐篷开始动摇。

这是脑岛注意到了一些异常。因为她的神经系统在期待着他人钦佩的目光。可这一信号没有像之前那样出现，便触发了记忆回路的警报：平衡开始动摇。同时，身体和大脑中分布最多的神经，负责激活和镇静身体应激系统的迷走神经系统也感受到了警报。作为肠道、心脏和大脑之间的高速通道，迷走神经触发了一种直觉：有哪里不对劲儿。神经在催促她的大脑做点儿什么，让我们回到"我"帐篷中心的舒适区。

让我们"做点儿什么"的大脑信号刺激我们产生神经激素，从而驱动行为。我们可以选择许多不同的反应重新获得熟悉的回应，而这可能还取决于我们是否能够升级脑岛。如果我们被压迫在脑岛 18.0 下，那么这些信号可能会不断地折磨你。如果我们一直觉得自己最性感，那出现了另一个更性感的人时，脑岛就会发出红色警报，让你觉得她会抢走你的风头。它会让你自我感觉不那么良好，刺痛你的神经系统，让你的前额叶皮层开始解决问题。即使原来的生育激素可能已经消失，残留的一些激素仍然可以引起一系列反应。当脑岛 18.0 动摇了"我"的帐篷杆和稳定感时，我看到了朋友、患者和我自己身上表现出的冲动。

抑制脑岛在前额叶皮层发号施令的冲动很难，但找到方法释放压力能够帮你提高生活质量。当杰奎琳·德拉肖姆（Jacqueline de La Chaume）和她的丈夫尤·伯连纳（Yul Brynner）从巴黎搬到美国时，她的老朋友卡尔·拉格斐（Karl Lagerfeld）就警告她，不要屈服于好莱坞的整容压力。她说，她丈夫也反对整容，告诉她这会抹去她脸上生活的痕迹。这种压力可能是真实存在的。我自己也曾数十次预约了整容手术然后又取消。

"我每天看到这里女性的生活，都让我很不安，"萨拉搬到休

第十章　回归自我的中心

斯顿后说,"你看到'80后''90后'的女性不吃东西,穿着高跟鞋,戴着假发,化着浓妆。她们的脸颊和嘴唇都塞满了填充物。我的同龄人,也就是50岁左右的女性,都不会这样。看到女性这样偏离中心,无法表达真正的自我,真是令人悲哀。"萨拉说得没错。统计数据显示,当下接受整容手术的人越来越年轻,许多是过渡期前的女性。我们还无法确定,更升期女性不进行整容手术,是因为她们在三四十岁时已经做过这些手术了,还是因为远离整容手术已成为现在的趋势。

当我们回归自我的中心,保持内心平静,发自内心尊重正在崛起的女性,更升期的神经心态转变让我们摆脱了生育期以来对外貌的执念。当然每个人的决定都应当得到尊重,我也不应当对她人评头论足,但我很欣赏女演员蒂娜·斯隆选择了不整容。她做出了决定,掌控了她自己的"帐篷杆",即她对自己的直观感受。谈及女性更升期的外貌,我们不仅仅要坦然接受,更要用爱回应,给予无条件宽容。自怨自艾具有极强的破坏性,就像我们在升级帐篷2.0的同时,仍然会向脑岛18.0偷偷补充营养。我们身边的同龄人会做出不同的决定,有些人选择步入更升期,而有些人则选择与自然对抗。我们的友谊也会出现变化。

我们所要面对的一切

女性生育能力是构建社会的关键。小时候,女孩子们玩过家家,还会争先恐后地要扮演妈妈的角色。我们会偷偷聚在一起,分享彼此的月经初潮。后来,许多人拥有了自己的家庭。我们围绕着子女展开另一种社交生活,认识了孩子校内好友的家长。未生育的女性们则在工作和志愿服务中建立了联系。但一旦你离婚，被已婚的女性朋友排挤，或是被职场淘汰，你的社交圈便开始瓦解。孩子们成年离家后，因子女而产生的社交纽带和作为母亲的角色也会随之消失。

我们不再年轻，常常会被边缘化、被贬低，人们会用"可爱""年轻女士""小小的假日快乐使者"戏谑地称呼我们。有一次，54岁的特丽去亚特兰大的一家干洗店送衣物，就被两位女性这样称呼。如果我们麻痹大脑，任由神经系统听信这种话术，它就会加强某种信号，告诉我们"没有人关心你"，告诉我们应该停止自我关注，孤独感油然而生。这并非寻常的孤独，它会让人断开与群体产生连接的神经回路，导致大脑社交维生素不断流失，不再让人萌生欲望、与人交往。这也许是60岁以上女性自杀率惊人蹿升的潜在因素之一。四分之一的女性都会在人生某个阶段患上重度抑郁症。如果你在过渡期前曾患过重度抑郁症，那么你在过渡期后复发的可能性则是他人的两到三倍。如果我们把那些话当真，往往会导致抑郁症。我们对外界评价的感知也可能让更升期挑战不断。

2020年3月初，我在某个周五的早上收听NPR广播时，听到了联合国开发计划署（UNDP）调研发表的社会对女性态度报告。这份调研在75个国家开展，其报告结论称，近九成人对女性在职场、政务、观点发表和生活等领域抱有偏见。我当时产生了两种反应：首先，我没听错吧？九成？我打电话给朋友，她在《卫报》(The Guardian)上找到了有关该报告的报道。白纸黑字，千真万确。

平心而论，这个数据其实并不出乎我意料。我惊讶的是，终于有人报道了女性生存面临的巨大障碍：女性难以自由地主张她们同等的人类尊严，难以坚定地表达她们的权利和需求与他人平等。

我更难以置信的是，这份报告并没有说是近九成男性，而是全社会近九成人，都对女性抱有偏见，其中86%的女性对其他女性有偏见。谁会是那14%的女性？如果大部分女性群体可能持有偏见，那么在那少部分人的盟友群体中，也可能有男性。甚至，我可能也是那86%的持有偏见的女性一员。

我接受精神医学培训时学过一个概念，"内向投射"，即个体吸收他人或其文化的观点，并将其内化为个体的一部分。这对于弱势者尤为常见，他们需要依附于强势者的观点，以便生存。我经常内向投射，特别是我20多岁时，曾经内向投射了某种敌对的女性歧视。在那个时代，女性为争夺最佳精子使尽浑身解数，不知不觉中便形成了对女性的偏见。无论我们有多女权，处于生育期阶段时，女性体内的激素会不断刺激大脑，一切行为都会为"优生优育"服务。受神经激素支配，年轻女性往往不希望自己引起男性反感。因此，当年轻男性嘲笑性别歧视和女权主义时，我们也会经常跟风。那时候，我偶尔会觉得女性群体很蠢，我天真地以为中年女性会因为风韵不再而对我们心生嫉妒。时过境迁，我的想法早已截然不同，这得益于我接受的教育、我的经历和我作为成熟女性的切身体会，以及早年让我产生这些念头的神经激素分泌有所下降。在更升期，我们对女性的偏见可能也会转变。

确信的新来源

很多人提到，我们年轻时照顾起自己更得心应手，但在过渡期后，总觉得力不从心。我们不管自我感觉多良好，其实年轻时能照顾好自己，还是多亏了生育激素的刺激和社会文化强调要展示女性健康和繁殖能力。生命的延续有赖于年轻时保持健康，其表现之一就是人们对不老童颜、青春永驻的追求。进入后半生，我们更难专心致志，更难付诸长期的努力，感受不到社会对我们健康的深层关怀。我们很难记起曾经用了什么方法，或是联系了什么人助我们渡过难关。过渡期后，我们失望地发现自己在社会中变得不再重要：一旦我们失去了卵子，我们便失去了价值；挣扎也不过是徒劳，每天接触的人几乎都对女性持有偏见。虽然联合国开发计划署的报告没有按年龄分析偏见，但可以推测，45 岁或 50 岁以上的女性可能更容易受到偏见。

我们的每个决定都需要耗费精力，我们也能自由选择在减肥、染发、看皮肤科和化妆上分配多少精力。在生育阶段，有些时候我们可能别无选择，但今时不同往日。"我现在衬衫和裤子都会穿有弹性的。"赛茜说，"但我以前非常追求时尚感，去意大利购物，都会像安排投资组合那样搭配服饰。但有一天，我忽然意识到这样既浪费时间又浪费钱。所以我现在就跟高中拥有校服那样自由，重新找回了我的穿衣自由。我终于告别了束缚，找回自在，不再每天苦恼穿什么。"在凯瑟琳·赫本（Katharine Hepburn）的更升期，在她余生三十年里，她每天都穿黑色裤子和白色有领衬衫。杰奎琳·德拉肖姆曾在 20 世纪 60 年代为设计师安德烈·库雷热（Andre Courreges）和法国版 *Vogue* 杂志社工作过，在她六十多岁时，她开始自制简单的服装。而我六十多岁的时候，则选择了穿运动休闲装。我不再为无关紧要的决定感到紧张，以此避免过度耗神。

正好在新冠疫情的封控期间，许多更升期女性找到了这种自由。我们幡然醒悟，原来自己耗费了这么多精力在人为地制订外

第十章　回归自我的中心

貌标准上。现在我们发现，我们可以在不与人接触时想穿什么穿什么。这种多数人得到的解脱感便是一个窗口，让人知道在正常情况下做出这种选择的感受。

当我们放下拥有一切的执念，当我们认识到个人能力的有限并坦然接受，我们就可以摆脱这些空中楼阁，发现更升期所获得的自由而不是那些缺失的东西。

不必惋惜自己丧失了生育能力，而去享受自己不必再受怀孕、情绪波动、月经或痉挛折磨的自由；去享受逛街散步的自由，不必再忍受男性的贪婪注视、口哨和调侃；去享受逛化妆品药房更省时的自由，不必再走向那个熟悉的货架（除非是儿媳或孙女要来家里住）。

记住，如果你不了解生物学对身体的各种作用，那它便注定了你的命运。通过认识女性大脑的生物学和神经化学原理，我们发现自己的身体、心理和情感习惯正在强化哪些大脑神经回路。如果你能刻意培养这种意识和警觉性，就为自己创造了重构这些回路的条件，也会得到更升期的支持。幸运的话，你内心的大脑回路会发出掷地有声的回音，让你能够摒弃旧习惯的影响，帐篷杆也会更坚固。我很好奇，你会怎样对待自己的帐篷呢？

第十一章
调动身体，解放大脑

假如说某天我睡前跟丈夫、儿子或朋友起了争执，那天晚上很可能彻夜难眠，醒来时还会在脑海里一遍遍回放昨晚的细节，不断重新组织语言，把自己的想法捋得更顺，铆足了劲儿想要再辩一次，打个漂亮的翻身仗。嗯，这次自己一定要火力全开，据理力争！

人们入睡时，大脑会通过梦境呈现各种想法，醒来时也仍会有想法冒出来。这很正常。偶尔，我们脑海中会突然浮现某个曾经的场景，某段灰暗的时光。这时候，想要扼制或压抑不适的回忆只会是徒劳的，它们还可能以其他更明显的形式重现。在我们竭力克制愤怒浮现的同时，我们也可能会向旁人发泄。

激素是对情绪影响最大的生物学因素。激素能够驱动行为。例如，胃饥饿素会引起人的食欲，睾酮会引起性欲，催产素让人想要重修旧好，黄体酮让人想裹进毯子里，皮质醇和肾上腺素则是由挫折、危险、恐惧或愤怒引起的应激激素，让人想要发泄情绪以保护自己。

一次激烈争吵会导致体内皮质醇爆发，即便假设没有其他刺激导致第二轮激素爆发，这也会对身体和大脑产生持续性的影响。大脑需要五天左右才能恢复至常态，才能充分调动用于进阶推理和判断的大脑回路。在更升期，皮质醇的影响可能更为持久，如果你的伴侣处于紧张状态，只会对你影响更大。人们总说，"在高度紧张时，要冷静 24 小时"。但一天远远不够，得再加个七天可能还差不多。我们在受激素支配情况下回应或解决问题，还会更容易出现情绪失控——我们无法控制极端的情绪，总会出口伤人或是"砰"地甩门而去。情绪爆发会触发更多应激反应，导致我们再度陷入皮质醇循环。

皮质醇是典型的应激激素。早上，皮质醇自然升高，帮助我们提神醒脑，提升血压，准备学习新事物。此时，我们拥有最佳的精神面貌。在人感知到威胁时，皮质醇也会升高。例如，你对某个新闻报道不满，或是险些发生了车祸。皮质醇水平会随年龄增长而上升，且老年女性的皮质醇水平可能高于老年男性。但长期经受反刍思维和不受控的抑郁情绪可能会提高皮质醇，甚至破坏清晰思考和解决问题的能力。它还可能引发连锁反应，导致组织、血管甚至大脑的无菌性炎症。加之能在早期起到保护认知作用的雌激素水平降低，我们的认知可能会衰退得更快。即使我们正在接受激素治疗，长期处于应激状态和反复思考也可能会损害雌激素的保护效果。应激反应可能是我们认知能力在后半生面临的最大威胁。

我作为专门研究大脑的医生，自然十分重视大脑健康。如果你像我热衷女性大脑一样热衷于某样事物，就会自然形成某种偏见，但也有深层次的正当理由。拥有强大和健康的认知能力非常关键，能让女性在更升期中展现大脑的优异之处。但凡大脑受到影响，失去活力，不再强大和敏锐，就容易让人陷入更狭隘、悲观的处境，甚至卷入孤独和抑郁的旋涡。几十年从医生涯里，我

第十一章 调动身体，解放大脑

目睹过太多类似的案例。这些女性本可以避免问题的出现，但还是不慎走了下坡路。改变从小事做起，仅仅是简单地活动四肢，也能起到维系认知的重要作用，面对应激状态也尤为有效。

运动和认知的双向影响

我的患者朗达是一名社工，今年68岁。她对年龄的态度很自在，60岁刚出头就顶着一头白发，但她看起来只有五十几岁，还借此找了份兼职演员的工作，在几部大制作里饰演了几个小角色。朗达的帐篷接纳了她身体不断发生的变化，并且她坚决不整容。

朗达对自己的更升期颇为上心。她喜欢与人交往，为人开朗，待人友善，行事落落大方——唯独不允许年轻人喊她"小姐""亲爱的"。她说，"从我五十多岁开始，每当有人问我'今天怎么样，小姐？'，我都不做回答。如果对方坚持问我，我就会说这句准备好的台词：'恐怕你喊错人了。自我五岁起就没人称我为小姐，除非是我妈妈知道我闯了祸，才会这么叫我。我是一名成年女性，我为我的岁数和皱纹增长而自豪。你可以称呼我为女士。对了，也别喊我亲爱的。'"

朗达一直定期锻炼身体，坚持做瑜伽和力量训练，长时间健身走完成有氧训练。身体状态好的时候，她的自信心也会提高，能让她在面对逆境时保持内心平静。但是，生活处处有难关。

34岁的肖娜是朗达的女儿，患有双相情感障碍。在一段时间的稳定后，肖娜选择了停药，紧接着出现了行为异常。肖娜离开了丈夫和四岁的女儿，流落洛杉矶的街头，像青春期时那样靠性交易获取毒品。几周后，肖娜从附近街区消失了，不见踪迹。

未能得知女儿下落的朗达非常低迷，整日郁郁寡欢，无法清晰地思考或表达想法。她作为母亲的"自我"帐篷崩塌了。作为一名社工，从理性上她知道不能将女儿的疾病归咎于她，要治好女儿也不由她说了算，但作为一个母亲，她的每一丝内疚都化作一根鞭子，狠狠地抽在心上，不停折磨着自己。这对于改善外界处境、帮助她找到女儿毫无用处，只是徒增了应激反应和悲伤。

在长期应激影响下，促肾上腺皮质激素释放激素可能会停留在高水平，最终耗尽系统及其大脑回路的燃料，这些燃料原本可以用来督促我们起床和运动。这就好比是在最高转速下运行发动机，导致机器烧毁最终停止运转。科研人员认为，人如果患有深度抑郁症，特别是女性在过渡期后出现抑郁症，会影响到运动系统。遇到这些极端情况，患者可能会告诉你，他们仿佛像胎儿一样蜷缩成了一团，无法动弹。我们曾经以为这只是缺少运动的意愿，但现在知道了，运动系统也会出现临床抑郁症，影响情绪和动机。因此作为一名精神科医生，在多方尝试后，我现在会建议患者采取综合的身心疗法治愈深度悲伤。

朗达是我很早的一位患者，服用抗抑郁药物对她的副作用非常明显，所以她丈夫迈克给我打来电话，担心朗达的心理状态时，我知道不能借助于药物。我这就得给你们介绍一个能够独辟蹊径解决问题的大脑器官：小脑。

婴儿开始学习爬行的时候，只会用手臂拖着身体的下半部分在地板上爬行。同时伸出双膝，通过大脑顶部的头带状运动皮层发出信号，向下传递到运动协调区（小脑），协调右臂、左腿、左臂和右腿的交替动作。但婴儿大脑的不同系统启动时间不同，有时自然需要父母稍稍协助：让宝宝趴在背上，玩耍地抓住宝宝的脚在空中蹬自行车，然后帮助宝宝站起来，握住手的同时教宝宝跺脚。眼睛和肌肉在感受和观察到运动后，会通过神经向小脑发送信号："嘿，你们那儿！启动身体这部分的引擎吧，给我动起来！"不出一会儿，神经网络就会发出一个强而稳的信号，驱动小脑组织接收运动皮层发出的信号，然后宝宝便开始飞奔。你只好追着他一直跑，反倒增加了你的运动量。

在迈克说服朗达找我进行电话咨询后，我也打算用类似方法，通过运动调动情绪稳定。第一次通话时，我问她："朗达，你能打开视频通话，然后把手机放一边吗？"我知道朗达从二十多岁起就练习瑜伽，所以打算利用她的肌肉记忆试试。朗达把手机放在了桌上，我让她站在一边。"现在，感受你的两脚着地，感受脚底接触地面的感觉。闭上眼睛，让注意力在那儿停留一会儿。"

"噢，天哪！我的腿在抖！"

"我懂。"我回应她。在注意力发出信号激活神经后，朗达对于腿的感知超过了对情绪的感知。"别担心，腿抖没关系，专心感受你的脚。"

"好，"她沉默了片刻，"腿不抖了，我准备好了。接下来怎么做？"

"两脚打开，与肩同宽。然后保持这一姿势，等你适应了，就慢慢把重心转移到一侧。"

"我感觉自己站不稳，随时可能摔倒。"

"可以稍微睁开眼睛，但不要分散注意力，只把注意力放在你重心所在的那只脚上。你感觉适应了再告诉我，不用着急。"

"好，我感觉可以了。"

"现在抬起另一只脚，稍作停留，继续保持身体的平衡。然后看准地面上的某个点，保持专注，呼吸几次，感受贴着地面的脚底。然后再轻轻地放下抬起的那只脚，感受与地面接触的感觉。等你准备好了，换重心，然后抬起另一只脚。"我们又重复了几次，让她能相对稳定地保持单脚平衡。等她可以控制身体平衡后，我听到对面声音透露出一丝轻松。接下来，她再次拿起电话跟我视频，看得出她的面部已经得到了放松。

"非常棒，朗达，现在我们再增加一点儿运动量。外面天气好吗？"

"有些阴，"她说，"但可以出门。"

"你能戴上耳机，然后把电话放口袋里吗？"我问。

"没问题。"

"好，那我们出发吧。你只需要慢慢地走，专心迈出每一步，一直走到这条街的尽头再回来就行。"

"就这样？"

"对，就这样。"我没有再多说什么。之前，朗达称自己觉得状态不稳、身体失衡，所以我不断地建议她把注意力放在脚底，感受腿部的运动，关注身体位于脐后位置的重心来找到平衡。

"哇，确实有感觉。"几分钟后，朗达的声音响起，"但这个步伐慢得容易让腿发抖。一旦焦虑情绪出现，我就无法保持平衡了。"

"对，这很正常。所以你呼吸要放慢，专心迈出每一步。"我提醒她，"我们再试一次。"

随着朗达不断前进，她的口齿逐渐清晰，说话也更流利，声音放松了下来，听起来不那么紧张。运动开始影响朗达的情绪和认知。

我还要求她每天坚持鼻孔交替呼吸练习（详见附录）和平衡练习，然后尽可能地慢速步行。她的状态更加稳定后，我建议她尝试专心地沿着木地板的接缝走，像走钢丝一样走路。久而久之，朗达的思绪重新变得清晰。迈克也告诉我，她现在冷静多了，重新变得健谈。

老伤口，新方法

在大脑内部、靠近颅底深处，悬挂着我们的小脑，形状如同一组对称的卵巢。在过去一百多年里，神经科医生和神经科学家了解到小脑是控制运动、平衡和小肌肉运动技能的指挥中心。小脑结合视觉和内耳输入，让人学习新的舞步和足球技巧，让人知道自己在行走或奔跑时该把脚放在哪里。通过面前的镜子，小脑帮我们完美地完成瑜伽、芭蕾的动作。小脑的存在最早可以追溯到爬行动物和水生动物当中，它能帮助鱼类在海浪中定向移动。

小脑对酒精非常敏感，所以几杯酒下肚，我们就可能会开车不稳。当警察让我们直线走路时，我们也会走得东倒西歪。如果我们感到紧张或沮丧，小脑就会受到身体应激反应抑制；听到噩耗传来，皮质醇和其他肾上腺神经激素激增，会让我们更容易四处碰撞，不小心打破了东西，或是跟别人撞车。如果小脑受了伤，系扣子、喂燕麦这些简单的动作我们都会难以完成。

大多数研究大脑功能连接的功能性磁共振成像仪器通常是选取小脑上面的大脑区域成像，如前额叶皮层、视觉皮层、顶叶皮层和杏仁核等。因此，我们更熟悉这些区域的血液循环，以及这些区域如何相互连接，负责解决问题、解释视觉刺激、处理感觉信息、启动肌肉运动以及担任大脑的恐惧中枢。但由于小脑在脑内藏得深又靠下，很难清晰地捕捉小脑图像，不易研究其与其他脑部区域的连接。在过去一个世纪，神经科学家认为小脑只负责协调运动和平衡能力，因此一直没有引起足够重视。

在 2018 年，世界上仅有的特殊功能性磁共振成像技术实验室，捕捉到了小脑图像，发现了一个惊人的事实：小脑与大脑其他区域的连接比我们想象的要复杂得多。圣路易斯华盛顿大学的科学家发现，协调运动只是小脑工作的五分之一。通过观察小脑与其他大脑区域的连接，发现小脑 80% 的功能涉及大脑的判断处理、问题解决、抽象思维、感情与情绪、记忆与语言等。小脑作为运动、平衡和协调的枢纽，几乎所有要求大脑完成的任务小脑都会参与。像调整肌肉运动一样，小脑也会微调情感和认知功能。小脑能够促使学习和社交行为。小脑是产生动力的关键，让人产生兴奋感。虽然它只占大脑体积的 10%，但它却拥有大脑 50% 以上的神经元。

雌激素刺激前额叶皮层后，能增强思维敏捷性和问题解决能力，与此类似，黄体酮也能增强小脑的功能。小脑处于最佳状态时，能够检查思维、情绪和感官信息，宛如邮箱的过滤器，防止垃圾邮件、网络钓鱼或欺诈信息影响你的行动或表达。正如研究人员最早指出的那样，小脑不会思考、平衡或判断。小脑负责纠错，帮助大脑这些活动区域更有效地完成工作。健康的小脑会检查大脑发出的信号，确保接下来的行动有益于你的生存和发展。如果发现不对劲，小脑就会删除信号；如果没问题，小脑就会调动大脑和神经系统资源来做出反应和执行信号。小脑一旦受到酒精的影响，便无法阻止我们的言行冲动，才会发生酒后驾车和醉酒发消息这种事。

心理学家和研究人员一直知道，要缓解悲伤和临床抑郁症，有氧运动的效果不比抗抑郁药差，它可以让人产生积极变化。在进一步了解小脑后，我们也更了解它的运作原理。小脑与大脑的情感、奖励和判断中枢相连，因此身体和情感的平衡也可以理解为同个过程的一部分，都是为了实现整体"稳态"。

稳态是每个生命系统为了更好地生存而努力追求的动态平衡。稳态并非静态，而是不断微调的动态过程，向传说中的永久健康状态靠近。就像压舱物能在强风中帮帆船纠正角度，小脑也能帮我们抵抗那些让人失衡的身体和情感因素。身体失去平衡时，小脑会触发回路保持稳定，微调身体，让我们再次站立或坐直。而当情感失去平衡时，可以利用肌肉运动帮助小脑功能重启，如练习身体平衡可以缓解抑郁。在某些情况下，我们甚至可以像朗达那样，结合注意力和运动来启动保持稳定的引擎。

基于对小脑的新理解，我检查患者时，尤其是容易摔倒的患者，也会将小脑考虑在内。比方说，如果朗达不能维持身体平衡，且比其他人更频繁摔倒，经过脑部核磁共振后，我会检查她是否出现认知能力下降、判断力缺失等问题。如果小脑不能协调运动和平衡，往往是与语言、情绪调节和应对压力等问题相伴相生。

针对患者陷入情绪低落的情况，我当然会给需要支持的患者开处方药，但除此以外，我也会在处方中建议她们每天步行10至20分钟，在步行过程中做冥想、感恩和祷告，还可以慢慢延长步行时长至一个小时。虽然这个处方不足以解百忧，但仍能帮助人控制低落情绪，以使用其他策略来重新掌控我们的帐篷杆。遭遇挫折时，只有重新关爱自己，我们才能展现出韧性，战胜困境。

大约过了两个月，朗达重拾健身计划。此前，她告诉我："我还是很担心肖娜。"后来，朗达得知女儿已经被找到，且她愿意住院治疗，这无疑是一种解脱。但肖娜住院已不止一回，朗达依然放不下心，没把握这次能不能成功治好肖娜。身处逆境，无论是个人处境还是社会大环境，我们都可能陷入恐惧，达到中度焦虑。但一旦等到过渡期激素水平得以稳定，我们就有机会做出改变，借助新的稳定性，略施小技，让大脑系统重新保持清醒和平静。

培养愉悦感

"我以前每周跑五英里三次，周末还常常在健身房里上课。"48岁的萨拉告诉我，"这个习惯已经保持好几年了，很神奇。我的个头儿小，多数时间保持饮食健康，但如果偶尔破例多吃了点儿，我也能通过运动消耗掉多余的热量。每天早上，我都会适度锻炼，能长期保障我晚上的睡眠质量。可等我进入过渡期，我就陷入了失眠的魔咒，总在凌晨三点醒来，然后再也睡不着。我感觉自己根本处理不了工作的压力，不再像三十多岁时那样果决自信，而是时常犹豫不决。我无法承受生活中正常的起起伏伏。如果我晚上八点后还看新闻，当晚就会失眠；如果丈夫晚上十点跟我谈钱，我也会失眠。锻炼一直是我减压的最有效途径，也是我减肥最有效的方式。当我进入过渡期后，情况就截然不同了，伴随着大量出血和月经失调，我从医生那儿听到了一句晴天霹雳的话：多休息。医生让我停止跑步，做做瑜伽、冥想，或是散散步，坐在公园长椅上欣赏河流。可我从来没有安静地坐着过！"

我明白她的感受，也知道为什么她感觉这是晴天霹雳。萨拉继续说："但我已经没有力气保持以前的步速了，只好遵从医嘱。我担心自己因为无法跑步，失去大量内啡肽刺激而感到悲伤。我也担心自己因为变胖而沮丧。果不其然，我的体重增加了25磅

(1 磅 ≈0.454 千克)。"

萨拉的生活陷入混乱。她停止了社交活动，取消出席好友基姆的 50 岁生日聚会，这让两人的友谊坠入冰点。"我当时情绪波动很大，衣柜里的衣服也都穿不上。我不希望任何人看到我这样，所以我跟基姆解释，我不忍心自己的低气压破坏她这么重要的时刻。但她告诉我，我不去本身就已经破坏了这次聚会。后来她整整一年没理我。"

缺乏睡眠，缺乏确定性，加上自我形象上的不断折磨，我们的应激系统频频被触发，导致皮质醇激增，脾气暴躁，体重增加。离开生育阶段，我们的精力、外貌、注意力、活力都大不如前，这让我们的自我认知变得不稳定。脑岛 18.0 的风暴重新席卷而来。

在过渡期，自我认知的瓦解可能会带来极大不安全感。长期处于过量的皮质醇和肾上腺素作用中，它们会改变我们对他人动机的感知。当我们发现威胁和侮辱无处不在，便会心生怯意；而面对孤独，沉醉于压力则会引发消极的反刍思维。但换种心态，笑对挫折反而会刺激快乐和乐观感。乐观主义是保持认知健康的另一关键，并且能够预防心血管引起死亡。

"我们不必非得把这事儿讲清楚。"萨拉的丈夫丹在某天晚上告诉她。萨拉变得吹毛求疵，对读书俱乐部的每桩事、每个人都很挑剔。这种心态也影响了夫妻俩与他人交往的社交能力，导致两人争吵不断。丹决心打破这种恶性循环，情急之下，他想出了个好主意。有天他经过客厅，看到萨拉在看《实习医生格蕾》(Grey's Anatomy)，两个主角正在谈论彼此间的矛盾。忽然，两人停下了对话，开始跳舞。"起来吧，"丹也说，"我们不必非得把这事儿讲清楚。但我们可以跳清楚。"萨拉本来觉得这样很傻，根本没法投入。此外，年龄差异也是一方面因素，毕竟丹比她大13岁，他放的音乐并不符合她初中时期的音乐口味。但等他从披头士乐队切换到地风火乐队[1]，萨拉一下就被俘获了，情不自禁地摇摆起来。"我止不住脸上的笑，"她说，"甚至忘了我之前为什么不开心。"

婴儿初生时，是肢体运动帮我们达成了第一次成功。我们探向母亲的乳房，获得乳汁。我们从桌子上抓一块食物，放进嘴巴。肢体运动的奖励系统十分庞大，因为它关乎我们的生死存亡。我们不断伸手、抓取、练习，然后熟练掌握。"我拿到了，耶！"作为奖励，生存的基本神经肌肉回路会向我们反馈成功感。

愉悦感的表达与肌肉运动紧密联系。向两侧扬起手臂，就会开始刺激这一过程；或是你摆出超人英雄的叉腰姿势，这种姿势能通过神经肌肉反馈回路增强自信、提振情绪。在运动过程中放点音乐，能够调动整个神经系统，越过认知，让心脏、循环和呼吸都为之起舞。我喜欢听着滚石乐队的《启运》（*Start Me Up*）在阳台上挥舞手臂，跟着节拍尽情摇摆。

享受玩乐跟神经系统产生愉悦感密不可分。如果你告诉我你已经长大了，不再需要玩乐，那我就会用科学向你证明：享受玩乐是人类最古老的一项进化本能，它对认知的影响十分深远。享受玩乐能为提升认知和更升期发展提供重要养分。享受玩乐的神经生物学影响着社交技能、创造力、适应力、问题解决和原生智

---

[1] 美国 Earth, Wind & Fire 乐队，欧美 20 世纪 70 年代著名流行放克风格乐队，曾六次获格莱美奖。

力等关键回路。科学家发现，无法享受玩乐表明了实验鼠缺乏健康的社交互动，也标志着人脑可能出现精神障碍。

年龄可以决定我们需要多少玩乐，但其他事实可能与你的想象大相径庭。在艰难时期或经历孤独后，我们最需要玩乐，可以想想疫情隔离后的那段时光。甚至在成年后，我们可能更频繁地需要玩乐，因为成年后的我们面临着更多压力。身处逆境，无论是个人处境还是社会大环境，我们都更加需要玩乐，这样才能让我们做好准备，迎接意外，寻求新的解决方案，并保持乐观。这是让大脑获得希望的关键回路。

启动愉悦回路

肢体运动和玩乐并不一定适用于所有人，而且对临床诊断发现的问题解决效果并不佳。不受控的抑郁症是女性后半生可能面临的风险，如果你在过渡期前就出现过抑郁症，那么过渡期后复发的风险就更高。

面对威胁，大脑的杏仁核会刺激下丘脑释放促肾上腺皮质激素释放激素，刺激垂体分泌促肾上腺皮质激素，使肾上腺释放皮质醇和肾上腺素。30年来，众所周知，临床抑郁症患者的促肾上腺皮质激素释放激素会一直位于高水平。平时，身体会在早上分泌大量肾上腺皮质醇，将你从睡梦中唤醒，并在下午三点左右下降，帮助你放松一天劳累的身体。但促肾上腺皮质激素释放激素会将肾上腺皮质醇变成喷个不停的皮质醇消防水管。肾上腺素能让你像服用了减肥药和加速药物一样跑个不停。你会变得高度专注，昼夜不分地深陷于消极的反刍思维。你既不想吃东西，也无法入睡。这就是不受控抑郁症表现的标配。如果反刍思维偏向于悲观，甚至可能影响认知能力。等你进入过渡期，经历了雌激素的剧烈波动，就知道它会彻底扰乱大脑。

对于许多过渡期的女性来说，补充雌激素和黄体酮能够弥补卵巢分泌的不足，平息大脑因缺乏激素造成的风浪。但自从《女性健康倡议》报告发布后，医生开始增加开具处方的 SSRI 类抗抑郁药剂量，用于调节情绪和缓解潮热症状（详见附录）。但据预测，SSRI 类抗抑郁药只适用于缓解三成至六成女性的情绪和潮热症状。我知道有些女性用这种药效果很好，但这些药也可能不适合你。此外，目前还没有关于这些药物与过渡期相互作用的长期研究。

我在加州大学旧金山分校诊所的三十年里，遇到找我问诊的过渡期女性，她们几乎都处于情绪崩溃的边缘。来我这儿之前，她们可能已经三四次求医，但屡屡受挫。因为每个医生都告诉她们，她们的情绪低落只是"压力导致"，"我没发现你身体有任何问题"。但我知道发生了什么，很多女性都会遇上这种情况，而且对很多人来说，SSRI 类抗抑郁药和激素都属于解决方案的一部分。这种情况下，人会表现出情绪低落和缺乏愉悦感。然而，大多数女性仍然担心服用抗抑郁药会导致体重增加。因此，我总是将激素和抗抑郁药结合开药，以最大程度降低对人的食欲的影响。我希望女性能够得到缓解，但也不能不兼顾体重问题。毕竟体重影响的不单单是情绪问题，体重过高也会影响到女性开展运动，更进一步影响其更升期质量。

关键是要掌握每种药的剂量和使用时间。盐酸氟西汀，又称"百忧解"，是最不容易增加体重的一种 SSRI 类抗抑郁药，用药很灵活。临床抑郁症的服用剂量一般在 20 至 80 毫克。但这个剂量对于过渡期的女性来说过多，所以我通常会开液剂处方，仅使

第十一章　调动身体，解放大脑

用微量盐酸氟西汀，同时根据个体情况，不断调整至最合适的剂量。一般我会让患者从 2 至 5 毫克开始，甚至不及临床抑郁症使用的十分之一。

但不论我开哪种激素药和 SSRI 类抗抑郁药两相结合，都是从低剂量入手。我会开出几种不同药方，先让患者尝试低剂量服用，再慢慢增加或减少剂量。我会让患者记录下每种药物的剂量和使用时间，记录用药后一天的感受，在每次就诊时一同携带日记和图表。我还会根据患者的感受调整用药时间。我希望让女性在服用抗抑郁药的同时，与身体的自然节奏和激素相配合。身体的节奏千变万化，找准节拍非常重要，同时也需要时间才能找到适合每个人的方法。我通常会告诉女性朋友们，这个过程最多需要六个月时间。

与此同时，人们对于神经化学能影响情绪也有了新的认识。在过去几十年，人们关注的重点一直放在盐酸氟西汀这类 SSRI 类抗抑郁药上，认为抗抑郁药能调节控制情绪的血清素水平。科研人员通过新科学技术发现，血清素和多巴胺是影响情绪、决策、奖励系统、抑郁症、运动障碍和思维障碍的两个关键因素。这一发现为治疗情绪和抑郁症打开了新思路。随着新化合物和新方法的研究不断深入，未来我们可能会找到更有效的治疗方法。

无论你有没有寻求医疗帮助，只要你能解除杏仁核和下丘脑的警报，避免促肾上腺皮质激素释放激素刺激身体的威胁反应系统，就有助于大脑保持稳定。如果能找到增强安全感、滋养感和愉悦感的方法，就能大大降低皮质醇和肾上腺素。找到方法应对不可控的消极反刍思维，也许可以让我们免遭不受控的抑郁症折磨。

想一想给萨拉的建议，多休息、多放松、多睡觉。因为不能继续跑步，萨拉的脑岛18.0把她折磨得很疲惫，这时候她处于受威胁状态，而不是安全状态。"我觉得自己很失败，"萨拉说，"因为我没法休息，每天醒来似乎都会变得更悲伤。我试着跟朋友一起冥想，但还是会胡思乱想，我觉得这种疲惫和出血似乎永远没有尽头，我再也回不到原来的生活。我是个彻头彻尾的失败者。"

女性的生物基因导致我们更容易产生反刍思维，在一件事上反复思考，因为我们的应激系统需要更长的时间来调节。萨拉就是深陷悲伤和自我责备而无法自拔。但别忘了，大脑遇到消极事物时就像尼龙扣，而遇到积极事物就像特氟龙——我们会放大一切潜在的危险，但对任何积极的信号都置若罔闻。早上醒来时，如果我脑海里充斥着一堆消极念头，倘若不采取行动克制反刍思维，就会不断滋生负面情绪，破坏一大早或一整天的好心情，甚至影响心理健康。

有时遇上生活的难题，我总是很难专注，很难保持内心安定，所以我会想方设法跟困扰我的源头保持一定距离，通过散步、锻炼或给朋友打电话来分散我的注意力，避免因负面情绪堆积而崩溃。刻意训练呼吸也能够激活小脑，诱使迷走神经向部分神经系统发出信号，让我们平静下来。你还可以尝试鼻孔交替呼吸，或是最近颇受欢迎的盒式呼吸法（详见附录）。

小肌群和首要想法

每当我要做出点改变，我总喜欢从小处着手。

每天早上我都有个新计划：醒来，睁开眼，活动下脚趾，然

第十一章 调动身体，解放大脑

后笑一笑。不管什么时候都会这样活动一下，哪怕我的状态很糟糕——睁开眼，眼前只有一片阴霾和不停旋转的仓鼠跑轮，脑海里充斥着负面想法。有时候，我仿佛像盯着一块显示屏，回望起过去的场景。若我驻足过久，就会被吸入反思的旋涡，但也改变不了任何事实。因此，我就得部署好"抗负面情绪导弹"，也就是我们常说的应对策略[1]，以调动首要想法为例：我会让眼睛也参与其中，在清晨露出发自内心的微笑后，紧接着想象有一股支持我们存在的善意力量对我说："早上好，劳安，我爱你。我今天会支持你的行动，我也不需要你的帮助。祝你今天愉快，阿门。"在情感上而言，这有利于调整我对当天所能控制的事情的期望，感受到关怀也能让我更体贴地对待他人。这种情绪转变很大程度上与肌肉运动的神经生物干预有关。

早上起床时动动脚趾、咧咧嘴角，听起来无足轻重，但确实能够改善我们的一天。其中的每个行为都会引发积极的神经反馈循环，有可能缓解应激反应和炎症。缓解炎症对大脑十分重要，炎症越少就意味着认知保护得越好。善意也会影响人际关系，突出了健康的效果，帮助我维系社交，并为大脑提供必要的养分。这都得益于你有意识地激活口角提肌和颧肌这些小肌群，提起嘴角肌肉和眼轮匝肌，眯起眼睛，告诉别人你不是在假笑，而是在真诚地表达温暖和友谊。

1872 年，达尔文首次提出了面部肌肉能够转变情绪的理论。自此以来，心理学研究不断努力验证这一观点，科学家也一直在寻找大脑中的神经触发器。许多研究试图解释面部神经如何向大

---

[1] 心理学家把面临可察觉的威胁时处理焦虑的努力称为应对策略。

脑发送信号，激活化学级联反应，如面部肌肉运动、面部皮肤神经、静脉和动脉收缩或扩张改变鼻腔通气，使大脑检测到温度变化。虽然很难找到每种机制起作用的依据，但基于我们对神经系统的了解，不可能没有神经生理反馈循环的作用。笑一笑，并且带动眼部肌肉，可以短暂改善情绪，甚至可以让人暂时释放不安定、抑郁、愤怒等负面情绪。一旦做到这一点，我们就能够发挥更多应对策略，如单脚站立，跟朗达一样独辟蹊径，让运动带我们走出悲伤。

活动脚趾能够激活人体最长的神经——坐骨神经。大脚趾发出的信号通过骶骨和腰椎直抵大脑，让大脑准备好唤醒腿部并开始运动。在我们站立和行走时，大脚趾外缘的耸起部位是身体平衡和稳定的重要来源。无论是走路还是跑步，它都会支撑着我们的每一步。只要是瑜伽的站姿，我们都会首先关注大脚趾，保持姿势稳定并带动腿部运动。如果你还记得小时候有人摆弄你的脚趾或挠你的脚，那么活动脚趾还可能让你回想起有趣的经历。活动双脚能对认知起到关键作用。

如果有人问弗洛拉："你好吗？"她给出的回答一般都是"踢着呢！"即字面意义上的踢腿动作。这位 98 岁的舞者依然保持着良好的身材。弗洛拉八十多岁时组织了一个老年踢踏舞团，到各个养老院带动大家跟她们一起跳舞。我问怎样才能像她一样保持活力，她答道："只要你一直在动，秃鹰就追不上你。"她说得没错，尤其是对于保持神志清醒也是如此。要远离会让我们认知能力下降的秃鹰，运动的神经肌肉反馈循环尤为关键。

在一项涉及 120 名老年人的匹兹堡研究中，其结果表明持续的有氧运动和力量训练能够创造新细胞，增加海马体体积和前额叶皮层面积，从而改变大脑的解剖结构，对涉及记忆、保持思路

第十一章 调动身体，解放大脑

清晰和决策制定的大脑器官产生了直接影响。海马体和前额叶皮层也是最容易衰退和老化的两个大脑区域。

练习原地换重心，双腿交叉，小跳滑动，起跳拍手。甩动你的手臂，发力挥出，弯曲扭转。用平衡和协调刺激小脑，维持情绪和判断的平衡，并释放创造力。完成复杂的动作能刺激奖励回路，刷新大脑的认知中枢。启停强度变化也会刺激肾上腺素分泌，适当释放应激激素，激活一系列神经化学奖励，让人产生能征服世界的快感。即便是轻度间歇训练，也能发挥重要作用。

在过渡期前，长跑可能是提高内啡肽、提升情绪和强化思维的一种方式。"我知道我很想念那种快感。"萨拉感慨道，由于体力不支和髋关节炎的缘故，她不能再坚持五英里长跑了。"但教练教我做了 20 分钟的间歇训练，效果也很惊人（如果不便于走路，可以简化为只运动双臂）。先是两分钟的走路热身，然后完成四项间歇训练，每项一分钟，依次是快走、慢跑、稍快速度慢跑和正常速度跑步。把这组间歇训练重复四次，最后走路两分钟结束运动。第一次听教练讲解的时候，我没怎么把它当回事，但没想到它出汗的效率这么高！在做第二组间歇训练的中途，我感受到了熟悉的大脑快感，以前只有在跑两三英里后才会出现这种感觉。"

我们一起看看萨拉大脑里究竟发生了什么。肾上腺会分泌少量的皮质醇、肾上腺素和去甲肾上腺素，在萨拉做完一分钟间歇训练后，大脑会产生一定的警惕性。激素分泌达到应激反应临界状态时，肾上腺就会开始休息，逐渐平静，不再陷入高度警戒的"战或逃"应激状态。皮质醇水平的起伏表明萨拉的大脑没有被应激反应和炎症淹没，相反，刚好能刺激多巴胺和内啡肽释放，增强运动的愉悦感，无须跑得大汗淋漓就能获得跑步的极致快感。你可以将这种间歇训练应用于任何有氧运动，包括骑车、户外散步、划船、臂部训练（对坐轮椅的人尤其有帮助）、游泳等。当然，跳舞就不必说了，它本身就包含了间歇训练。

我知道萨拉曾经患过肺炎，整整卧床六周，所以我问她当时是如何恢复锻炼的，"也是同样的锻炼方法吗"？

"有点类似，"她说，"但在别人指导下稍作改进。年轻时，我可能第一天就会恢复高强度训练，之前也有过成功。但自从过渡期后，我放慢了节奏，不再追求速度，而是依赖于跑步机的坡度倾斜做间歇训练。我会保持慢速步行的速度，在运动开始前和结束后都维持平坦的坡度，并在运动过程中逐渐调高坡度，差不多一个月恢复了体力，等了两个月后才准备稍稍小跑。现在我结合更多的锻炼方式，主要是有氧舞蹈，以及一些轻型杠铃操和普拉提课。多种方式组合后，我发现燃烧的卡路里增加了，锻炼时状态也会更兴奋，不容易耗尽体力。"

哪怕只是一次锻炼，大脑也会产生更多神经递质，如内啡肽、多巴胺、去甲肾上腺素和血清素等，让你在结束运动、擦干身体后保持良好心情，避免陷入长期的抑郁症。每次锻炼都能至少增强两个小时的注意力并加快反应时间，有效对抗年龄增长带来的反应速度变慢的问题。哪怕你之前锻炼得不多，现在开始也不晚，无论何时开始锻炼都有好处。根据《女性健康倡议》报告对 8 206 名女性的研究，70 岁至 79 岁开始锻炼的女性仅需 12 周就能感受到运动带来的好处。

运动提醒小脑要维持强大的自动功能，否则身体就要罢工休息了。运动受限时，不会经常刺激小脑发挥它调节情绪和解决问题的作用。神经系统调动小脑、维持身体基本生存的动机下降。心脏、肺和心血管系统未收到信号，没有指挥告诉它们要调整至最佳状态维持生命。不像形成肌肉时那样刺激肌肉，大脑得到的维持心脏、肺和循环的信号也会更弱，仅满足基本的神经系统生存需求。不出多久，身体只会每况愈下。

没有运动，肌肉就开始萎缩，又称"肌少症"。它可能会影响平衡，且往往标志着严重的认知衰退。跟骨质流失一样，人进入30岁后就开始出现肌肉流失。如果不加以肌肉强化锻炼，肌肉流失会让人在60岁后迅速变得消瘦。卧床一整天后，肌肉纤维的力量便逐渐减弱。卧床数周，肌肉力量将以每周约12%的速率下降。经过三到五周的卧床休息后，肌肉力量几乎不敌之前的一半。我还记得我做完髋关节置换手术后的感觉，恢复是很快，但必须一步一步地慢慢来；如果操之过急，不慎受伤和加重疼痛只会让你的努力都是徒劳。

瑞典的某项研究发现，在60岁至80岁人群中，如果根据原地踩动感单车的运动量来衡量身体健康，人的身体越健康，能够从大脑提取的词汇量也越多。我们发现在动物实验中，运动能让多个关键大脑区域的新神经元数量显著增加，这就说明：存在神经元再生！任何年龄都可能生成新的神经元，而且运动有助于增强部分大脑区域，保护我们免受记忆丧失和认知衰退影响。你的大脑在向你呼喊："要在更升期多运动。"立刻行动起来响应这个呼声吧！

如果你久坐不动，身体的核心肌肉就会开始萎缩，臀部肌肉会遗忘前进的动作。臀部肌肉能让人起身离开椅子，如果它们罢工，人的平衡力和小脑也会受到风险。因此，出于对大脑健康的考虑，如果你一直在推迟膝盖或髋关节的置换手术，现在就应尽快安排。如果你像我一样长时间伏在电脑前，一动不动，现在就收紧臀部肌肉，借此改变大脑。每天做20个椅子深蹲，臀部收紧 100 个（收紧、放松各三秒），必要的话可以一组做 25 个。我通常边刷牙边做这些动作，当然你也可以坐着、站着或躺着做这些动作。做这些动作可以优化你的平衡和判断中枢。

动动脚趾，站起来，走到洗手间时，停在镜子前，并对自己微笑。让你眼睛周围的肌肉参与进来。使用镜子可以激活视觉皮层，这是大脑最大的部分，开启一个神经反馈循环，引发快乐感。只需要让自己的眼睛闪烁 10 至 15 秒就可以产生影响，也不必担心鱼尾纹，尽管挤眉弄眼。在白天，大脑如果受到奇怪想法的干扰，且与现实毫无关联，多回想回想你早上刚起床时的愉悦感，能让你的心情尽量不受影响。

你的身体知道，运动会向大脑发出信号，告诉它"我活着，我很健康"，你也知道运动对身体有益。身体会想要"补给"运动。如果你太忙，无法长时间运动或者没有条件运动，不妨花五至十分钟稍稍运动片刻。例如，你在看电视，就在广告时间走动一下；或是在停车的时候，把车停远些，多走几步路；乘坐公共交通工具的话，不妨提前一站下车或步行至下一站点乘车；还有，无论何时何地都可以做十个椅子深蹲。对于困在写字楼、坐在电脑桌前的打工人来说，可能需要有人提醒他们"补给"运动。这时候，不妨安装应用程序设置提醒；有智能手表的话，也可以设置时间提醒自己起身、活动，并尽量遵守。作为奖励，大脑会让你的思维保持更长时间的敏锐和警惕，避免认知衰退。如果你想让大脑更敏锐，适度运动爆发后的效果在两个小时内最强。即便你不能接受激素治疗，也可以看到运动对大脑健康的裨益。如果你正在接受激素治疗，还要告诉你的是，研究表明健身不仅增强了雌激素对大脑的影响，而且还抵消了与激素治疗相关的风险。

如果你已经有一阵没运动了，或者正处于术后或病愈恢复期，可以慢慢恢复运动，循序渐进。先绕着餐桌走动，然后转移至走廊，等你有体力了再上街走走，每天坚持。体力恢复后，再慢慢拉长步行距离，你的能量就会呈指数级增长。如果还不能走太多路，可以多锻炼手臂：抬高手臂，摆动几分钟，慢慢增加至五分钟，再是十分钟。放首交响乐，想象自己是乐团的指挥，享受其中的乐趣。你的身体和大脑都渴望着这种乐趣！

第十二章
重拾目标

在俯瞰曼哈顿东河的餐桌旁,围坐着几位女性,其中包括两位前媒体高管、一位风投人(在职)、一位前白宫法律顾问、一位全球重磅级艺术博物馆前馆长和一位有知名代表作的设计师等。这群女性的年龄跨度从50到70岁,面临着生活的种种坎坷,包括失去孩子、伴侣、事业、金钱、社会地位、健康、外表和群体支持。每位女性都会告诉你,她经历了百般折磨,失去了昔日的骄傲,生活一地鸡毛。饮酒、旅行、购物、过量运动和沉溺于自我提升……这是她们生活曾经必不可少的一部分,如今都随风而去,以此获得内心的安宁。她们眼里曾经的生存法宝、成功法宝,而今也失去了光彩。

尽管她们的生活和出身不尽相同——从欧洲上层阶级到好莱坞著名演员,从大西洋中部的工薪阶层到曼哈顿的中产阶级——但她们都认可这一点:生活的打击是人生的一大转机,让她们能够真正做自己。"无论拿什么东西,我都不会把这些经历跟人交换。"琼说道,她的丈夫已经离世,"苦难造就了我。但如果当时就有人告诉我,生活很苦、很无趣,我可能还会愤愤不平。"

"没错,如果当时有人跟我讲'这些经历会是你将来的财富'

这种心灵鸡汤，我肯定会火冒三丈。"玛丽安补充道，"特别你处于创伤低谷的时候，哪怕这番话之后可能成真，但当下听来只会觉得扎心。我们需要时间治愈，给伤口的愈合留点时间。"

南希曾经拥有惊艳四座的美貌，如今六十多岁的她跟两位女演员一同接受美国报媒采访，女演员都惋惜她们的容颜不再，但南希并不觉得衰老是什么坏事。相反，她还很雀跃，"这还是头一回有男性专心听我讲话，接受我的想法和建议"。现在跟异性共处时，南希可以更专注于手头的事而不在意他们的目光。

其他几位女性也重新开启了职业，找到了新群体，再度投入自己的事业。"生活以痛吻我，而我报之以歌"正是她们的写照。最终，她们找到了各自的目标，全靠自我内在驱动，而非任何外界因素。更升期的她们不惧失去、不畏尝试，自由地做自己，做一切自己想做的事。

不管女性取得的成就多耀眼，我们始终关注着自己每天的妆发和打扮。这是大自然给我们洗的脑，认为这样能够吸引配偶，繁衍后代，这是大自然物种繁衍的策略。

这种繁衍后代的使命感让人心生紧迫，急于寻求外界的认可，让人时时刻刻神经紧绷——不停地在"有用！他果然看向我了！"和"他只是喜欢我的胸"之间反复横跳。而我们的内心却很抓狂，叫嚣着"这并非全部的我！"这对我而言也是个难题。尽管我们可能理智上认同"外在不代表一切"，但如果觉得自己失去了吸引力，还是会感觉天塌下来了一般。自然给予你一种错觉，以为一定能找到跟你繁衍后代的理想伴侣，但你也可能看走眼，所托非人，因此不必过于苛责自己在生育年龄段做出的误判。人非圣贤，孰能无过？人际关系会错意、对性格的误读、优先事项不平衡……这些错误也许本就出于自然选择，困在过去可能引你驶向下坡路的匝道出口。

等你进入过渡期,你不再迫切地想要繁衍后代;进入更升期后,这一切都已经结束了,你翻开了人生的新篇章,面临新的规则和生存驱动力,去追寻新的人生目标。每个人都有自己的目标。

"我很意外,我的想法发生了大转变。"70岁的阿林娜说,"过去,我一直把重心放在事业上,主要负责企业内饰装修,但自从我有了孙子孙女,一切都不一样了。我满心满眼都是孩子,对每一个孩子都充满保护欲,看到一个孩子就觉得,我是这孩子的奶奶或是外婆。紧接着我脑中冒出一个念头:坏了,我们这代人已经把地球搞得乌烟瘴气!我们的子孙要怎么生存下去?我必须做点事儿来保护我们的后代!"

阿林娜继续经营着公司,同时投入更多时间参与环保和政治活动。"我向大众倡议循环回收,呼吁当地代表和州代表推进执法,他们都快听得耳朵起茧了。但是,管他们呢,这件事非常重要。"

阿林娜在过渡期常常失眠,所以我想了解她近况如何:"身上这么多担子,那最近睡得怎么样?"

"其实我感觉自己比之前更快乐、更专注,精力更旺盛。"她说,"这些事本身就很重要,也赋予了我新的意义。"

阿林娜以目标为导向,全身心投入,也同时激活了大脑的保护回路,能够有效预防抑郁症。能否激活这些回路,关键要看女性在过渡期的岔路口所做的抉择:是安于舒适的过渡期,还是勇敢大步踏入更升期。

生命的延展

简今年54岁,很喜欢孩子。起初她得知家里只有一位孙辈,非常难过。但她很快就振作起来，回到校园攻读社会工作学位，找到了人生新目标，成为婴儿心理健康专家和游戏治疗师。"这样一来，我可以去幼儿园，整天跟孩子们一起玩儿。"简的脸上洋溢着幸福，"我也能帮助那些'问题儿童'，避免他们成为'问题少年'和'问题成人'。如果我们能尽早干预认知、行为和情绪问题，就足以改变一个人的生活轨迹。"

游戏总能神奇地激发人的愉悦回路。后来，简成立了基金会，专为教育资源不充足的家庭、幼儿和学龄前教师创造最好的学习环境。75岁时，简把基金会交由一位年轻主管接手，但她还在继续培训那些参与祖父母托管项目的教育工作者和成年人。"我感觉自己根本闲不下来，我很喜欢做这些。"

我们都知道，健康的饮食和起居能够延长人的寿命，除此以外，找到人生的目标和方向也能够降低死亡风险。而越早开始健康饮食和起居，预防疾病的效果就越好。加拿大研究人员认为，人生目标对健康的影响也同理，越早找到目标，对健康就越有益。他们还做了一项研究来验证假设，但在14年追踪研究过程中，他们意外地发现，无论在什么年纪找到目标，都一样能让人长寿。从这项研究的6 000名参与者可知，要获得目标感无关乎年龄，甚至年龄越大，获得目标感对健康的保护越好。思考人生的意义、寻找个人的价值，永远为时不晚。即便你记忆力逐渐衰退，你仍然有足够的时间和精力在更升期实现它们。

但是，我们对于秉持目标、带动更升期发展的规划并不总是清晰。2016年，我从女性情绪和激素诊所的岗位离任，让自己感受到了解脱。我终于卸下了几十年来照顾学生与患者、培训新员工和为项目与机构筹集资金的重担。噢，终于能够喘口气儿了。我凝视着旧金山湾，萌生了摄影的念头。目之所及，皆我所喜。我想要架起相机，正儿八经地学习摄影技巧。于是我报了摄影课，还得到了很多认可，甚至办了几场展览。接下来的几年里我都沉浸在摄影的快乐里，感受创意的流动，学习新的技能，身边来往的人都不再是医生，而是形形色色的艺术家。我还重拾了年少时的爱好：学习油画和纺织品设计，像是在编织自己人生过程中，重拾了一根针线。但我没有察觉到，步入过于舒适的过渡期就像是走进了一条死胡同。

后来我才领悟，摄影的尽头就是学习大量的 PS 技术，可这并不是我的追求。我开始怀念医生这一职业的外向延伸，怀念与患者来往时的亲密和互动。我投入艺术时确实欣喜若狂，但是——砰！——就在一瞬间，我忽然陷入孤独之中，无比沮丧，陪伴我几十年的同事、生活和职业宛如过往云烟，不复从前。生活总会给我当头棒喝——就像曾经我觉得自己不会长皱纹和胸部下垂一样——此刻，孤独感和无用感把我包裹得严严实实。这好比是我在两段婚姻的空隙里跟男人约会的感觉，起初非常动情，完全投入其中，但后来我认清了，喜欢艺术只停留于某个阶段，它是我舒适的过渡期。我应该投身更有意义的事，如帮助其他女性进入更升期。

饼图是我非常喜欢借助的思考工具。如果把大脑精力看作一个饼图，在我们的生育年龄阶段，生存需要（为交配和繁殖而保持健康和吸引力）几乎占据了整个饼图。神经激素拼命地将我们的注意力引向人际关系、外在和健康，就是为了生育而服务。但再看看女性更升期的生存需要，在这张饼图上，你可以尽情畅想并关注自己的重点计划。你可以获得目标感，把箭头朝外指，向外探索，这能够让大脑获得快乐。

如果我思维狭隘，对能否满足生存需要时刻担惊受怕，比如不停地想"我会出什么事？"，那么我可能会陷入抑郁。没错，我们应该照顾好自己，但如果我每分每秒都在担心自己失去了什么，费尽心思想要留住过去，只可能会激活抑郁的神经回路。如果我们只把箭头朝向自己，只看到自己，可能很快便会崩溃。在极端情况下，过多的自我关注会让人变得虚弱，无法正常工作，如患上重度抑郁，甚至患上强迫症。因此，我们需要把箭头朝外指，参与对别人重要的事来满足自己的生存需要，找到与他人的连接，并且找回活力。这时，目标便会重新出现。

不同于自我关注，将视线转移到别人身上对我非常有帮助。我可以从它如何激活神经化学物质和大脑回路的角度跟你解释。在用功能性磁共振成像研究高级冥想者的大脑活动时，这些冥想者需要发挥同情心，达到助人的共情状态。在冥想的过程中，这种同情心一旦产生，瞬间就点燃了大脑高级思维区域的愉悦回路。但这跟当烈士或出气筒不是一回事。后者不会给大脑带来愉悦，只会带来挫折感，可能还有消极的自言自语。你无法在压抑自己的同时助人为乐，你必须是冷静地、清醒地出现，抛开其他杂念，只想着怎样帮助别人。

离开工作环境后，想要找到合适的、回归目标的最佳方式，这个挑战可能非常艰巨，不仅从个人层面而言，从社会提供的选择层面而言也同理。

对于男性而言，他们卸下重任时往往会获得一个带薪董事会席位或是一份顾问工作，但女性很少有这样的待遇。"女性做什么都是义务的，"阿林娜说，"免费给人提供很多建议。但是带薪工作呢，很多都留给了男性。即便我的一些女性朋友在事业上卓有建树，她们也很难接受免费为公司卖命，打理工作业务。"

你在哪里工作，你的职业是什么，或者你有没有工作，这些

第十二章 重拾目标

都不重要——你付出免费劳动,然后公司将报酬付给那些跟你年龄相仿的男性。有许多社会资源能让老年人加入志愿活动,但是那些一无所有的女性该怎么办呢?如果丈夫离世,妻子独自照顾年迈的父母,倾尽所有后还是失去了工作,她该怎么办?"一年前,我因为过了工作年限,从银行离职。"卡洛尔说,"我想再找一份工作,但是各大倡议组织对我穷追不舍,只想让我加入它们成为免费劳动力,免费提供知识,免费负责财务工作。但它们算盘打错了,我还得挣钱给自己买份午饭呢。那时候,我感受到了深深的孤独感。"

女性职业人在更升期确实容易感受到孤独。在职业生涯中,我们会感觉同事比亲人更亲密,但等到我们被裁员或退休,许多人会发现,之前的社交圈消失了。男性可能对此习以为常,但这种情感冲击对女性来说确实不易。当我们迈入人生的新发展阶段,如果不能妥善解决这一问题,可能会让我们在过渡期或更升期早期停滞不前。

掉出社交圈的那一刻,你瞬间回想起初中时受人冷落的感觉。不论你社会地位有多高,不论你有多成功,都无法避免。"即便换作我这种行动主义者,"阿林娜说,"如果我发现自己没有受邀出席某场会议,也会让我想起那个12岁的自己,那个没有被邀请参加人气孩子聚会的自己。"

还记得前文故事中的雪莉吗?她从东海岸搬到亚利桑那州跟儿子戴维一家生活,后来还参加了一系列健身课程,结识了新朋友。在雪莉的过渡期和更升期,她也重拾了目标。"搬到亚利桑那州跟儿子一家待在一起后,给咖啡厅和餐厅老板当顾问成了我摆脱情绪低落的一种方法。"雪莉回忆道,"我会收点钱帮人搭建业务框架和组织架构,一般都是居家办公,跟人在线上视频会议。但后来我决定找个线下办公环境,因为我很怀念有同事在身边的感觉。于是我找到了一个非常棒的共享办公空间,专门向经营三年及以上的企业家开放,租用办公间的多是女性企业家和少数族裔企业家,我也在里面租了一间。我在这里认识了新朋友,跟人在走廊里聊天。我重新发现了工作的乐趣,并在离开东海岸后第一次实现了飞速成长。我要感谢聘用我的雇主们,同为女性的她们仍然在奋斗,需要有人重新点燃她们的信心、激发她们的技能,甚至引领她们的职业生涯。一想到自己能帮助越来越多的女性,每天都让我迫不及待地要蹦下床。"

清除烦恼

在更升期前,女性大脑就本能地擅长感知危险,时刻保持高度警惕以保护她身边的弱小。雌激素和应激激素皮质醇水平居高不下,会让人一直保持这种本能反应,让人只想着生死攸关的问题,没时间想"过渡期后我该怎么办"这类问题。但这种难题对男性而言不存在,男性分泌的睾酮还会让他们对风险的容忍度更高。睾酮水平越高,他们越不易感知到风险。如果你跟男性共事,或者跟一对多年的伴侣一起坐车,你就会听到男女双方在某个老生常谈的问题面前,因风险而产生分歧。"老天爷呀,你慢点!车上还有孩子呢,你是想我们都送命吗!""宝贝你说什么呢?我车开得好好的。你说说,我哪次开车出过事故?从来没有,对吧,你就别责备我了。"

男女对风险感知不同,是由于雌激素会让女性大脑对危险保持高度警惕,以保护弱者。当激素平静下来,雌激素降低时,大脑就会放松警惕。

等到激素褪去,大脑便安静了下来,更容易听到自己内心的声音。与此同时,我们也有了重拾目标的空间,脑海中对于"我是谁""我想怎样生活"的构想渐渐清晰。

当你产生独自探索世界、创业的念头,想要独自登高、想要单飞,一开始你会觉得陌生:我这把年纪做这些干什么?可一旦你踏上了这段旅程,便会深陷其中。如果孩子问:"奶奶,我能和你一起去日本吗?"也许平时你会点头答应,但有时你也可能心想:"开什么玩笑?天哪我要做噩梦了,我只想自己去。"于是,你会婉言拒绝道:"宝贝呀,这次不行。说不定你会嫌弃我这个老太太的,我们下次再看看。"

找到目标感能让人全神贯注。让使命驱动你的工作,让好奇心成为决策核心,让你即便遇到难题也能迎刃而解。但这不等于我从此不再操心了,我还是会头疼我儿子的事情,这一点可能永远不会改变。但我能充分释放自我,开始探索新方法,摒弃曾经被灌输的"我是谁""我能做什么"的旧观念。

让目标回到正轨

我小时候总能心想事成,想做什么就能做成什么。虽然我也经历过创伤,但我是班上最聪明的孩子,多数的尝试和努力都能取得成功。转折出现在我月经初潮的那一天,一切都变了。最让我难以释怀的是生物学所创造的不平等,接下来的日子里,我永远无法摆脱月经,可男生永远不会遭遇这些。我第一次来月经的时候,毫无准备,哪怕我之前受过这方面的教育,我也不知道从此以后,每个月都会有几天我的世界会天翻地覆,饱受痉挛的折磨,情绪喜怒无常。我在怀孕期的经历也类似,早晨总是伴有严重的恶心呕吐，吐得我头昏脑涨，灵魂出窍。紧接着，我的大脑充斥着作为母亲的保护欲，总是过分紧张自己与孩子和伴侣的关系破裂。

在20世纪70年代，进化生物学家理查德·道金斯（Richard Dawkins）出版了一部具有划时代意义的著作——《自私的基因》（The Selfish Gene）。他在书中写道，跟所有男性关心的一样，大自然母亲只在乎精子有没有繁衍出下一代。女性生物学相关的著作应该名为《无私的基因》。想一想，由于母亲和婴儿的基因不匹配，就必须抑制女性免疫系统以防婴儿死亡。而步入更升期后，女性终于无须在乎他人的生存，第一次拥有了不必抑制生理或心理反应的自由，但社会仍然期望女性保持前状，压抑自己对目标的追求。因此，像青春期时面临月经那样，女性不得不背负起照顾他人的负担，这也是她对自己的一部分期望。

"我当时完全不知所措，"52岁的玛丽安娜说，"我婆婆中风了，送进了康复中心。我的事业正处于飞速上升期，而丈夫的会计业务触礁，家里全靠我养家糊口。当时，护士和社工都不愿意跟那几个儿子交流，一直在等我去康复中心，然后问我，'你婆婆出院后打算怎么照顾她？'我也拿不定主意，我完全没想到前夫这么没担当，根本指望不上他们兄弟俩。我既要挣钱养家，还要负责照顾老太太。例如，我开车一小时把她的衣服从康复中心带回家，洗净晾干，然后再送回去。后来她搬来和我们一起住，我还要负责帮她找看护。这跟一份全职工作没什么差别。我忙得晕头转向，错失许多职业发展的机会，最后连晋升也搞砸了。"

玛丽安娜的故事并不罕见。50岁的尚塔尔曾经是一名新闻主播，她的亲哥哥拒绝照顾被诊断患有阿尔茨海默病的母亲，这让她觉得又悲又愤。母亲一直跟她住，但后来她实在有心无力，

第十二章　重拾目标

只好跟机构签署了协议送走母亲。尚塔尔止不住地落泪，一方面觉得自己作为女儿不尽责，另一方面感觉到生活的孤独和无助。一直以来，尚塔尔既要兼顾新闻事业，又要照顾老人和孩子，帮失禁的母亲清理卫生，凌晨三点起来给人做夜宵，送孩子念大学……她的朋友都称赞她尽职尽责，倾尽了所有的爱、力量和关怀，纷纷为她鸣不平，觉得她不应认为自己辜负了母亲而充满内疚和悔恨，但尚塔尔仍然无法释怀。这是"妈妈脑"在作祟，让人感到羞愧和孤独。朋友告诉她，换作任何人都做不到她这么好，还斥责她哥哥就是个浑蛋，终于让尚塔尔保留了一丝面对现实的清醒。

有些女性把养育孩子当作人生目标，视其为事业和生活的全部，但这不是我谈论的本意。我想探讨的是，女性在无意识中背负了多少家庭责任。当我们走向生命的尽头，多数人都希望能待在家里被人照顾，但如果身边没有女性来照顾你，会是谁陪伴在你身边呢？如果你患了老年性痴呆，没有伴侣，只有兄弟，谁会来照顾你？你要怎么偿还？即便女性有全职工作，家里78%的育儿工作依然由女性完成，而在人生命的终点，依然是女性忙前忙后。虽然目前没有统计数据，但依然表明了社会对女性的隐性期望有多普遍。

但这体现在某些女性身上却很复杂，让人看不透。63岁的纳塔莉是我的患者之一，经常有一大堆日程安排，但如果有人需要她照顾，她开心得仿佛一切阴霾都烟消云散，瞬间晴空万里。她一个人承担起照顾年迈父母、公婆和五十多岁中风嫂子的责任。即便她有兄弟姐妹和伴侣，但她仍然独自承担了一切，她很难拒绝帮助别人，也就是说她激活了大脑所谓的助人回路。

打小我们就经常听妈妈说，"来帮妈妈一件事"，觉得自己能派上用场。很多人都指望着我们随时能调动大脑的助人回路,在他们脱口而出一句"放哪儿了……"或"我该怎么……"时,及时放下自己手头的任务和目标,优先帮他们解决问题。好比是家里的搜索引擎,随叫随到,全天候待机。

纳塔莉婚前在一家国际管理咨询公司工作,但为了让丈夫经营的加盟健身房蒸蒸日上,她在百般犹豫下放弃了自己的事业。她既要组织大型会议和顶级加盟商活动,还要照顾老人和孩子。"如今,我看到女儿拥有了自己的孩子,有了自己的事业,家里无论大小事儿也有伴侣的支持。我女儿拥有许多我当初不曾拥有的东西,"纳塔莉向我坦露,"我觉得难过。真要命,这不就是当初我想要的生活吗?我把这种感觉剥离出来,仔细端详,然后又一声不吭地咽进了肚子。毕竟,我还能怎么办呢?"纳塔莉当时担心自己不担起照顾家庭的责任,会遭众人非议。但有证据表明,背负家庭照顾压力不仅阻碍了女性找寻目标,还可能缩短女性的寿命。

我们延续生命一部分是靠细胞复制。端粒存在于染色体DNA链的末端,是一种"保护帽",可以防止染色体末端磨损或粘连,如同鞋带末端的塑料头一样。保持端粒完整对健康遗传物质至关重要。现在测量端粒有了科学方法,端粒越长,衰老对细胞(包括大脑和神经系统细胞)的影响就越小。2014年对威斯康星州无薪女性家庭照护人的一项研究表明,照护人的端粒发生了显著缩短,从而得出结论,照顾家庭的压力会加速衰老。

从表面看,纳塔莉像很不好惹的人,但你稍微进一步观察,就会发现她已经筋疲力尽,经常因照顾家庭劳累得卧床不起。当然,也不是全然没有收获,她能在同情中获得满足感,在社会和文化层面因他人的过度同理心和内疚得到正反馈。我们成了救赎者，得到了众人认可，也因为做得好，得到了多巴胺回馈，所以我们日复一日地扮演着救赎者。女性再次抛弃了目标，除非照顾家庭原本就是她所选的目标。

就跟我们的性别不可回避一样，女性面对社会文化的期望，依然无处可逃。我确实躲不掉我的月经，但在照顾家庭这件事上，我有选择的余地。如果我们能质疑它的合理性，能找人代劳并提前制订计划，我们就可能依自己的想法度过后半生，而不会在生理上和社会道德感上心怀内疚，背负负罪感。当然，情况最坏时，你可能不得不调整计划。如果伴侣或亲近的家人生病，你肯定会改变主意。但未雨绸缪，提前做好打算总是没错的，这种照顾也只会是一时，而非长期的。

大声唤醒心中目标

在我印象中，外婆是家里最会说真话的人。在感恩节的时候，她会当众戳穿家里的秘密，质问表哥为什么明知不能在晚餐前吃饼干还偷吃了饼干（没错，她看到他偷偷拿了饼干）。大家都觉得外婆说话太直很古怪，也有可能是脑子不好使了。实际上，外婆没有任何问题，她只是松开了激素释放的束缚，找到了自己最舒适的新状态。

在我们上幼儿园的时候，可能不止一次因为公开指出长辈口臭、体形胖、有一颗难看的痣而受到责骂。童言无忌，我们大声说话不仅是因为未经世故，也因为能帮我们做出判断，尤其是避免冲突的大脑回路还没有发育成熟，我们还不知道它是如何或为何发生。但在青春期，女性大脑发生了巨变。杏仁核作为恐惧和愤怒反应的神经中枢，在青春期快速发育，非常容易被雌激素和睾酮触发。由于男性分泌的睾酮更多,他们愤怒的同时还容易牵动身体攻击。女性分泌的雌激素更多,睾酮相对较少,想跟人对峙的念头也就没那么强烈。当生育周期真正开始时,曾经伶牙俐齿的女孩突然跟变了个人似的,你问她怎么了,她也只会露出一副困顿、沮丧和悲伤的表情。

女性这一特性也是自然选择的结果:在野外,作为性别弱势群体,降低攻击性可能让雌性更容易生存。要打过那些体形庞大的雄性动物并不现实,所以雌性在进化时给攻击属性上了锁。但随着雌激素在更升期分泌下降,这把锁被打开了。大脑曾经抑制的愤怒和扼杀的声音都得到了充分释放。鉴于女性对语言更敏感,我们更倾向于以言语为武器,而非用拳头说话。我们不再思忖该做什么、该说什么,口无遮拦,畅所欲言,这时奶奶和外婆就是最会说真话的人。她们察言观色,最会挑场合说话。

在归纳更升期女性重新获得的自由时,我常常听到女性说要找回曾经的自己,找回过去的态度和言行。难道你从八岁开始就没有发生过变化吗?种种激素早就改变了你的大脑回路,凭借阅历增长了智慧。也许你曾经有梦想,希望实现过去的愿望,但这并不等于你要找回过去的自己。现在,你终于不必把曾经的自己推开了,而是让她融入你当下的生活,集齐一切动力帮助你找回目标。

过去,我们脑海中总有个声音提醒我们要保持安静,避免冒犯或惹恼任何人。但在更升期,这个声音变小了。我们不再畏首畏尾地顾虑周围人的需求,获得了自己之前不曾意识到的各种力量。一开始,你可能不懂得如何掌控这些力量,所以不必因力量爆发而感到惊慌失措。这就好比过去几十年,你一直开着一辆轮胎磨损的大众甲壳虫在冰山上爬坡,但现在,你是开着玛莎

第十二章 重拾目标

拉蒂在跑道上驰骋。这种力量是必要的。如果有小孩穿梭于车水马龙之中，你肯定不能继续保持亲和，只能咆哮着发出警告或是拼命把孩子推离危险。如果我们想要为找回目标开拓领域，做真实的自我，就必须拥有力量。我们要变得强悍，成为"凶猛"的女性。

学会说"不"

"很抱歉。"65岁的莉萨在表达完想法后向我们道歉。我当时住在她的大房子里，是三位客人之一。莉萨作为餐厅的厨师兼老板，总是负责给我们做饭。在连续做了四天饭之后，莉萨提出请求，希望我们自己想办法做饭。她太累了。但我们都有车，能想办法出去吃。虽然她自己觉得提出这个要求像是在宣泄情绪，但对我们几个人来说完全合理，还为自己没能早点儿给大家弄点儿吃的而心生歉意。

莉萨和我坐在餐桌旁喝茶，低头望向她家后边的树林。我问她，她提出的界限要求明明很合理，为什么还要道歉。"我感觉自己很过分，"她坦言，"我觉得愤怒。这种情绪就这样爆发了。所以我猜，这样做会伤害大家的感情。"我能理解她的想法，但我们丝毫没察觉到她的愤怒。很显然，莉萨的状态超负荷了。我追问她，为什么要给这么多人做这么多天饭。她低头望向自己那杯茶，低语道："因为我从来没想过说'不'。"

学会说"不"是我在更升期学到的最重要的一课，尤其是在让目标回到正轨时特别需要。"不"是一个完整句。但自从我们蹒跚学步开始，我们就可能无法自信地说"不"。

"不"是许多孩子学会说的第一个词。我们不需要学习如何表达拒绝，我们生来就知道怎样用身体扭动、用四肢表达痛苦，从口头或行为上逃避不舒服和受威胁的感觉。但从两岁开始，我们就学着堵上自己说"不"的嘴，不断向逾越的边界和可能不合适的选择敞开大门。等我们到了更升期，反而忘记了要怎么说"不"。现在你还觉得奇怪吗？还会因为自己在最出乎意料的情况下，脱口而出一句"不"而慌乱吗？你可能不知道这个念头从何而起，但它可能就藏在内心某个深处，藏在神经系统的密码箱里。当你在更升期说出"不"，并不是你穿越回了童年，而是它穿越了时间，融合了你的过往，让你挣脱社会文化和生理的束缚，重新编织出你的真实想法。

在生育期，我觉得自己什么都要说"是"，每天都像是把自己挤进紧身胸衣里那样。但有时候，你所说的"是"打破了你曾经许下的诺言，磨灭了你对美好生活的向往。

蹒跚学步时，我们不需要学会说"不"，但当我们成为女性，是谁教我们说"不"？如果你不记得，这便是你面临过渡期之后未知的发展阶段所需解决的问题。以我自己为例，当时我想要保持健康，坚持新计划，重新读书，重新帮助女性，我必须吸取这一教训。有一次，我刚登机准备去新墨西哥州拜访朋友，这时脖子上的神经突然像被捏紧了，疼得厉害。其实我的脖子已经疼了将近一个月，一直好不了。为了能继续见朋友，我也去看过医生，在治疗过程中我只能一直坐着，紧紧捏住另一边，分散对疼痛的注意力。我知道朋友很想见我，希望我能当面给她庆祝生日。我不想让她失望，所以我答应了。我本来可以直接告诉她，"我现在的状况来不了"，但我还是选择了赴约。现在我写这本书的时候，脖子上的伤就落下了病根。

这给我敲响了警钟，现在每次收到要求时，我都会反复思考

第十二章 重拾目标

它对我大脑和身体的影响："这对我有好处吗？""有助于我获得生活的目标感吗？"但我们通常会用另一种责任感克服这种念头，会心想，"我是不是太自私了""稍微痛苦点儿我也能忍""比起这件事儿，我自己吃点苦也没什么"。长此以往，我们也会耗尽储备，一时强撑反而会带来严重后果。确实，诚实地面对内心，问问自己"这对我有好处吗"可能很吓人，如果别人不习惯被拒绝，你发自内心的"不"可能会引发一场争吵或一段感情的破裂。在更升期，我们不必再委曲求全，不必把个人健康、幸福和生活放在第二位。

我经常观察善于拒绝的女性来教会自己说"不"。我先学着用短语拒绝别人，从而让大脑和神经系统都慢慢适应这种新反应。当我觉得不舒服了，我会说"我考虑一下再回复你"。这给我争取了时间去鼓起勇气拒绝。如果我说不出口，或是刚答应完人家又想反悔，我就会说，"等我下，我再考虑看看""等我下，让我看看日历"，或者是"我要跟家人再商量商量"，诸如此类。

从生物学角度出发，设定边界、保护目标不受干扰对女性而言可能更难做到。女性的大脑为连接而生，其中当然也包括我们的威胁反应。二十多年前，加州大学洛杉矶分校的研究人员就发现女性跟男性的应激反应不同。女性在应激状态下，不只是皮质醇和肾上腺素会爆发，触发"战或逃"的反应，刺激肌肉，同时也会刺激亲密激素——催产素的分泌。面临威胁时，女性还会尽力维持关系，我们称这种应激反应为"互助友好"反应。

如果你曾经跟孩子、伴侣或密友吵架，发现自己非得把事情说清楚道明白，说到自己对这段关系感到满意为止，很可能是催产素促使你想要达成和解。这是催产素留下的印记，也是热带草原上生命的回声，而关系破裂则可能宣告了这段感情的结束。当激素波涛在更升期逐渐平息，大脑不再执迷于寻找亲密感，如果我们能改变过去受神经化学驱动的习惯，就能重拾一定寻找目标的自由。

不再频繁触发"互助友好"反应有助于在人际关系中留出彼此尊重的空间。当我们不急于修补、解决和控制关系，双方便都有机会让应激回路平静下来，重新做出决策。唯一不足之处是，我们得尊重对方的决定。你可以问问伴侣或孩子，"互助友好"和"我们得聊聊"的方式会不会让人有压迫感，答案往往是肯定的。因此，你要拿出足够的信心，放手一搏，相信随着时间和距离的推移，事情都能迎刃而解。

学会拒绝也有它的学习曲线，而我们发现，直截了当地拒绝会让人赢得尊重，并不像我们想象中那样让人产生厌恶。想想那些你认识的有主见、有立场的女性：难道你不佩服她们吗？如果你一直觉得自己在取悦他人，那么这种转变会是一场战斗，但你会得到无尽的解脱和自由。试着回想那些你想说"不"的时刻，还有一次次说"是"之后的懊悔和压力。亲爱的女性朋友们，是时候反击了，勇敢说"不"，这会改变我们后半生的生活。

与无聊做伴：找寻你的目标

别忘了，激素是驱动行为的分子。当雌激素和睾酮水平下降时，持续奋斗的感觉也会慢慢消失。迎来更升期后，体内的激素逐渐平息，这种感觉一时很新奇。当时我离开诊所的工作不久，还不适应自己无须随时做出反应和回应的生活。我总是会有错觉。每天都有成百上千个想法涌现，于是我像松鼠收集橡果那样，不停地收集每个想法。每获得一个新想法，我都会跟丈夫萨姆说，并且告诉他我在这个想法上取得的进展。萨姆会说："但卢安哪儿也不会去。"过了段时间，我才意识到，这是由于我不再拥有过去的身份和日程安排，大脑和神经系统还无法适应新的生活。我缺乏刺激，变得百无聊赖。这种无聊一开始着实把我吓得不轻。

重拾目标的第一步，就是要明白：无聊不会害人。毕竟大脑和神经系统喜欢熟悉的事物，这种转变多多少少会让你觉得不对劲儿。伴随无聊而来的不是死亡，而是静止。能够平心静气地面对生活的不确定性，对于展开新目标至关重要。无论你是在家中还是在外面工作，都有必要直面无聊，想清楚自己后半生的方向。

无聊还掩藏着许多秘密。你的脑海中浮现出各种各样的事：一些记忆、触发信号，以及埋藏已久的梦想和遗憾，仿佛打开了角落里尘封已久的储物柜，里面装满了你当时逃避的一切。不过你不必一次性全部整理好，当然可以只看看，什么都不做。你也可以每次处理一点儿，量力而行即可。在更升期，你没必要逞强当个"英雄"。

为了防止我不停地琢磨自己的想法，我的朋友特意鼓励我，感慨我创造力无穷。这让我更坦然地面对每个想法的来来去去，任由它们出现又飘走。如果这个想法再次出现，我再认真考虑也不迟，但多数时候，这些想法只是我的神经系统在面对陌生的静止状态时翻腾的产物。

要找到目标并不是件一蹴而就的事。很多女性甚至都不知道自己还可以追求目标。它可以是归属感、爱情、友情、平静，也可以是行动主义、新事业、新的家庭角色。如果你不知道，也不必担心，去沉默中找答案吧。

第十三章
新的专注力

我的朋友黛安娜是一名成功的内科医生，在某家大型私营医疗机构内工作。她成年于第一次女权主义浪潮之后，满怀着对成年的期望，希望自己事业有成，家庭美满。但没有人告诉过她要怎样平衡一切，她只能自己不停摸索，也不曾向人求助。黛安娜忙于照顾孩子、打理家庭和做好工作，很难挤出时间关注自己的婚姻、培养闺蜜感情。于是，她在过渡期感到了失落和孤独，时常觉得焦虑缠身，难以集中精力工作。

进入更升期后，黛安娜又像变了个人似的，感觉自己比以往都更有力量、更为专注。她的子女拥有了自己的生活，她再次跟昔日好友取得了联系，放弃了"修复"婚姻的尝试。"谁说得好呢，"她心想，"说不定哪天我就离开了，也说不定事情就有了转变。"她不再钻牛角尖儿。

黛安娜全身心地投入事业。自从她医学院毕业后，就再没有这么认真地对待过工作。她专心分析每个病例，凭借丰富经验支撑自己的观点和决定，每次跟患者互动都让她感觉焕然一新。她不再揣摩过渡期，而是仔细分析起更升期；她也不再将周围的年轻女性视作对自己地位的威胁，而是第一次把她们当作后辈，为她们答疑解惑，提供指导。黛安娜在更升期的大脑回路中找到了新焦点。

生育激素波动会增加应激激素分泌。应激激素分泌越多，就越容易感觉危险，导致在生育期和过渡期更容易陷入慌乱之中，手足无措。大脑的多任务处理中心负责控制注意力转移，当它运转超负荷的时候，对细节的把控能力就会下降。当我们感觉手头有太多事情要做时，就会想关掉电话，窝进沙发，什么事都不想干。过渡期结束后，黛安娜发现自己不会再手足无措，而是学会了直面挑战。无论是启动新项目，开启艰难的对话，选择直言不讳，还是把问题扼杀在摇篮里，她都更得心应手了。黛安娜说："没错，过渡期结束后，'我明天再考虑'的郝思嘉式心态消失了。"

"还有件事，"她补充道，"我发现自己跟年轻女同事交流时会感到慌乱。如果有人带着一肚子想法、问题和见解来找我，就会打断我手头在忙的事，分散我的注意力。"黛安娜面露难色。"同时我也不想让她们难过，想支持她们，但她们说话总跟连珠炮似的，没有给我留思考的时间，也打断了我本身工作的思路。"

在过渡期之前，黛安娜也可能像年轻同事一样火急火燎，跟多数女性一样，她也很擅长一心多用，处理多项任务。

一心多用和焦虑感息息相关。虽然不知道哪个先发生，但能确定的是，它们会"相辅相成"。一心多用需要我们快速切换注意力。二三十岁时，不停换挡可能还会让人产生兴奋感，但在过渡期后期和更升期，它反而会让大脑迷糊、注意力分散。当下的关键，是要缓解一心多用导致的焦虑感，避免引发一波又一波的一心多用和焦虑感。如果不能有意识地施加干预，甚至可能形成恶性循环。

第十三章　新的专注力

女性学会了适应更升期的大脑回路，有助于延长她们的职业生涯，办事效率和能力都会更上一层楼。女性不再需要一心多用和推迟手头的事儿，而是像刚毕业时那样充满了干劲儿。这对方方面面都有好处。研究表明，在更升期职业动力更强的人，到了五六十岁时，在自我接纳、保持独立上也表现得更出色，身体各功能运作得都更好，身体也更健康。

黛安娜还跟我提起，自己没法一心多用后很难过。"我感觉自己在不断失去优势，"她说，"我不想丢了工作。"我能体会她的心情。其实换种思路看问题，可以让你重新获得力量。"如果你换个思路呢？"我告诉她，"以前，手头同时忙上百件事情确实很有成就感。但我们很清楚，每件事最终都没有尽善尽美。现在，大脑要求你保持专注，每次只用心做好一件事，更容易做出成绩。"

"所以也可能是件好事？"

"对，不仅对你来说如此。同理，如果你也让别人放慢速度，也能让别人保持专注，思考得更仔细。你的专注就起到了某种贯穿作用。"

黛安娜若有所思，最后说道："我慢慢明白了，应该怎样让大脑连接帮我更好地决策。我只需要顺其自然，给自己一点空间，仔细观察，用心雕琢。但无论是在婚姻、家庭还是工作中，我之前从来都没有这样做过。"学会了随遇而安、顺其自然，黛安娜自此更好地迈入了更升期。

记忆力和注意力分散

尽管医学界认为女性过渡期和更升期主要属于生殖过渡期，

但它们的影响几乎都体现在神经方面。身体潮热、脑雾、焦虑和睡眠中断都表明，受雌激素调节的神经系统出现了故障。在所有人类的大脑中，包括男性在内，雌激素都是确保大脑获得能量来源的主要调节器。

雌激素下降会影响神经系统的记忆功能。女性处于过渡期时，大脑中的雌激素水平比男性低，因为睾丸能够持续分泌睾酮，并在大脑中转化为雌激素。雌激素水平过低常常被当作女性更易患痴呆症的原因之一。这也是让我颇为恼火的一点：激素治疗对大脑能产生保护作用，和之前研究所指出的风险相比，明显是利大于弊。激素治疗这条路明明近在眼前，但负责研究和治病的医生却对此视而不见，只看到生殖文化最感兴趣的身体部位。提示：这个部位不是大脑。

事实相反，稳定且较低的雌激素水平确实会影响记忆，但这种影响在心理层面可能是积极的。加州大学旧金山分校神经病学教授亚当·加扎利（Adam Gazzaley）开创性地针对60岁以上女性大脑的记忆和注意力开展了研究。他发现在过渡期之前，女性大脑可以同时记下两件事，左右半脑各记一件，并且能够在两件事之间自由切换。但如果你想加入第三件事，只能放弃原先两件事中的一件。加扎利教授还发现，到了更升期，大脑不能同时容下两件事，一旦开始想第二件事，就会把原先思考的事挤走，将其埋入遗忘的黑洞。这两个念头就像是在瓶口打架，必须走一个。这属于大脑工作方式发生的正常结构性变化，就像胶原蛋白的流失会改变人的皮肤结构一样。

一开始，你可能会因为不能来回切换想法，每次只能记住一件事而焦虑不安。"我开始怀疑自己患老年性痴呆了，"黛安娜因为担心记忆力丧失而找到我，"每次我丈夫打断我说话、转变话题都让我很恼火。因为我总是会因此忘记自己想说什么，而且还是很重要的事。要等上好几个小时，我才能重新想起来。"她为此苦恼不已。

现在，我想把送给她的这番话也送给你：这不是痴呆症，这很正常。如果你心中原本装了一件事，那么一旦你又冒出个念头，自然会把上一个想法挤出去。你可能没法很快想起来，这时候只需要灵活变通就可以。

无论我们处于清醒还是睡眠中，是短期还是长期记忆，是靠情感还是身体运动协调记忆，大脑的海马体、前额叶皮层、杏仁核、新皮质和小脑都会相互配合，仿佛出演一场完美的舞蹈表演那样默契合作。杏仁核会把任何强烈的情绪（如发怒、狂喜或威胁感）细节都深深烙印在脑海里，无法抹去。但如果有另一个念头挤了进来，我们就只能保留其一，而忘记最开始的想法。

加扎利博士的研究还展示了我们在更升期一心多用的能力有多差。假设一下，你收到了新朋友发来的电子邮件，里面写着他的手机号。你想打电话给他，准备手动输入号码，于是你看了一眼号码。就在你打算输入这串数字时，邮箱跳出了一个警告弹窗。这下可好，你不但可能忘了手机号，甚至连自己原本想打电话给别人这件事儿都忘了。

大脑会在更升期永远地重构记忆回路，让女性达到专注的新高度。无论是产生新想法还是思路中断，都会让你暂时忘记自己眼下正在思考的事情，所以你学会了说，"等一下，先让我完成手头的事儿"。你必须以新的方式坚守阵地，以免失去思路或行动的动力。

因为我丈夫比我年长，所以我一直会观察他做事的方法，以下是我观察到的一些心得体会。首先，按照你一天中注意力最集中的时间安排事项。其次，一旦打算做什么事儿，立马就去做。如果必须等一会儿才能做，记得把它写下来，放在你面前某个位置。有时我就算写了提醒事项，也会忘记看。如果你一时断了思路，很难再找回来，只能等它自己再次出现，但那时候可能已经为时过晚。现实便是如此，你必须学会释怀，和朋友一笑置之。

戴安娜接受了自己大脑记忆网络出现的变化，并且做出了调整。首先，她开始依赖年轻同事更好的记忆力。她提醒年轻同事，在走廊上跟她说话的时候要提醒她用手机或者备忘录记下来。"她们会在我去洗手间的路上拦住我，跟我说些事情。可等我回到办公桌前，我的注意力已经转移到别的地方了，完全忘记她们说了什么。"她说，"所以我会习惯性地随身携带手机和待办事项清单。如果我忘带了，我会让她们回头发封邮件给我，等我回座位后，就会把它记在清单上方。这对我来说很有效。"

我的朋友凯瑟琳把注意力分散变成了一种沟通超能力。在她三四十岁时，只要一站在公众面前讲话，就会紧张到胃疼，每次都要在洗手间缓好一阵子才能上台演讲。现在，65岁的凯瑟琳大步走上舞台，落落大方地面对1 200名参加电视广告销售会议的销售人员。她右手塞的小纸条上写了十个字，但她几乎不需要看小纸条。"我经常说到一半，就会忘记自己刚刚说到哪儿。但我不会慌张，会请观众提示我。'我刚说了什么？'或者'我现在为什么讲这个呢？'观众不仅很乐意帮忙，还会因此增强参与感。根据场下大声回应我的人数，我能够判断自己讲得怎么样，观众有没有听进去。如果我讲得不好，回应的人就寥寥无几，或者给了我错误的回答。年轻时，我总是憋在洗手间里，害怕自己出错，害怕自己忘词；现在，如果我在演讲中出了点儿小差错，我会假装没事儿人似的，继续往下讲，希望后面的演讲能够顺利。"

"是什么时候有了变化？"我问道。

"有一次，我在演讲的中途感觉筋疲力尽。那段时间我的状态不佳，事业和婚姻都命悬一线。当时我很慌乱，于是停下来喝了口水，抬眼发现观众席上坐着一位朋友，但我之前没注意到。我们彼此对视，露出了微笑。看到她的脸让我如释重负，完全忘记自己身处何处。我也不知道当时怎么了，我在台上把刚刚发生的一切脱口而出，把自己的紧张感也和盘托出，告诉大家我一直很紧张，对生活的分崩离析也感到紧张，但在现场看到朋友让我如释重负，也让我忘记了自己都说了些什么。后来，我发现观众都在微笑，在帮我重新找到状态，我颇受震撼。这些年来，我一直以为观众会等着看我好戏，看我出丑，但现在我明白了，观众们期待看到我在台上大放异彩。"

记忆与仓鼠烦恼之轮

早餐后的那杯咖啡让人觉得很惬意。这是凯瑟琳后来告诉我的。在某个阳光明媚的日子里，她独自倚在窗边，从厨房的窗户向外远眺，任思绪翻飞，脑海里浮现出我们谈话的场景。她对目前的成功和轻松的生活很满意，但彼时，那年、那月、那天，她也曾经历过黑暗。她的脑海中浮现出其他场景：公司的老板跟老板娘争执不休，很明显俩人的感情走向了破裂。凯瑟琳总是很可悲地要面临选择。在此期间，她发现丈夫信用卡上莫名多了几笔酒店费用，她质问他，却等来了他承认自己出轨的事实。"你怎么能这样对我们？"她声嘶力竭。当然，这个男人已经成了前夫。但凯瑟琳仍然不可避免地回想起那场争吵：在疲惫的夜晚，她"砰"地甩上门,回到客房,在床上哭,怎么也无法入睡。她觉得自己该说的话没说,不该说的说了一大堆,于是她大脑飞速运转,开始为下次见面要说的话打起草稿。还有他的几个孩子!当初,他们的亲生母亲丢下子女不管,是她倾尽所有拉扯几个孩子长大。这些孩子一听说两人要离婚,千方百计地阻挠她。往事仿佛在眼前重现,也是一样的早晨,也是端着一杯咖啡小口地抿。在回望过去和想象未来的间隙里,凯瑟琳迷失了当下的自己。她无法打破这个循环,于是便打电话给我。

凯瑟琳陷入了反思,仿佛像一只仓鼠困在了名为"烦恼"的跑轮里,丧失了活在当下的能力,导致大脑陷入不幸福的状态。

2010年,马修·克林沃斯(Matthew Killingsworth)和丹尼尔·吉尔伯特(Daniel Gilbert)两位心理学家在哈佛大学开展有关幸福的研究,逾两千人报名参加。在研究过程中,参与者会在一天中的任意时刻收到短信,需要回答三个简单的问题:你现在正在干什么?在想什么?觉得幸福吗?近半数时间,大家的回答都是"在走神"。几乎所有走神的人都认为,跟那些专注于手头事务的人相比,自己没那么幸福。那些回答说自己跟所做的事产生了关系的人,则觉得自己很幸福。

我们任由思绪和想象力无边无际地漫游,拥有无拘无束的自由。在我们上学、工作、成家以后,这种自由听起来像是让人找到快乐和幸福的钥匙。但事实恰恰相反,就像儿童和青少年渴望安排,没有安排他们会因此而焦虑和害怕,成年人如果完全失去了监督,空留缥缈的思绪,他们也会失去幸福。当然,这不代表你需要立即行动,时时刻刻保持忙碌。你的大脑也需要片刻安宁。除非你冥想经验丰富,不然你就需要学习一些保持内心平和的窍门和方法,让保持内心宁静的过程更美妙。

第十三章　新的专注力

科学研究最近才发现，当思维无边无际地自由徜徉时，人为什么会很快陷入消极情绪。关键在于大脑会启动默认模式网络。科学家在 1979 年发现了大脑的默认模式网络，它能让人完成熟悉的任务，如铺床、做早餐和接近于自动驾驶的安全驾驶。我们经常会重复一些事情，默认模式网络便把这些事融入大脑回路之中，让我们可以不假思索地做事。而默认模式网络与记忆网络相连，它会调用我们已知的记忆，所以做那些习以为常或是很熟练的事完全不在话下。它成为一种技能。

我们拥有的一项技能就是对危险保持警惕。在人类的原始时代，警惕性尤为必要。它能确保人类及时察觉可能威胁人类和人类部落生存的危险。

现在人类不必在野外生存，你也许以为我们的警惕性有所降低。你再好好想想！即便是生活在更为安全的现代社会，这种警惕性依然存在，只是大脑把它转换成了一种认知歪曲，又称为"消极偏见"。它作为一个过滤器，让我们真实感受到现实的悲观，去寻找本不存在的问题。因此，如果我们让思维自由发散，听之任之，人很快就会变得消极。我们梦寐以求的幸福和自由的想法都会随之消散。思维四处飘荡时，即处于默认模式网络中，大脑会变成巨大的尼龙扣球体，四处滚动，黏走消极的想法。由于默认模式网络长期与记忆网络相连，这些消极念头就会钻进你的过往：你曾经最不堪、最可怕、最伤心的回忆一下蹦到你眼前，像学校里咋咋呼呼、自以为是的聪明小孩一样冲你大喊大叫："我！我！选我！我知道答案！"而你几乎每次都会选中这个叫嚣得最厉害的消极念头。你的大脑像被磁铁牢牢吸引，你回想起曾经的忧虑、糟糕的关系，你经历的种种遗憾和对未来的巨大恐惧。当过去的画面在你眼前徐徐拉开帷幕，飘荡的思绪只会让你陷入痛苦，陷入难过、羞耻、内疚和愤怒的旋涡之中。消极情绪会被无限放大，但身处其中的我们并不知情。

就像凯瑟琳早上喝了杯咖啡，就发现大脑在不知不觉中陷入了消极的想法、回忆和场景。此时，部分前额叶皮层锁定在了我们所经历的反刍模式。这是名为"烦恼"的仓鼠跑轮，将我们不断卷入焦虑、恐惧和悲伤的旋涡深处。一旦我们进入反思状态，就仿佛难以脱身。在2020年，研究人员终于发现了其背后的原理。

研究人员让参与者回忆自己被拒绝的时刻，便于让参与者进入反思状态。通过观察功能性磁共振成像中的大脑活动，研究人员惊讶地发现，人在反思时，大脑皮层的两个区域，颞顶联合区和楔前叶同时呈现出较亮的信号光。这两个大脑区域同属于默认模式网络的一部分，其功能涉及加载记忆、整合身体和环境信息以及感知环境等，可以将认知劫持到反馈回路中，后者仿佛上了一把牢不可破的枷锁。当这种大脑跟器官的合作关系占据主导地位时，不论自己的想法有多疯狂，我们都愿意相信它是准确、真实的。这种思维上的枷锁状态将新观念拦在门外，阻碍了创造与创新，耽误我们找到旧问题的新解法。没错，导致我们陷入反思的级联反应，其罪魁祸首就是思维的出走。如果我们就此当真，认为自己很失败、走厄运、人生不幸，帐篷杆很有可能都被折成了两半。

挣破反思的枷锁

好在2020年的同一项研究表明，一些认知技巧能有效打破颞顶联合区和楔前叶的枷锁，让人摆脱反思。这些技巧涉及我们

第十三章　新的专注力

如何自言自语、去相信自己真实的一面，以及如何正确对待挫折甚至是缺陷。在那个阳光明媚的早晨，凯瑟琳一直沉浸于前夫背叛了自己这件事中无法自拔。她告诉我，她一边反思，还会一边给自己贴标签。"我很孤独。""我是婚姻的失败者。""一定是因为我不够好，所以丈夫才会出轨。""我是愤怒、讨人厌的，因为我面对他时恨不得把他剁成一块块骨头。"这些标签变得越发牢固，难以摆脱；它们成了诱饵，让她一次又一次地上钩，反复回忆当时的场景。为了打破这把锁，我问了凯瑟琳一连串问题：你是唯一遭到背叛的人吗？难道世上只有你在受伤时会想报复对方吗？难道所有人遇到出轨男时都能够轻易走出来吗？你的愤怒是不是也可能有积极的一面，如让你更不容易受惊吓，并且勇敢为自己发声？人在受挫时产生负面情绪很正常，这是人性的一部分，每个人都会经历挫折，我问她能否接受这一点。最后我嘱咐她，我们可以克服负面情绪和挫折，给自己多留点儿时间，想一想可以采取哪些步骤，慢慢地花几天、几周、几个月形成解决方案。后来，她同意每天花十分钟记录自己为此所做的尝试。

这就是所谓的重构。研究人员在借助功能性磁共振成像扫描参与者的大脑时，采用类似于我给凯瑟琳提供的认知重构和重评技巧，持续追踪这些技巧打破颞顶联合区和楔前叶枷锁的进展。研究表明，40%的参与者成功地在生理上和心理上摆脱了反思的枷锁。

抑郁会使人陷入反思，而通过这项研究，我们能够找到破解反思的新方法。它跟僧侣和冥想者的见解，以及吉尔伯特和克林沃斯在哈佛大学的研究都证明同一点：活在当下，专注于眼下正在做的事情，会让人更幸福。通过恰当的工具和实践，我们可以改变大脑，创造幸福感，为生活营造更多愉悦的空间。凯瑟琳跟我聊完后，也在她的晨间仪式中增加了一分钟的呼吸训练，用于专注感受气息，并开始记录她的重构练习日记。

我最初研究这一课题时，脑海中也充满了疑问。长期以来，认知重评和重构一直属于认知行为疗法（CBT）中的有效干预措施。这些措施有助于发现和改变对自我的歪曲认知和感受，让我们自由地思考和看待事物。从神经科学角度了解我们如何陷入反思扭曲，反复讨论对过往或未来想象的冲突，并了解我们如何运用神经科学打破反思循环，是我们迈出的具有启发意义的第一步。

为什么是第一步？因为这只是破除反思的短期干预手段。人产生消极念头的习惯根深蒂固，就像一个老烟枪会下意识地抽出第二根烟，人也一遍又一遍地冒出消极念头。在更升期，我希望自己无论是在白天还是黑夜，无论是思想还是情感，都能保持一种舒适状态，与人产生高质量的连接，追求真正的激情；我希望自己能把清醒和理智带入更升期，在后半生发挥创造力，不断激发灵感与创新；我还希望看清自己实现目标的道路。如果我不慎陷入反思，就只能重复过去的生活模式。我不希望自己得来的智慧和经验平白被反思所桎梏。

我希望自己尽早预防，多集中注意力，培养元意识，即保持对思想、感觉和情感模式的警惕。元意识能让我们在走神后恢复清醒，唤醒大脑，阻止它掉入"兔子洞"。当我们的思绪被引向那个磁场强大的黑暗深处，元意识能让我们有机会改变方向。凯瑟琳一直在跟我练习这些技巧，彼此分享心得体会。我们最终都步入了正轨。

第十三章　新的专注力

专注力：思想的方向盘

旧金山到处都是坑坑洼洼，如果我开车不注意，车轮就很容易打偏。这时，如果我松开一会儿方向盘，车就会驶出车道。而当我们松开大脑的方向盘，我们就松开了元意识，失去了我们此刻的所思所感。如果我们不握紧方向盘，就会驶离幸福的车道，径直开向反思的车道。

不同性别产生的担忧和其类型有所不同。女性更担心安全，尤其是他人的安全。母亲不敢想象自己孩子遭遇事故的场面，这一点随着年龄增长也不会改变。即便你已耄耋之年，你仍然会担心年近古稀的子女会得癌症。受"妈妈脑"影响，你总会忍不住胡思乱想。这种负面场景会让人心生执念，而非专注，这同样只是反思的磁锁。执念是仓鼠跑轮中消极思想的重要组成部分，是我们对某个人、某种物质、某样事物或某种地位的痴迷，仿佛余音绕梁，在你脑海中连续不断地发出回响。

专注力很灵活，可以让你察觉到自己正在陷入执迷，及时喊停，并且把思绪拽回来。这与前面所说的思绪飘荡（大脑开启默认模式网络）不同。我们总说要保持警惕、留心观察，这听起来有些尴尬和害羞，像是不停地追着一个闹腾的小孩跑。但曾经，即便是糗事我们也一点一点学着做，我们学会了把勺子送进嘴里，学会了刷牙，学会了骑自行车，然后学会了开车。久而久之，这些技能转移到了大脑默认模式网络，思维的漫游、反刍和坚持也都发生在这里。如果你一直坚持新习惯，协调性和肌肉力量都会越来越好，慢慢地变成了自动反应。让自己自然地进入专注、放松、准备、清醒和警惕等状态，这也可以成为一种习惯。

当专注成为一种习惯，它也能转移到大脑默认模式网络。长年累月（可不是说几天、几周或几个月噢，是几年），你也可以毫不费力地保持专注。不再有每月的激素波动影响大脑回路后，我们更容易专注。

你没法让一个好动的一岁小孩端端正正地坐好，同理，当你打算悄悄地把注意力放在任何事物上，注意力就会消失，全凭大脑的操控。我们或许会沮丧，或许会享受大脑的能量和创造力。当我们把思维从漫游中拽回来，让自己从犯困状态中清醒过来，这都能让我们变得更强大。就像我们为了锻炼肌肉，会反复练习弯举。

通过调动新的意识肌肉，我们能避免掉入"兔子洞"，不因忧虑、消极攀比、不切实际的期望和对未来的恐惧而受到蛊惑。在更升期，我们要寻找更积极的途径，避免消极想法四处飘荡，如不看社交媒体，多散步，多使用苹果手机或苹果手表上的 Breathe 软件[1]、拒绝跟那些会伤害你的人打电话或共进午餐。

至于那些想法极为活跃、根本闲不下来的人，适度运动或舒展身体也许是个让人专注的办法。对凯瑟琳来说，平衡姿势对她很有效。"我之前总是很难平静，"她说，"过渡期让我的神经更紧绷，很难集中注意力。我唯一能集中注意力的时候，是做瑜伽的平衡姿势。"这很有道理。如果身体失衡，会很危险，如你会担心自己摔倒甚至骨折，所以小脑会激活平衡所需的神经网络以保持警惕。你可以想象自己在一个稳定的圆盘、横梁或是任何你觉得可能的物体上保持平衡的感觉，来激活同样的神经回路，调

---

[1] 一款可用于放松和呼吸训练的心理健康软件。

动大脑在此刻或许是对某件冥想中的事物保持警惕，你会在这一刻得到滋养（详见附录）、安全、放松和同情。

冥想可以激发大脑神经系统和神经化学物质的最佳状态，释放催产素和多巴胺，以及其他促进亲密和奖励的化学物质。只要你专注于呼吸，就可以激活迷走神经系统。将注意力放在呼吸上，向迷走神经发出信号，激活处于放松状态的副交感神经系统，抵消交感神经系统肾上腺激发的威胁反应系统。你得到滋养的时刻表明你是安全的，迷走神经开始就位，准备刺激副交感神经系统。

鼻孔交替呼吸、观察呼吸、身体扫描、当下的觉察、祈祷、滋养时刻、同情心训练、十二步计划等（详见附录），有这么多方法供你选择。你可能在瑜伽课上听过、见过或是练过其中的方法。如果你没有从中学到任何技巧，我也希望你能记住，专注是更升期的关键。如果你每天能抽点时间，学习并运用某一种方法，最后熟练掌握，你就能开始控制自己的想法，尽情引导它们的去向。你可以每天练习 30 秒。

思维固执、僵化的反面，是大脑持续获得愉悦感，并得到激励：黛安娜重新找到了工作的重心，阿林娜激起了保护环境的新热情，凯瑟琳逐渐能够驾驭自己的思想，以及我面对更升期的到来心花怒放。我们能够想象、表现并最终稳定自己的更升期。最幸运的是，激素不再大起大落后，我们更能够保持专注。它变得非常容易，唾手可得。

第十四章
活得久还是活得健康？

我母亲的朋友贝尔在 20 世纪 40 年代离了婚，并从未再婚。她是个不折不扣的高尔夫球迷和户外迷。她在 50 年代只身一人去非洲旅行，在澳大利亚和意大利都有情人。她从不乘高尔夫球车，更喜欢在球场上漫步。等她到了 80 岁，她依然选择打九洞而不是搭车。

贝尔非常聪明，声音爽朗，说话总是带着一股纽约口音。她的孙子孙女跟她打电话，她总是笑着把老式按键电话的听筒举起来，于是整个房间里的人都能听到她说话。她热衷于阅读，每周打一回桥牌，晚饭后总爱嘬一口雪利酒。她享年 84 岁。尽管她没有患病，但在她去看医生做体检时，爬楼梯爬累了，便坐在台阶上，因心脏衰竭而过世。

我的姑姥姥哈莉特嫁给了一个脾气暴躁的男人，但她很长寿，享年 95 岁。我的姑姥姥一生中基本不怎么锻炼，姑姥爷去世时她已经快 70 岁了。她经常喝马提尼，除了担心容易长胖外，她不怎么担心自己饮食的健康问题。古稀之年的姑姥姥认知能力开始下降。我们家人都很清楚，她已经被听力问题困扰了十年，但她什么也不打算做。听力损失和认知能力下降可能同时发生。

我们不知道助听器能否减缓认知衰退，但我们知道，助听器可以降低因孤独而导致的抑郁概率。抑郁会影响人的思维清晰度和情绪调节能力。我们担心哈莉特是因为怕丢脸才不愿戴助听器。

哈莉特年岁渐高，步入耄耋之年，膝盖也不灵光了，哪儿也去不了。除了要去医院，她大部分时间待在家里。医生给她开的药越来越多，帮她控制血压，缓解恐惧和悲伤，治疗关节疼痛和失眠问题。后来她患上了帕金森病，生命的最后七年全靠别人的照顾。她后来连家人也不认得，情绪一直处于混乱状态，在痛苦中走完了生命的全程。哈莉特比贝尔多活了 11 年，但她的健康寿命，也就是她能够从身心层面享受高质量生活的时间，可能比贝尔还要短上 14 年左右。每个人都希望能依据自己的喜好，选择自己想要的生活。在更升期，我希望自己能活得健康，而不仅仅是活得久。但想活得健康，容易吗？

衡量医学的成功

不妨思考一下，我们如何衡量医学的成功？有个指标可以帮我们做出判断：看患者是否死亡。衡量医学成功不是看健康质量或是生者的生活质量。有时挽救了一条生命，即便这个人卧床不起或终身昏迷，这也是医学的成功。如果避免死亡是判断医学成功的唯一标志，这对我们的生活质量意味着什么？

一百多年来，医学一直聚焦于延长寿命，一些年轻男性和少数女性肩负起拯救生命的崇高使命，推动改变世界的创新。于是医学界研制出了青霉素，生产了疫苗对抗天花、脊髓灰质炎、肺炎和新冠病毒，有了心脏药物、癌症化疗、器官移植、降胆固醇药物，还有人造关节。这些药物和方案都是为了延长生命。在癌症和心血管健康方面，医学界也付出心血扭转了早逝的趋势。这当然值得庆祝。但与此同时，这些成就也伴随着巨大的代价。

美国拥有世界上最大、最昂贵的医疗系统。美国居民在"医疗保健"上的开支高于世界上其他任何国家居民。因此，生活在美国的人理应比其他国家的人更长寿，健康状况更好。但事实并非如此。如果你把美国人的寿命和健康状况与其他发达国家的居民相比较时，你会发现美国几乎在各个方面垫底，包括寿命、心脏病、癌症，尤其是孕产妇和婴儿死亡率。

从健康生活的角度看，女性在后半生的健康水平肯定会有所下降，虽然我们没有数据直接证明这一点，但要推断出这一点并不难。除了生殖健康外，医学教育对女性健康的描述不过只言片语。人口统计数据告诉我们，60岁以上女性自杀人数增长最为快速，但即便数据赤裸裸地摆在我们面前，我们依然选择了忽视。尽管有许多不利条件，但青年医生基于战胜死亡的研究和实践目标，不仅为医学规划了方向，也为保障我们老年生活的质量指明了方向。

知识就是（也可能不是）力量

我们无法控制影响健康的每个因素。导致疾病的因素和情况有许多，我们无法面面俱到，控制所有的因素。贫困会增加我们患心脏病和呼吸道疾病的风险。母亲在怀孕期间吸烟也会增加宝宝患病的风险。创伤对寿命和疾病易感性都有影响，我们也可能因为周围空气、水或土壤中的污染物而不知不觉中毒。在新泽西州某个地区长大的人，因水中含有毒素，患膀胱癌的风险更高；而在墨西哥湾沿岸提炼石油的金三角地区长大的人，患哮喘和血癌的风险则更高。孩子或伴侣去世会导致人患心碎综合征，也会影响健康。但这些疾病都不是我们的错。我们不是失败者，其他患者也不是。因为这种环境影响完全不在我们可控范围内，也因为痛苦本身就是生命的一部分。生命的终点是死亡，而非错误。我们要学会接受现实。

遗传因素也不在我们的可控范围之内。南希·韦克斯勒（Nancy Wexler）是一位著名的遗传学家，致力于研究亨廷顿病的基因问题。亨廷顿病是一种家族遗传疾病，轻则使人虚弱，重则致命。正常来讲，如果你父母其中一人携带某种基因，那么你遗传该基因概率是 50%。但亨廷顿病是单基因显性遗传疾病，也就是说，只要这个基因存在，那么患病的概率就是 100%。韦克斯勒博士的母亲、叔叔和祖父都因患亨廷顿病而过世，她本人也遗传了这个基因。

许多疾病都可以检测出遗传因素，如乳腺癌的 BRCA 突变、阿尔茨海默病的 APOE4 变体和镰刀型细胞贫血病的镰状细胞基因。然而，并不是每一种突变都有基因表达。我们知道亨廷顿病有基因表达，两个镰状细胞突变也有基因表达。镰状细胞基因突变的人群患病概率是 100%。但在其他情况中，仅仅因为你有这个基因，并不表示你一定会患病。以 BRCA 基因为例，BRCA 突变的女性有 80% 会患乳腺癌，同理，即使携带两个 APOE4 变体也并不一定就会患阿尔茨海默病。

如果你的家族有疾病史，那么你携带相关基因的可能性就更高。有些疾病，如乳腺癌，我们可以通过基因检测得知患病的相对概率。至于是否要获取这一信息，完全取决于你个人。有时，提前获悉可以让你及早采取预防措施，如对诊断方法更警惕，或是如果你有 BRCA 基因突变，就可以接受预防性乳腺切除和卵

第十四章 活得久还是活得健康？

巢切除手术。你也可以根据自己的基因构成，了解某种化疗药物对特定癌症的疗效。因此，在某些情况下，基因信息可以为你的行动指路。不过在多数情况下，基因信息没有实际可操作的价值，别指望它会告诉你应该吃什么。目前的基因检测还没高级到这个地步呢。

在看诊和基因检测过程中获取的信息也许会让我们产生宿命感，做出改变人生命运的决定。《厨房餐桌智慧》（*Kitchen Table Wisdom*）的作者 R.N. 雷曼（R.N. Remen）在年轻时就得知，她患有严重的克罗恩病，寿命不长。医生说她不会活过 40 岁。因此，雷曼选择了不婚不育，因为她不想让别人承受丧妻或丧母之痛，但雷曼活过了 40 岁，甚至在我写下这本书的时候她仍健在，如今已有 80 岁高龄。

如果雷曼当初不知道自己可能会早逝，不知她会过上怎样不同的人生。有证据表明，有时确实无知便是福。医学上专门将一类老人称为"超级长寿者"。这一类老人都已年过古稀，但智力和身体状态却相当年轻，感觉比实际年龄小上几十岁。在南加州的一项研究中，一些超级长寿者在去世后其大脑专门被送去研究。其中几名九十多岁女性的磁共振扫描结果却让研究人员惊掉了下巴：这些女性生前的健康状态仍然保持得很好，每周还能打打桥牌，但她们的大脑跟一些阿尔茨海默病患者的大脑一样，外表看起来像被虫蛀过。解剖她们的大脑时发现，大脑内部也跟典型阿尔茨海默病患者一样，有缠结和斑块状组织，然而她们的大脑认知功能完好无损。从来没有人告诉过她们，按理讲，根据她们的大脑扫描结果，她们的认知能力其实出现了严重衰退。我好奇的是，这些大脑扫描结果会影响这些超级长寿者的生活吗？如果医生告诉她们，扫描结果表明她们有明显的痴呆症迹象，她们还能继续保持健康长寿吗？会因此放弃吗？一旦她们开始服药，会出现副作用降低生活质量或是认知衰退更严重吗？

在医学中有个现象叫"意外发现"。例如，在我45岁左右，我经常扭伤脚踝。骨科医生给我拍了很多次X光片，但没有发现任何问题，只好给我配了矫形器。由于这没有任何效果，我去做了核磁共振。这次倒是有了新发现，医生诊断我得了"剥脱性骨软骨炎"，也就是"踝骨上长了一个洞"。医生认为，就是这个脚踝上的洞才导致了种种问题。可当我得知修复这个洞可能带来更多问题时，我决定还是找理疗师帮我看看。理疗师给我做了按摩，解决了一些肌腱和肌肉收缩问题，原来是肌腱和肌肉收缩让脚踝发生了偏向。结果不到半年，我的病就好了。在接下来的20年里，我再也没有扭伤过脚踝。

我骨头上的洞其实跟脚踝扭伤无关，这是一个"意外发现"。有时候，新发现只是为了转移注意力，医生会给你一个解释，但这个解释其实并不治本。不是说扫描发现了什么，就代表是哪儿出了问题，只能说有一定的可能性。

南希·韦克斯勒选择不做亨廷顿病基因测试。她觉得，如果自己年纪轻轻就发现体内携带了亨廷顿病基因，她余生都无法尽兴地生活。因此，她决定尽可能充满活力的健康生活。等她到了70岁，因为病发而卧床时，她告诉我，她从来不后悔自己当初的决定。

当然，无知也不总是福。但你可以依据对自己的判断，决定是否让信息影响你的决策。医生发现，如果告知患者他们的寿命只剩下多少天，患者往往就会当真，去世时间也恰恰跟医生所说的吻合。仿佛医生能够预言死亡，拥有宣判人死亡时间的能力。这其实体现了建议的分量之重。如果你决定做基因检测，记得找一个医生和基因顾问，帮你认真研究接下来的选择，尽可能地获取多种意见和观点。多花点心思，看病可没有一站式网购的体验。

自过渡期以来，我很清楚自己想过什么样的老年生活，能够活得健康就是我的目标。我希望自己能保持头脑敏锐、身体灵活。确实，我不能掌控自己的衰老，但我可以尽最大努力让认知保持敏锐、无畏、活跃，并尽可能做到精力充沛。这样做一定有用，一定能保证我过上健康的生活吗？我也说不好。毕竟一切皆有可能发生。但至少通过当下的努力，我能决定自己怎样迈入人生更升期的最后几十年。

认知能力下降和老年性痴呆——真正的风险

癌症总是让人捉摸不透。在癌症早期，你感知不到痛觉，可能只会感觉身体里有个肿块，或是在扫描检查时才发现。作为一名医学生，每次当我看到癌症相关的文章时，都会多按压几次我的腹部和乳房，寻找有没有无痛肿块。这种文章看得越多，就越频繁地检查自己身体的各个部位。那时，我还不知道什么是纤维囊肿和乳房肿块，但我摸到自己有肿块，以为有肿块就会得乳腺癌，我总归是短命之人，但后来结果并不是这样。看多了这种文章会让人受到心理暗示，这在医学生当中很常见，我们太过于相信自己读到的内容。

女性确实有患老年性痴呆的风险，但并不代表你一定会得老年性痴呆。我希望你吸取我的教训，不要因为看了这一节内容而患上假想病。还记得前面提到的"超级长寿者"吗？即便她们已有九十多岁高龄，她们的大脑扫描结果也显示有痴呆症的迹象，但她们依然拥有认知控制力。还有年近 80 岁的贝尔，依然身手矫健，经常在高尔夫球场打球，每周跟人打桥牌；以及在更升期，大脑发生了结构性变化，无法同时处理多项任务，这都很正常。我希望你在阅读下文时，能记住这些点，免于让自己陷入名为"担忧"的仓鼠跑轮之中。

随着年龄增长，我们的认知能力和记忆力会逐渐衰退。一般而言，女性的恢复能力更强，但仍有近两成女性被诊断出阿尔茨海默病。跟 20 世纪 50 年代治疗癌症和心脏病一样，我们还未找到阿尔茨海默病的有效治疗方案。阿尔茨海默病是最为常见的痴呆症，且女性患病的风险更高，最主要的原因可能是女性更长寿。在 20 世纪 80 年代，女性患阿尔茨海默病的风险上升了，有两成女性会得阿尔茨海默病，而男性仅有一成。从理论上看，等人们活到八十多岁，身体不够硬朗的人早已离世。而研究人员认为，即便她们幸存了，患阿尔茨海默病的风险依然一样高。

雌激素对大脑有益，但关于它能否预防阿尔茨海默病，却仍未有定论。多项研究表明，在 60 岁后开始使用雌激素已经无济于事。2003 年，一项专门研究携带至少一种 APOE4 变体女性的调查表明，在 64 岁后开始使用雌激素和黄体酮容易引发痴呆症。虽然雌激素有助于记忆和学习，但选的时机不对，甚至可能是弊大于利的。因此，如果你已经历十年更升期，且尚未接受激素治疗，那么最好不要盲目使用激素。但如果你是 45 岁至 55 岁，科学依据表明，长期的激素治疗可能会降低你患任何神经变性疾病[1]的风险，包括阿尔茨海默病在内。当然，还有许多其他策略

---

[1] 指由于神经元变性、凋亡所导致的神经系统退行性疾病。

第十四章　活得久还是活得健康？

有助于提升认知，如自我关爱，保证充分的锻炼和睡眠，调节饮食和压力，以及照顾微生物群等。

虽然没有证据表明雌激素本身能够治疗阿尔茨海默病，但雌激素确实对大脑益处多多。激素治疗可以让你抵抗炎症，避免认知能力加速退化。雌激素刺激大脑发育，带来动力，让人保持对生活的热情，照顾好自己。这些都有助于保护认知。研究表明，女性即便携带 APOE4 变体，但倘若能每周坚持 5 至 6 小时的适度有氧运动，通过改善饮食和服用他汀类药物降低胆固醇，也能在相当长一段时间里维持认知能力。

如果你携带了两种 APOE4 变体，属于那极少数的 2% 至 3% 的人，你患阿尔茨海默病的概率则高达 90%。25% 的女性相对幸运，只携带一种 APOE4 变体，但她们患阿尔茨海默病的风险也高于常人。我还有一个数据，只有 37% 的阿尔茨海默病患者带有 APOE4 变体。因此，对我们多数人来说，风险并不高。无论你面对什么样的风险，都能做些事情来降低风险。如果你发现自己正处于过渡期中后期，从现在开始锻炼，戒烟戒酒，控制体重和胆固醇，跟医生讨论要不要接受激素治疗。经验证，这些措施都能缓解大脑炎症，保护认知，有余力的话可以全都试试。

现在，你可以想一想小猫、小狗和婴儿。去拥抱它们或找个相关的视频让自己分泌催产素。然后深呼吸，不要陷入反思，怀疑自己患有老年性痴呆。你大概率不会得老年性痴呆。我所讲的这些，只是想客观地向你陈述事实，让你知道女性患老年性痴呆的风险更高。

接下来，我会讲解一下激素治疗对大脑健康的影响。雌激素是大脑中一连串神经化学过程的关键激素。雌激素有助于神经元连接；有助于大脑利用葡萄糖和糖获取能量；有助于免疫系统保护神经元，在面临炎症等无法避免的攻击时，能使人迅速恢复并重新找到平衡。雌激素能引发一系列让人感觉良好的反应，包括分泌抗焦虑的神经化学物质 γ - 氨基丁酸和释放内啡肽，跟我们跑步产生的快感一样。雌激素也有助于缓解疼痛和抑郁，促进血液循环，保证大脑中的血液、氧气和营养输送以保持健康。雌激素能够调节大脑中的炎症，比起男性，女性大脑更能发挥星形胶质细胞和小胶质细胞清理垃圾、输送营养的作用。同时，这两类细胞也更加不容易变成"僵尸"细胞喷出毒素，从而危及认知。这可能能够解释，四十多岁仍有雌激素的女性跟同龄男性比，为什么不容易早发阿尔茨海默病。

女性大脑在过渡期的早中期会接受冲击。相比于同龄男性，女性的大脑回路发生了巨变。当雌激素分泌跌至谷底，大脑能量严重供应不足，妨碍了大脑获得并有效利用这些能量。雌激素是女性大脑新陈代谢的主要调节器，能够促进葡萄糖的摄取，大脑最需要的能量补给就是葡萄糖。雌激素能调动线粒体，为体内所有细胞供能。雌激素还能保护细胞免受衰老细胞释放的毒素损害；防止细胞死亡；保持体内钙元素平衡，增强骨骼。雌激素能够维持血脑屏障的健康，防止血液循环中的有害物质进入大脑。雌激素在男性大脑中的作用也同样如此，只是男性没有过渡期，不会出现雌激素骤降，大脑灰白质减少，以及大脑回路的大规模变化。睾酮能转化为雌激素，相当于始终保持雌激素供应。科学家目前正在研究女性在过渡期出现雌激素下降，是否为女性认知能力下降的转折点。

雌激素下降，通过血脑屏障输送葡萄糖的能力也会急剧减

第十四章 活得久还是活得健康？

弱。当大脑试图适应较低水平的葡萄糖时，会引发一连串的代谢效应，这也表明大脑的前炎症细胞因子调节能力下降。雌激素水平低会引起身体潮热，容易引发糖尿病，同时不容易控制体内的炎症。"我之前的血液指标都很正常，"特丽告诉我，"但没想到在过渡期，我的炎症标志物指标会这么高。没人跟我解释其中的道理，我也是后来才知道，噢，原来是激素变化导致的。"

过渡期和更升期出现的脑雾并不是痴呆症，也不是阿尔茨海默病的先兆，其主要是雌激素水平降低引起的，所以可以通过激素治疗来修复。再强调一下，这不是痴呆症。你没有痴呆症发作。脑雾只是一时的，可以治好。

2005 年，我接受全子宫切除术后，在术后恢复室让医生给我在臀部贴了一片雌激素贴片。虽说 2002 年的《女性健康倡议》报告发布后，传统医学便对激素治疗望而却步，但我知道这份报告并不严谨，为了大脑健康，承受这点风险我也愿意。

这完全是我个人的选择，你也可以有自己的选择。

如果你不打算接受激素治疗，或是体质不允许，那就尽己所能地对抗炎症：增加锻炼，科学饮食，保证睡眠充足，尽量减压。附录里还有一些别的建议可供参考。

很多女性知道自己有阿尔茨海默病家族史或是有一两个 APOE4 变体后，就会定期做脑部扫描，留心自己会不会也得痴呆症。就我自己而言，在我了解了超级长寿者的大脑状况后，我便开始怀疑：我真的需要知道大脑的状况吗？如果我能从中找到解决办法，那么我肯定会想要获得，但是如果只是告诉我，我携带了 APOE4 变体，有什么用呢？我唯一能降低风险的办法，就是培养良好习惯来缓解炎症，服用他汀类药物，减缓大脑衰退的速度。事实表明，他汀类药物可以降低近 30% 患痴呆症的概率。

我才因此想方设法，从专注力、冥想、饮食、胆固醇控制、运动、睡眠、社交、保持内心平静等方面入手，让大脑在更升期保持良好状态。

如果我知道自己携带 APOE4 变体，恐怕生活会变得一团糟。我会不停地寻找蛛丝马迹，寻找发病的迹象。但这仅代表我个人，我会容易陷入抓狂状态。而《阿尔茨海默病的幸存者》(*Surviving Alzheimer's*) 一书的作者宝拉·斯宾塞·斯科特（Paula Spencer Scott），她跟我的心态完全相反。她在得知自己携带 APOE4 变体后，反而得到了更多力量。不像研究人员担心的那样，会让人压力倍增、抑郁发作，她反而特地去做了全身体检。她发现自己某些炎症标志物指标偏高，并得知这可能加速大脑健康恶化后，便立刻采取了行动。她写道：

没有比身体虚弱更能激励我做出改变的事了。我破天荒地走进了健身房，请了健身教练，开始做对大脑有益的高强度间歇训练。

（我学到了，像我之前那样仅仅靠走路是不够的。）我开始严格把控我的地中海饮食，服用处方补充剂，通过正念冥想让大脑"休息"，等等。

两年过去了，我的认知能力有所提高，胆固醇也降低了，我会继续保持。没想到我到了 60 岁，比 40 岁的自己更强壮（没错，我增重了几磅……不过都是肌肉！）

我现在的所有决定都围绕着保持大脑健康，经常会想：这对大脑有好处还是坏处？

而对有些人来说，得知检测结果可能会导致睡眠质量下降，出现高血压、血糖异常、应激反应等。瑞士研究人员认为，拥有动机，即改善认知健康的动机，可能对轻度认知障碍起到保护作用。

非处方药和处方药对大脑的潜在威胁

卡洛尔近乎崩溃地找到我，"卢安，不知道怎么回事，我妈妈的状况突然恶化。"她带着哭腔，强忍着不哭出来。"她一直保持着身材，坚持锻炼，思维活跃，脑袋很灵活。但不知怎的，短短不到两周时间，她从自己照顾自己变成了需要全天候护理，根本无法自理。"

我见过卡洛尔的母亲海伦，80岁出头，没有老年性痴呆的遗传风险。而且卡洛尔的外婆活到了九十多岁，直到去世前认知还很清醒。我问卡洛尔能不能去她家，顺便让她找出母亲正在服用的非处方药和处方药。

我们在客厅坐下，药瓶整整齐齐地摆在咖啡桌上。一瓶去甲替林赫然映入眼帘，这是三环抗抑郁药，许多治疗会用它来止痛。两周前，医生给海伦开了这瓶去甲替林，用于缓解慢性关节炎疼痛，但同时，去甲替林的副作用会导致口干舌燥、眼睛干涩和排尿困难。如果你身体的某个部位出现干燥、难以控制等问题，你的大脑也会同时面临着挑战。对某些人来说，抗胆碱能药会对注意力、记忆力，甚至整个记忆系统产生冲击。胆碱和乙酰胆碱这两种神经化学物质能控制醒睡周期，是记忆巩固环节的一部分。泰诺和苯海拉明也有抗胆碱能作用。

不是所有人服用去甲替林都会出现副作用，但随着年龄的增长，副作用发生的概率大大增加。等你到了75岁，体内新陈代谢减慢，身体清除药物就需要更长时间。50岁的你可能只需24小时就能代谢安定药，但到了75岁，药物可能会在体内停留三至十天。患者如果继续每天服药，体内药物积聚，就可能导致出现痴呆症状。

服药一天一次是基于20至50岁男性的平均代谢率。所有的儿科医生都知道，必须根据儿童的体重和新陈代谢水平来调整剂量。但很少有医生会关注偏瘦女性和50岁以上中老年人的服药剂量。至于70岁以上的老年人，体重和肌肉含量下降，新陈代谢能力也随之下降。药物的半衰期[1]，也会变得更长。补品的吸收代谢也同理。因此，只需保证某些药物的每周有效剂量摄入达标即可。

如果患者能跟医生明确沟通情况，医生开药时可以适当降低剂量。但面对记忆力下降、意识错乱或情绪问题，我们通常会觉得："是我个人的问题。我老了，会这样很正常。"但凡家人、朋友、伴侣或医生注意到你的变化，并且让你及时停药，事情就会有转机。海伦停用了几天去甲替林，认知问题便消失了。众所周知，抗胆碱能药造成的记忆问题是可逆的。

在你开始预防性服药前，必须确保它对你的身体作用利大于弊。很多女性为了预防中风，每日口服低剂量阿司匹林，这很可能引起胃出血等不良反应，比中风引起的问题更严重。对有些人来说，每日服用阿司匹林甚至可能引起中风的反应。比如你身上有斑块，同时又服用阿司匹林或抗凝剂，动脉斑块处可能会轻微出血，这些斑块脱落后就可能引起中风——但你服用阿司匹林或

---

[1] 药物代谢的重要指标，指药物在体内或血浆内浓度代谢一半所需要的时间。

第十四章 活得久还是活得健康？

抗凝剂恰恰是为了预防中风。因此，我们尤其不建议女性预防性服药。但如果你属于心脏病高发人群，那么采取预防措施或降低风险是有必要的。心脏病发作时请立即拨打120，并迅速咀嚼一整粒阿司匹林。而如果你发病风险较低，预防性服药可能不但无用，甚至还会有害。如果发病风险中等，最好找医生讨论是否需要服药。

我的家族有心脏病史。我的低密度脂蛋白（也就是坏胆固醇）值偏高，血压在130/80mmHg上下浮动，所以在我60岁初，我想知道自己是否也有发病风险。我做了全套的扫描，检查有没有可能形成斑块的钙质堆积。检查结果显示，我的钙含量占比56%。于是医生让我服一种他汀类药物——瑞舒伐他汀钙片（可定）。服药没过几天，我就出现了视力模糊和脑雾，服药后也无法正常工作。于是我问医生："我心脏病发作的风险高吗？"她回复我："不高。"于是我追问她为什么开这个药。她一开口就说："研究表明……"研究可以表明很多东西，科学又不断发生着变化。于是我很快打断她，"好，但这种他汀类药物我没法再服用了"。医生说："行吧，那我们来做进一步检查，每六个月复检，观察情况。"考虑到我的低密度脂蛋白一直很高，我便遵照医嘱尝试了另一种他汀类药物，目前还在寻找适合我服用的药物。同时，我把雌激素从口服改为了外用。口服雌激素会增加中风的风险，但外用时就没有这种风险，所以我改为使用雌激素贴片。

在此澄清一下，我所提到的停药和接受激素治疗并不构成建议。最终一切都以你最熟悉、信任的医生给出的建议为准。你的个人医生，跟你打过交道，自然更了解情况。另外，一定要记得多提问。每年评估一下所用药物和补充剂的剂量，停止不必要的用药。如果医生年龄未及 50 岁,可以找人陪你一起去。一个人的话医生可能听不进,多个人多份力。

判断医学成功需要有新的维度,以此转变医学的核心价值观。我建议增加一项"提升生活质量"的维度,但这一判断有个前提,需要我们能够坦然面对死亡,把它当作事实而非某种错误。直视死亡,并谈论死亡,可能违背了神经系统的生存本能,但如果我们不直视它,便会一直陷入否认死亡所引起的潜在焦虑。

要想树立新维度,最好的办法就是了解自己内心深处最渴望的终极目标。无论是倾诉也好,写作也罢,把你最想做的事告诉亲近的人,你会发现许多机会的大门向你敞开了。

第十五章
变，变，变

虽然我不是天主教教徒，但黛安娜邀请了我，我出席了教会在华盛顿特区举行的发愿仪式。见习修女们修道11年后，将完成她们正式成为修女的宣誓。我们坐在教堂后排位置，看着几十名主教和红衣主教头戴红色高帽，一个接一个地朝祭坛走去，每个人看上去都有两米多高。炉烟摇曳，琴声入耳，主教们依次在中殿台上的天鹅绒座位落座。我从小在新教教堂长大，所以第一次见到这种场面，非常难以接受。在那一瞬间，我感受到了男权几千年来的压迫。

主教落座后，教堂瞬间安静下来，空气都仿佛静止了。这就像在婚礼上，气氛和配乐忽然一转，提示宾客们转向新娘出场的入口。万万没想到的是，一个身形娇小的女人出现了，仅有1.5米高的她此刻却仿佛照亮了整座教堂，方才的阵仗和隆重场面都不足为道。特蕾莎修女身着朴素的蓝白相间的纱丽，面带微笑缓缓走向祭坛，最后在左前方几位红衣主教旁落座。所有人都能感觉到，她浑身上下散发着祥和的气息。特蕾莎修女的出现瞬间让原本庄重肃穆的氛围拥有了纯粹的爱与交流感。我从来没有在谁身上感受过这种力量，而且这个人还是一名女性！

我扭头望向特蕾莎修女，意识到她正处于更升期。我从不奢求成为圣徒，也不想成为圣徒。有时，她的政治观点我无法认同，但她的爱和态度毋庸置疑。她不知疲倦地向世人给予关怀，不曾吝啬过关心。她也不曾退却，没有选择过一种更慢、更舒适的生活。她从未淡出公众的视野。世人都说"女性到了一定年纪就惹人生嫌，失去了价值"，这于她而言无疑是无稽之谈。

根据我对女性大脑和神经生物学的了解，女性往往没能在后半生发挥自己的天赋。"就这样吧，我想过得安逸点。"我们难免产生这种想法。是，是可以选择安逸，但我后来才意识到，这种心态并不能让人进入更升期。相反，这也许是个陷阱。随着无意义感不断滋生，它会给我们带来痛苦，也会给女性后代带去痛苦，因为我们无法给她们提供有益的帮助。我们选择了安逸，便是把难题留给了女性后代，得靠她们努力去追求我们求而不得的东西。

女性过了50岁，已饱经世故，伤痕累累而麻木不觉（待孩子成年后，我们会回忆起一二）。就是现在，我希望你坦诚地面对自己，倾听自己的心声。"在我接受激素治疗之前，我仿佛处处碰壁。"特丽说，"我一直在等，等大脑清醒过来，等我的精力恢复，不知何年何月能再投入复杂、强度大的设计项目。我慢慢地觉得自己的生活失去了价值。"我也有过类似的经历，当时我加入了一支年轻的创业团队。在创业的快节奏下，我不知道自己能给团队提供什么。他们当初招我，是看中我有30年的从业经验，但似乎没时间停下来等我跟上他们的步伐，给他们提供建议。这个社会不尊重智慧，于是我们也不再重视自己的智慧。我花了一段时间才适应团队的节奏，并尽我所能提供见解，帮助他们打开格局。

第十五章　变，变，变

年轻人会以为自己什么都行，并且让你也这样以为，所以当他们发现你替他们考虑了更多东西，他们会很惊讶，可能需要消化一段时间才能领会你所提供的价值。这一切的前提是，你也要认可自己，认可你所经历的时间对他们有价值。就像我们在 20 岁时，满腔热血，对自己充满了信任。继续相信自己，相信我们能够直面内心的真实。毕竟人生能得几回信任，此时不信，更待何时？

开启后半生的发展阶段就要躲开过渡期后的安逸陷阱，自己给自己做主。但目前，这一阶段还没能得到太多人的关注、讨论和构想。在这一阶段，我们不认为 50 岁以上女性拍内衣广告会让人反感；我们不会因为别人三言两语就轻易放弃；我们只会比别人活得更久。

生活里处处有天才。天才不分种族、性别、地区，也不管你有没有把银发染成紫发。女性曾为生命的延续倾尽心血，谁说女性没有能耐？这个社会需要女性贡献聪明才智，想让我们退场，还早着呢！

在心理科和精神科，医生会梳理人的不同发展阶段，有助于理解患者当下所处的状态，便于医生对症下药。常识告诉我们，面对 15 岁的男孩和 48 岁的妇女，我们说话的用词或心态应当有所区别。每个发展阶段都有不同的挑战和目标。在青春期，个人意识的膨胀成了家庭矛盾的主要导火线。成年不久后，我们对梦想的追求占据了上风，前额叶皮层的活动都围绕着成家立业、功成名就和财富积累展开。而在生育期，我们一直在畅想未来。这就是心理学家梳理的所谓"成年"的发展阶段。但接下来的路要怎么走，会进入什么样的阶段呢？我们会展开怎样的想象，有什么新的梦想要实现？生育期结束后，一直到我们临终前，我们还要解决什么问题？

更升期其实是女性后半生发展阶段的完整表述。我们得先了解有哪些发展阶段，才能更好地迈入更升期。

克服过渡期思维——第一阶段：战胜恶魔，停止容貌焦虑

性意识突然觉醒后，随之而来的是我们情绪的无端变化，以及莫名其妙的尴尬感。但多年后，我们会逐渐适应这种新身份。如果没有这种身份认同，问题可就大了：要是 25 岁女性的性格和心智仍与一个 9 岁女孩儿无异，只要不是什么不治之症，她就可能被送进我的诊室，希望通过治疗让她更好地成长并融入社会。

过渡期和更升期的性认同也有类似变化。自青春期后，我们可能第一次对自己的性认同产生怀疑。我们发现自己不再活在男人幻想里，这一想法可能会颠覆大脑的认知。当然，我们的脑岛会把我们拽回去，让我们感受体内习惯的感知，想方设法让我们维持原来的性认同，包括冒风险去做手术。但是，就像我们看到风情万种的小孩儿或过分孩子气的女性时会感到不适，如果硬要让一副全新的身心接纳过去的认知，也会让人觉得别扭。每天保持原来的样貌，对现实视若无睹，也挺费心耗神。不仅你自己难受，你周围的人也会难受，但大家不会告诉你，相反他们会发自肺腑地夸你，夸你付出的这些努力没有白费。他们表达的语气很强烈，也许只是为了掩饰内心的震惊，生怕你怀疑他们的真心。可当我们任由自己长出白发，长出皱纹，他们的语气也不会有太大变化。在这一阶段，女性似乎一事无成，屡战屡败。

第十五章 变，变，变

在女性的生育期，我们自然会把大部分精力放在自己的头发、妆容、穿搭、身材和体重上。我还记得我年轻时，总觉得换个发型或者发色就是在告诉别人：这是全新的"我"。而在更升期，情况有所不同：我不必再染发，而是呈现我的"本色"；我的衣柜和审美也不必再走性感风和炫富，而是自然展现我内在的变化，呈现出激素褪去后的平静。这完全取决于你，向别人公开自己的更升期变化需要巨大的勇气。我也会担心我丈夫、家人和朋友的反应，（当然还有）讨厌的人的反应。我担心如果自己不整容、不染发、不化妆，大家会觉得我邋遢。我担心自己会受到排挤和羞辱，不再像之前那样经常受邀发言、参加高层会议、担任主心骨等。有这种想法很正常。作为人类，尤其是作为女性，我们是社会性的存在，所以即便是在更升期，失去归属感也依然会给女性致命一击。我们害怕失去归属感，这是妨碍女性在这个年纪勇敢做自己的一大绊脚石。

当然，我自己也仍然处于摸索阶段，不过心境已有了很大不同：既然我的内在在变得更善良、更友好、不容易嫉妒，那么我的外在自然也应该有所体现，告诉女性朋友们，我拒绝雌竞，不会为了男人或工作跟女性竞争。比起炫耀自己的性感和成就，我更希望外在能够呈现出我的才能、智慧和包容心。

我见识过脑岛的威力，所以会有意识地对抗它的指令。我需要好好琢磨怎样让外在呈现此时此刻内在的自我，好让两者相匹配。这个过程并不简单。如果我选择不在乎外表，可能某种紧迫感油然而生，告诉我：要是不想出局，就得让自己看起来年轻点儿。于是我扪心自问，如果我一头白发，还会有人认真对待我吗？如果答案是否定的，那我是选择继续坚持，还是任性一回，试着改变他人的看法？与此同时，我也没见自己讨厌其他女性的一头白发。因此，我决定让自己接纳白发的美，并坦诚地面对自己的这局游戏。无论如何，这都仅仅是个人的决定。

要想象且适应我们的新形象，是我们在更升期早期面临的巨大调整。"我的外婆就是一头白发，还很优雅。"特丽说，"她的穿着很朴素，衣服合身即可，也很少化妆。但她在举手投足间，尽显气质。她对此不以为意，甚至不知道大家认为她很优雅。我也希望能像我外婆这样。"她最后说，"当然我可能还会有所不同，如多些运动休闲的风格，还有穿更舒适的鞋！"特丽很幸运，有外婆这样的人作标杆。

第二阶段：性退居其次

跟前文对抗容貌焦虑一样，我们在更升期对性的感觉也受现实激素变化的影响。这是激素变化未得到体现的另一方面。"我身材走样了，感觉不性感了。"53岁的彭妮告诉我，"我穿性感的衣服不好看，我自己都不敢直视镜子。"她只好努力让大脑和神经系统认清她现在的身材问题，但其实她内心出现的问题更为严重。

过渡期后，雌激素、催产素和睾酮分泌减少，许多女性对性的感觉完全变了，仿佛性冲动完全消失了。"我欢天喜地地送走了月经和经期出血，"彭妮说，"结果没想到，连性冲动都没了。都不是能不能启动发动机的问题了，是我的发动机没了！我也做了很多功课，知道睾酮是其中的关键，所以我拜托妇产科医生给我开药。不管怎么样，我不想失去性生活。在补充睾酮之前，我只能依靠自我欺骗来产生性冲动。"

本书撰写过程中，我也意识到自己几乎只字不提有关性的内

第十五章 变,变,变

容。倒不是说它在我的生活和感情中不重要,它当然重要,但看看我的睾酮水平,还有其他更升期女性的睾酮水平,你不得不承认,现实就是如此,我们对于性的渴望不见了。

我朋友珍妮特今年 55 岁,她跟 60 岁的丈夫塞尔希奥经常搬家,一路从纽约搬到阿根廷、芝加哥和达拉斯。夫妻双方都有全职工作,但每次搬家忙前忙后的都是珍妮特,甚至在搬去阿根廷的时候,全靠她蹩脚的西班牙语。在达拉斯第二次搬家后的次日晚上,珍妮特浑身疲惫地爬上床,告诉塞尔希奥她累坏了,几乎快要崩溃。珍妮特话音刚落,塞尔希奥便转身让她搞定家里要装的电器。"我感觉大脑爆炸了,"珍妮特说,"我哭着看向他,声泪俱下,'我刚跟你说我因为搬家快崩溃了,结果你立马又给我安排了一件事?什么都要我管是吗?'"珍妮特顿了一下,语气中透露出一丝怀疑,她继续说:"然后他话题一转,'不如先做爱,这是最好的办法'。就在此时此刻,在我疲惫不堪、泪流满面的时刻,在我告诉他'我崩溃了'的时候,他说出这样的话。这是我十多年来第一次想分房睡。我不敢相信自己的耳朵。我当时压根没想到要做爱,这是他想要的,而我不过是要再多负责一件事而已。"

进入更升期后,除非我们用药补充睾酮,不然睾酮水平会下降至生育期的三分之一。并不是说我们再也不需要性生活了,这就好比你虽然不饿,但依然还是在晚饭时间打开了冰箱门,吃点儿东西填填肚子。你曾经的最爱——不加面粉的美味巧克力蛋糕——似乎也没那么诱人了。当然,我从来不吃这类食物,你能懂我意思就行。

跟我聊过天的所有女性中,多数人不在意自己是否还能恢复性欲。但如果你跟一个男性处于忠诚的关系之中,他会介意你看似不情愿地跟他做爱。如果你不希望性生活太多次，他会百分百确定你不爱他了；他会百分百确定，你没有欲望是因为你跟别人发生了性关系。因为他大脑内的激素就是这样的。如果他爱你，他会想和你做爱。如果他不想和你做爱，他可能会找别人解决，除非是健康问题影响了勃起。但是不管你怎么跟他解释你的激素变化，他都不会相信是因为停电了，所以灯才没亮。我后来接触到了更多的更升期女性，她们告诉我，这种大脑激素差异已经成为两性关系中压力和负面情绪的导火线。

除了刚恋爱时两人都会经历激素风暴，男性跟女性的性欲总是不匹配的。女性的性欲骤减，而你的另一半可能甚至还在服用伟哥或睾酮，把差距越拉越大。我的患者米歇尔是一名老师，63岁仍在全职工作。她的丈夫69岁，经营着包装和运输业务。她的丈夫还在服用睾酮，于是她满脸痛苦地跟我抱怨，丈夫的性欲对她生活的影响有多大。"如果我不安排好时间，好让我们每天早上做爱，我们俩的关系就会变成人间地狱。"米歇尔说，"跟他过日子太难了。如果我能进入状态，倒还好。能有高潮也不错，只是我现在不再渴望它了。我只想每天早上起床，然后开始我的一天。"

在很多更升期女性看来，按摩棒就足以让她们达到高潮。"没必要非对着一张脸才能高潮。"81岁的多丽丝说，"而且也没那么想要达到高潮了。"还有一位女性被问及是否介意丈夫和其他女人上床，她说："无所谓，无非少一次性生活。"

如果聊这个话题，可能双方都会被戳到痛处，认为对方不把自己当人看。他会觉得我们把他当作禽兽，嘲笑他的性冲动。而他坚持插入式性行为，也会让我们觉得他就是把我们当成了充气娃娃。

即便这种局面很常见，但我们很少能跟对方坐下来好好聊

第十五章 变，变，变

聊。"我想出了一堆借口，"珍妮特说，"比如说，太晚了，你知道我本来入睡就困难；我必须起来清洗下，因为我一直膀胱感染，太累了；我感觉身体不太舒服；我没力气了；我头疼；我的背/臀部/膝盖/脖子疼……后来塞尔希奥会讽刺性地回击我，比如'等等，地板上有灰尘。先不做了，我得清理灰尘。'"

我们需要双方达成一致才能开始对话，这样才能理解对方。没有性生活，他会感到暴躁、不受欢迎、恐慌和不被爱。就像他把门紧锁，把我们拒之门外的时候，我们也会有同感。当我们不想做爱，他同样会缺乏安全感，担心这段感情会结束。这就是他心里的活动。男性的睾酮水平从 40 岁就开始下降，所以到了 65 岁，他对自己也没有信心。他会想从你身上寻求更多安慰，而性行为中的亲密接触能让他获得这种情感上的安慰。"塞尔希奥和我学会了把他的需求理解为对彼此连接的情感渴望。"珍妮特说，"其实我们都在不同层面上缺乏亲昵，导致我们俩都遭了类似的罪。比如他缄默不语的时候，我就很害怕，他是不是不爱我了？我终于明白，没有性生活的时候，他也会有同样的害怕。当他希望彼此产生连接，要求感受被爱，要求获得平静时，我愿意回应他。"我们的性欲不再受激素驱动，必须通过其他方式激发欲望，而情感和连接可以实现。如果男性在后半生了解这一点，那就得学会用语言打动另一半从而发生性行为。如果纯靠一句"我需要性生活（满足我健康或前列腺的需要）"，那就只能吃闭门羹了。

谈话，且通过亲密谈话建立连接，能让女性大脑迸发出幸福的火花。这对于更升期的女性同样适用。珍妮特称之为"女伴性生活"。"塞尔希奥和我必须平衡好女伴性生活和男伴性生活，保证每天都能有陪伴对方的时间。"她继续说道，"如果我们俩对情感连接的需求都得到了满足，我们的感情就会很好。但任何一方没有得到满足,我们都会变得暴躁。"

在更升期激素褪去前,过渡期激素激增会使人的性欲高涨。对贝丝来说,47岁那年的她尤为疯狂。"跟丈夫分手后,我仿佛重返青春期,并且找到了内心的萨曼莎[1]。我像完全变了个人似的,无比渴望性生活。我在周日下午和男朋友上床,结果再看时间的时候,六个小时过去了。"彼时,贝丝经历着双重激素冲击——过渡期的激素波涛和拥有新伴侣的新鲜感。"但快乐很短暂,"她的声音中夹杂着一丝伤感,"我经期大出血的时候,就能感觉到性冲动一点一点消失。过渡期结束后,我的性欲也随之而去。"

不管你处于过渡期还是更升期,也不管你年龄大小,即便是七八十岁也依然可以靠爱情的滋润分泌更多激素。"我当然不会在一棵树上吊死,"琼说,"但现在就只顾眼下,像年轻时那样玩儿个尽兴。"我的另一位患者是一名72岁的寡妇,她正在和她已故闺蜜的丈夫约会。几个月后,她分手了。她说:"他对我的性吸引力没那么强。两人继续下去也没什么意思,我希望他也能享受性吸引的乐趣。只是我对他没有太多'性趣',我不喜欢机械的老好人。"她想要爱情中的化学反应,也想让他去寻找自己的化学反应。

我发现自己睾酮下降时,没有选择补充它。我尝试过,但不喜欢它产生的烦躁感。它会让大脑像生育期那样保持努力,这与更升期让人不再紧绷的意图背道而驰。试想一下你的后半生,如果还跟19岁时一样有强烈的性冲动,它会对每天的生活重心产

---

[1] 美剧《欲望都市》(*Sex and the City*)中的主角之一,耽于享乐和放纵,对性生活非常狂热。

生什么影响？我们会和生育期一样，把重心放在寻找另一半上，更倾向于用性感的着装、妆容吸引男性的目光。但这不是我理想的60岁后的生活。你可以选择让性冲动支配自己的一生，你也可以选择认清现实，用双手跟双脚数清自己还能再活几年。在我四十多岁时，六十多岁的母亲在饭桌上对我跟我的朋友珍妮特说："女孩儿们，坦白说我已经没什么性冲动了，我已经有过足够好的性体验来维持余生。"在更升期，我们可以选择摆脱激素对思想和行为的控制，但也跟其他选择一样，每个人都可以有自己的选择。

第三阶段：理解我们终将一无所有

"有一天，我孙女问了我一个问题。"西尔维亚说，"她问，接近死亡是否改变了我对生活的看法。这个问题完全出乎我的意料。"

"你怎么说的？"我好奇她怎样答复这个11岁孩子的问题。

"我告诉她，这当然会改变一切，"西尔维亚答道，"怎么可能没有变呢？"

她看出了我脸上的惊讶。"我必须如实告诉她，"她继续说，"当初我丈夫罗伯特患癌症，饱受折磨，从此我吸取了教训。得知患癌症之后，罗伯特很惶恐，完全不知所措。过去我一直试图跟他谈论死亡，换来的却是他捂起耳朵，拒不配合。看着他遭受病痛，对我来说也是一种折磨。但这也是人之常情，毕竟在我们的文化中，我们不谈论死亡，不审视死亡，假装死亡不会发生。但我不希望孙女也一直被蒙在鼓里。"

我们总归需要面对人的变化、失去和死亡，只是我们不曾对这一发展阶段做过打算。当我们遭遇人生巨变，甚至要亲自步入死亡，难免悲不自胜。心理学认为这种体验并非寻常，称不上发展阶段，在理想化的稳定成长过程中，它有发生的概率，但并不一定发生。"变化"和"失去"明明反映了我们生活的真实处境，却只被当作"小小挫折"。只要人活着一天，就会有变化和失去。没有它们，就没有生命，没有神经系统和大脑为我们提供动力；没有它们，就没有神经化学反应影响我们的感觉、思想、行为和身心，我们便如同僵硬的石头，死气沉沉。不再有活力，也不再有生命力。

生命的每个阶段都会有变化和失去。在后半生，重疾、生病、衰老和种种限制的不适感扑面而来。你会失去原来的角色、伴侣、孩子、群体、朋友，与死亡奋力相拼。这一切犹如龙卷风席卷而来，把我们的情感生活搅得天翻地覆。我们的感情、家庭和生活的城市都在变化。年纪越大，我们和身边亲友面对的变化也越大。"短短一年内，我身边走了八个人。"纳塔莉不敢置信地告诉我。但这就是事实，很正常。是死亡，也是生活。

但对神经系统来说，生活的巨变无疑是晴天霹雳。为了保证人的正常生活，神经系统渴望确定性和稳定性。然而，现实可能并不如愿，这就是痛苦的来源。我们越是习惯于神经系统制造的假象，就越难应付生活给你的迎头一棒，越难让"自我"的帐篷适应环境的诸多变化。心理学指出过这个问题，但并没有提供有效的方法让我们摆脱常态，适应无常的现实。

死亡是生命的终点，这是不可否认的事实。而大脑和神经系统为了活着而工作，因此，承认死亡和了解死亡并不是一个愉悦的过程。光是提及死亡，就会激发肾上腺素分泌，释放大量受威胁激素，完全激活人的生存本能。人的本能反应会让我们屏蔽引起不适的源头，但回避也会让人陷入无尽的死亡焦虑之中。恐惧潜藏于大脑，可恶地转化为长期应激反应。一直否认死亡会让我们丧失问题解决能力，我们不去花精力解决现实问题，反而不停地蒙蔽自己，告诉自己"反正我不会死的"。长此以往，只会郁结于心。不论我们如何严防死守，最终都会被现实击垮。

我完全懂你。直面死亡并不简单。我们宁愿付出代价，也要否认死亡。但是为了让更升期圆满，你必须做出抉择，了解自己要怎样生、怎样死。直到生命的最后一刻，你都有机会去选择、去成长。但首先，我们必须正视恐惧。如果你现在情绪比较激动，可以适当休息一下；但如果你已经准备好审视内心，那就继续往下读吧。

第四阶段：直面床底的怪物

特丽记得她三岁时曾问母亲：每个人都会死吗？"妈妈告诉我，是的。然后我问她，我会不会死。妈妈回答说：'会，但还早，所以别担心。'"这段对话就是典型的用回避来应对死亡——别担心就好了。"但听完妈妈的话，"特丽说，"其实我更焦虑了。后来在我二十几岁，面临严重的健康问题时，这种恐惧感再次出现，让我整个人陷入了焦虑。"

我们一生都在担心死亡的到来。当我们对死亡的恐惧成为一种滤镜，我们便无法专注眼前。这种焦虑会控制我们的生活，消磨我们的时间。这不仅对我们有害，对那些受到我们恐惧牵连的人来说，也不是什么好事。应对死亡焦虑的唯一出路就是敞开大门，直面它。

"我的朋友罗莎得了乳腺癌，癌细胞已经扩散至骨髓，她拼尽全力与死亡抗衡。"特丽说,"为了多活几年,她不断地接受治疗、忍受病痛,哪怕这一切最终不过是徒劳。她变得脾气暴躁,把看护、朋友和家人都推得远远的。我看着她都心疼。哪怕到了生命的尽头,她也听不得任何人在她面前提'癌症'两个字。她心怀恐惧而终,手里一直紧紧地攥着床单。如果我们不直面死亡,应激和威胁系统就会长期处于低水平的激活状态。尤其是在我们得了不治之症时,比起逃避,接纳现实其实更能治愈人心。"

"我那时候刚20岁出头,一个人在纽约,第二次做完大手术出院。我记得当时艾滋病传染得很厉害。"特丽回忆道,"所有人都生活在恐惧之中。我们是后来才了解到艾滋病的传播途径,在此之前,我们都生怕自己会感染。"

我也想起了那时候我在旧金山,许多年轻人因艾滋病受苦,甚至因此去世。也有很多像我这样的人幸免于难。我们只是旁观,目睹全球卫生危机与个人恐惧的碰撞。在有些人看来,这是一场让人崩溃的灾难。但特丽另有她的选择。

"我决定迎着恐惧奔去。"她说,"我提前做了功课,还了解了新出现的临终关怀运动。我去看病危的朋友们,坐在床头牵他们的手,努力地让自己表现得落落大方。我更进一步地了解了死亡的过程。他们的神经系统会变得更为敏感,需要安静和独处。在我的干预下,我把让人头疼的亲戚、让人想起糟糕经历的吵闹朋友都劝返了,不让这些人在病房长留。我没有戴上虚伪的面具,什么乐观、希望、悲伤,统统都不要。这是濒死之人最不需要的东西。虽然它们会让我们自我感觉良好,但会给患者带来压力。"

心理干预认知行为疗法能有效地解决焦虑和严重恐惧症,其中有一种名为"暴露疗法"。特丽在二十多岁时,跟我们大多数人一样没有经历过太多生离死别。为了克服自己的恐惧,特丽本

第十五章 变,变,变

能地用这种暴露疗法积累经验。一回生二回熟,于是她开始向死亡敞开自己的大门。

我开头提到,自己曾在伦敦一所医院见习期间生病,谁都诊断不出我得了什么病,而我浑身乏力,觉得自己离死亡只有一步之遥。当你在发育阶段得了重病,却发现同龄人在努力生活,孤独感便油然而生。我曾经有过这种感觉,特丽也不例外。

在更升期,直面死亡焦虑的勇气有所不同。我们经历了种种:失去亲友的经历,与死亡擦肩而过的经历,或是一系列可怕的考验……我们一直在思考,我们会因何而死。而到了更升期,我们知道自己迟早要面对死亡。我们身上会发生很多次死亡的可怕"预演",事后,肾上腺消停了,副交感神经系统启动,让我们放松、呼吸、微笑、继续睡觉……直到再次面临死亡的冲击。直面死亡、直面焦虑的内心可能有违人之常情,毕竟大脑和神经系统不断地告诉你,直面死亡只会让它更早发生,但死亡就如同床底的怪物,必须直视它才能让人消除恐惧。

我想起了一位朋友的祖母,她不信教,于是她从舍温・努兰(Sherwin Nuland)的畅销书《死亡的脸》(*How We Die*)中得到了平静。努兰是一名内科医生,也是我在耶鲁大学的教授,书中描写了人在死亡前,身体罢工的不同表现。这位老太太放弃了执念,在认清可能面临的身体状况后,更好地适应了现实。从内部做出调整,让她从原先的暴躁转变为现在的愉悦。她的家人也发现她性格变了,更为风趣幽默。她还立了生前遗嘱,并把她"不施行心肺复苏术"的命令贴在床头墙壁上。即便看护给她叫了救护车,她也有可能让自己的意愿得到尊重。她意识到自己已经濒临死亡,但儿子恰巧要出国工作,她也没挽留。"你回来时我可能已经不在了,"她说,"但我们下次再见。"

第五阶段：直面濒死的大脑和身体

我母亲病危时，我哥被告知要把带她回家，让她在熟悉的环境中接受临终关怀。那几天，我们四个兄弟姐妹每天都找她说话，握着她的手，抚摸她的头，想让她感受我们的爱。一天早上，我跟姐姐把她扶进洗手间让她排便，结束后又把她带回床上。过了一会儿，临终关怀的护士让我们离开了房间，没多久，母亲就离世了。其实，我们在安慰她，让她感到爱意的同时，这种触摸造成了太多的外周刺激。她只有在平息了这些刺激后，才能离开。多年实践跟大量案例证据都表明，人临终前需要独处，需要所爱之人留出空间让她们专注自我。这对社交型的亲友来说是个挑战。这种转变看起来是在拒绝你，但实际上，她们不想面对你，恰恰表明了你在她们心里有多重要。

我观察到了母亲长期以来的变化，她变得心平气和、慈眉善目，用开放和包容的心态对待她接触的每一个人。她的情感和精神状态发展表明，直面死亡也是一个发展阶段。如果我们不认清现实，就会错失一个绝佳的上升机会，无法让智慧填充"自我"的帐篷。当我们全身心地面对死亡，同时感受愉悦和痛苦，我们内心会生出无限勇气和同情心。

如果我们不理解这些发育阶段，我们在替他人考虑时就会动不动说错话、做错事。"罗莎乳腺癌晚期时，"特丽说，"只允许我们几个人探望她。那些不理解她、跟她合不来的人太难相处了。"由于缺乏理解，感情受到了伤害。

生命垂危的外在迹象很明显——颧骨、眼睛和太阳穴凹陷，皮肤苍白透明，眼神呆滞，注意力涣散。频繁排尿、四肢沉重、吞咽困难也都是身体机能逐渐关闭的表现。神经系统会对别人的

第十五章 变，变，变

情绪与能量、刺耳的声音、强光等变得非常敏感。晚期会出现呼吸减缓、呼吸困难、需要大量睡眠等。临终前，可能突然找回一丝精力和清醒。很多人说，亲友离世前几个小时，还能聊些深刻、有意义的对话。

研究人员正在收集有些迹象不明显，但仍然能预示患者已进入临终状态的案例。纽约布法罗市的临终关怀医师克里斯托弗·科尔（Christopher Kerr）已经为同行评审的研究收集了一千多个案例，表明在生命末期，人们有类似这番经历。他特别关注的是清醒、有意识的人与已故亲人互动的经历。这些经历非常真实，而且是在清醒状态下发生的。结合他对艾滋病的经验，他发现无论患者身体状况如何，只要出现类似迹象，则表明几乎在几天或几周内患者就会离世。

随着医生和研究人员收集到更多关于临终者的信息和第一人称叙述，我们对大脑与意识之间的关系产生了新的疑问。一百多年来，医学界一直把意识当作大脑的副产物，即认为意识是大脑产生的，但背后并没有任何解释。另一个假设是，大脑必须处于神经化学和结构组织活跃状态，并保持清醒，才能拥有意识。但20世纪70年代，复苏医学的出现改变了这种思维认知。

在不同时期和不同文化中都有濒死体验的相关记录。在20世纪70年代至21世纪，拥有濒死体验的人数呈指数级增长。越来越多人得以从手术或抢救中恢复，他们都能记得濒死期间发生的对话、医生抢救的过程，甚至连精神体验都非常相似。实际上，一位英国研究员，同时也是纽约大学朗格尼医学中心的教授——萨姆·帕尔尼亚（Sam Parnia），同纽约重症监护室的医生密切合作，研究意识和清醒之间的关联。他们在失去意识的患者房间里挂上画，然后在患者醒来前再将画取走。结果他们惊讶地发现，有相当一部分患者会在醒来后问护工：画去哪里了？即便不清醒，人同样能够拥有意识。帕尔尼亚正在计划更多研究来证明这一发现。

人死亡时，心脏会停止跳动，但大脑并没有马上停止运作。突触之间的连接通过神经化学物质产生的电流得以实现。脑细胞吸收完最后一丝血液中的氧气，并尽可能地保持活跃。人体内的血清素激增，这可能是为什么很多人会说自己感觉极度平静。而氧气耗尽时，人体内的反应如排山倒海般涌来，使得细胞中的神经化学电流中断。换句话说就是，一下子灯全灭了。

人们长期认为，大脑陷入一片混乱后，意识应该也罢工了。但在濒死体验中，意识仍然存在。神经科学证明，你可以清醒而没有意识。当然不是说人能死而复生，但我们能确认，当人陷入昏迷，甚至命悬一线时，这个人可能还有意识。有濒死体验的人通常会说，自己意识很清晰，拥有宽广而切身的爱和同情心，对意识本身的延续和广阔的本质也有切身感受。

或许我作为一个神经科学家谈论濒死经验有点奇怪，但我常常在寻找精神体验和大脑、生物学之间的交织，这对我来说是全新的感受。大脑和神经系统调节我们对现实的体验，以及我们对真实、合适和正确事物的切身感受，所以在神经化学和神经生物学中完全可能有精神性的一面。探讨意识和大脑的关系开辟了全新的冥想神经科学领域，并让人探索为何濒死体验以及裸盖菇素（迷幻蘑菇中的精神致幻化学物质）可以让许多人摆脱对死亡的恐惧。

其中很多问题我还尚未有定论，但作为一名科学家，我认为我们需要对神秘和未知保持开放的心态。

第六阶段：计划好善始善终

从人的发展来看，我们从童年晚期到成年早期一直在不断地延展和锻炼前额叶皮层，用于解决、计划、决定、预测风险和回报，这样都是为了让自己能过上好生活。明确了轻重缓急，就能保障生活和人际关系的质量。健康绝对是我们的关切重点，但保证健康也只能让寿命增加约两年半。我认为缓解对死亡的恐惧，思考如何"善终"，并调动前额叶皮层完成任务对提升生命质量同样重要。

如果家人和朋友都说："她走得很顺利。"这意味着什么？在我家，这意味着在母亲生命的最后两个星期，所有子女都能安静地陪伴在她左右，表达我们对彼此的爱。母亲表达了她的意愿，我们开始策划她的追悼会。她坐在餐桌旁，而我靠着她的膝盖席地而坐。她说，没想到可以母女一起计划她生命的最后过渡。她强调说，不希望有人穿黑衣服，也不希望大家哀悼她。她想要一场快乐、充满爱意、充满神性的生命庆典。因此，我特地买了一件镶有水钻的粉红色迷你裙，我姐姐则穿上了母亲从危地马拉带回来的亮色梭织夹克。所有人都表现得不错，这离不开母亲一直为我们提供的无条件的爱。这让我们所有人都能处于这样一个拥有尊重、庄严和敬意的空间，在场感受她去世的痛苦。

有"善始"当然也可以有"善终"。像我们畅想美好生活那样，发挥想象，设想我们生命最后一刻的场景，想象我们所爱之人会带着什么样的感受离开我们，我们自己又会有什么样的感受。

也许我们可以用排除法确定——我们不希望自己离开的时候是什么样的？我们不希望因为未完成的事情而让亲人承担重负。

人生的两大转折点——出生和死亡，通常都发生在医院的医疗环境中。我们也许想在医学场上奋战到最后，或是选择被陌生人包围——感受明晃晃的灯光、嗡嗡声与嘀嘀声不断的机器、不中断的手术——和亲人分离反而更容易让人伤神。没有完美的死亡，你可以自己定义和探讨怎样对你而言是"善终"。"善终"和"善始"一样重要。

如果我们停下来，稍作思考，就能发现许多锻炼自己的机会。等待乳房 X 光检查检测异常的复查结果，甚至单纯是检查，都有可能让人产生焦虑。我们也许陪其他人一起等待过，紧紧握着她们的手，等待不同的结果。我想提醒你，自己亲身经历肯定有所不同。陪别人检查终究只是彩排，你自己做检查，直面自己的结果又是另一回事。

如果医生放弃了你的治疗，你有很多资源可以照顾好自己，包括学会怎样面对生命流逝，怎样规划姑息治疗。同时，我们也要关注情感和思想对内在的大脑和神经系统的重要影响。我知道我想拥有平静、安宁和清晰。西藏喇嘛格勒仁波切在《善始亦善终》一书中写道，得"善终"者需拥有美好生活，在日常生活中践行"耐心、爱和慈悲"的能力。虽然每个人的习惯不同，但我强烈建议我们提前计划和思考死亡，因为真的到了生命垂危的那一刻，再表达内心或再为变化创造环境都为时已晚了。我们可以寻求社区、死亡咖啡馆、死亡陪护的支持，为我们提供行动指引，全力营造良好的内部和外部环境作支撑。在他们的帮助下，我们可以摆脱梦魇，让寻求亲密感的神经化学物质得到平静。镜像神经元会为更熟练的行动匹配相应的情绪状态，大脑和神经系统得以始终为更升期发展提供支持。你余生都应努力保持在这种状态下。

第十六章
更升,更升,生升不息[1]!

> 女人的疼痛是与生俱来的,我们注定要遭生理上的罪:痛经、胸痛、产痛,贯穿一生……这种疼痛年复一年地折磨着你,等到你终于能心平气和地拥抱疼痛,你猜怎么着?哎,绝经期来了。可算是来了,这真是这世界上……该死的最幸运的事。是,虽然你整个骨盆都塌了,哪怕你打扮性感也没人在意,但你自由了……你作为独立的人活着。
>
> ——贝琳达,《伦敦生活》(Fleabag) 第一季

这段独白一播出,就不断被人反复播放和分享。因为它太过真实。听到这段独白,也是我完成本书创作的转折点。更升期仿佛是金光闪闪的入口,让我们通往生命的光辉岁月。我写这本书,也是为了让更多人了解更升期,开启有关更升期的对话,而非结束它。我期待所有人都能为描绘后半生的新地图献出一份力量。

结合我的亲身经历,更升期不是让人进入某种超然的意识状

---

[1] 编者注:此词源于"生生不息"一词,译者结合文中"更升期"(Upgrade)的概念,意译为生"升"不息。

态，而是让人更深入地接触和理解当下的这种生活、这个世界、这具身体和这些思想。它让人学会聆听自己，探究自我的真相，探究"我是谁""事物如何运转"，探究自己的感情与得失，探究所有自己曾在生育期间闭目塞听、为保持平静与现状而回避的问题。屏蔽真相也曾经一度让我很抓狂，也不明白自己抓狂的点在哪里。但生育期后我打开了耳朵，学会再次聆听自己的意志所求。女性面临的优先权竞争和我作为女性本身的两件事实不再起内讧。

在更升期，神经系统和大脑的起搏器会出现变化，让我们找到属于自己的节拍，从生育期的状态中脱胎换骨，成为真实的自我。通过直面错误、接受错误并修正错误，我非常希望我能改善"自我"的帐篷，尽可能地挖掘最好的状态，每天能展现最好的自己。

在更升期，完全可以发掘人的潜力、实现个人成长。我终于愿意承认，我曾经某些情绪和行为模式给自己和他人带来了痛苦。这种认知驱使我寻找改变的有效途径。为了成为更好的自己，我制订了靠谱的计划，设定明确目标和结果，并从有这方面成功经验的人身上取经。

在这时候，我们向人学习的方式跟以往有所不同。我必须打开内心，愿意接受内心深处的震撼；大胆面对"自我"的帐篷和其中淘汰的部件；摒弃不良性格，有意识地培养健康的性格。这样才能最终获得内心的平静和愉悦。我拥有在更升期追求它们的权利。

我的患者多数是在三四十岁面临第一次危机时找我诊治，解决她们的问题常常都会涉及用激素和抗抑郁药。等她们情况稳定了，治疗就会停止，但往往过了15年，她们会重新找上门来，想要再次克服生活里的难题。彼时，她们已经过了激素分泌旺盛的阶段，所以我也不打算从药物或激素入手，而是选择聆听她们

第十六章　更升，更升，生升不息！

生活里未曾治愈的伤疤。我也会了解她们目前处于更升期发展过程中的哪个阶段，把她们的注意力放在更升期上，询问她们怎样照顾自己。还有，我会考虑有助于帮她们提升自我的冥想和精神方面的资源，清除大脑花园的堵塞物。我尽己所能地帮她们抑制焦虑，向她们展示如何运用冥想技巧获得安全感和自我同情，而不是靠着药物治标不治本。通过认知实践，她们能更容易修复好伤疤，让更升期进一步发展。

科学家已证明，通过各种化学干预或冥想干预，能调节大脑中的几乎所有认知或行为特征，包括人的侵略性、冲动、社交、学习、记忆、同情和感激等。盐酸氟西汀能让人从害羞变得勇敢，从沉闷变得快乐。同情冥想可以融化恐惧，让人勇敢敞开心扉。如果有人认为这是对遗传或表观遗传的操控，确实如此。"自我"的帐篷比我们想象中更为可控，而且我认为是越可控越好。

改变神经系统和大脑没有现成的规划可借鉴。我正在制订自己的规划，希望能同你分享一二，激励你之后做出你的规划。想一想，自己看重什么品质，想提供自己哪些神经支持？这是属于我们的大脑，这是属于我们的故事。一切都取决于我们想在更升期成为什么样的人，并为之努力。

像节食一样，改造"我"的帐篷需要制订计划并持之以恒，这个过程无法一蹴而就。如果我们像在生育期控制体重、打扮自己一样花心思对待更升期，"我"的帐篷一定会更完美。

我们需要鼓足勇气步入更升期。没有勇气，我们晚年只会不停走回头路，陷在昨日中无法自拔。不停地怀念过去、留恋过去只会让人放弃成长的机会，越老越颓废。我只想眼观前路，一心一意地迈向未来。

恐惧会扼杀让大脑保持营养并清理大脑的小胶质细胞。在重塑"我"的帐篷时，我们需要考虑恐惧的影响，寻求他人的帮助，为我们发掘更多勇气和力量。当然，也有人不想让你改造帐篷，为此与你争执不休。面对这种人，你可能就得把他们请出帐篷，让他们远离帐篷杆。那些能真正为我们提供支持的人总会奇迹般地降临。

孕育同情心

我们终于能卸下身上的重担，不用一心扑在家庭和孩子身上，因此有了更多决策的余地。当亲近之人不再左右我们的日常生活选择，大脑的爱心便有了发挥的空间。大脑爱心和"自我"帐篷的神经回路可以延伸，在延伸过程中可能会让人产生新奇，甚至也可能是自私，会优先考虑"我"的最优选。与此同时，向非血缘关系之人伸出援手的冲动会让我们动力满满。

在后半生，你会感受到利他主义在体内发芽，这对有些人来说可能是第一次。你看到他人遭受的苦难，想伸出援手。即便是没有后代的女性，也可能在潜移默化中激发了养育的母性本能。它可以促使女性在更升期成为同龄人的榜样，与其他同处于更升期的女性分享这一阶段的收获。与更多人结伴同行尤为重要，这样一来，更升期就不再是林中隐蔽的小径，而是有着清晰路标的高速公路。为了迎接这个新身份，我们必须重视健康，把寿命和健康放在首位。我们肩负责任，需要我们孕育世界。

在前半生，我们主要为了形成自我意识、超越他人而活。在更升期，我们的自我意识得到放松，宽以待人，宽以律己。我们希望成为自己年轻时想成为的人，像自己期望有人能照亮自己的生活那般，去成为别人生命的那束光。

第十六章　更升，更升，生升不息！

更好地迈入更升期后，女性为彼此而战。我们支持女儿摆脱糟糕的婚姻，鼓励孙女勇敢反抗，帮助侄女取得成功。我知道对于侄女们而言，她们常常把我的意见当作参谋，情急之时偶尔也会是取款机，或是她们做错事后可以依靠的臂膀，不偏不倚。成为真实的自己，而不是只做个老好人，对他人来说也是某种馈赠。

在更升期，我们学会了对他人和自己不可接受的行为说不。我们在生育期形成的节奏和习惯会留下难以抹去的痕迹，并且随时可能在心脏、肠道和大脑的回路中被触发，所以我始终保持警惕，增强更升期的大脑回路，平衡各种影响。我试着不再期待别人而是自己满足自己的需求；努力提升自信心，勇敢道出真相，并愿意为此付出代价；不惧讲述自己的故事，成为设定边界的高手；做到言出必行，且不语出伤人。这不仅有益于我，也能够让我身边的人受益。

我们必须跟年轻一代女性保持接触。我想起美国民主党参议员伊丽莎白·沃伦（Elizabeth Warren）在 2020 年总统大选期间，不停地跟女孩们自拍，拉钩约定等她们长大后也要获取她们的权利。

成为我们所需要的女性

正如塔木德所说，"莫向痛苦投降，现在就行公道、行仁慈、谦卑为怀。这样做并非你的义务，但你也不可轻言放弃"。

在更升期，越是社会不把女性当回事儿的时候，我们越是能真正体会到作为女性的重要性。历史记载了女性话语权得到彰显的时刻，埃莉诺·罗斯福、雪莉·齐泽姆、多洛雷斯·韦尔塔、卡罗尔·莫斯利·布劳恩、安·理查兹、托妮·莫里森、简·古道尔、玛亚·安杰洛、安格拉·默克尔、露丝·巴德·金斯伯格、索尼娅·索托马约尔、玛丽·约万诺维奇、菲奥娜·希尔、斯泰西·艾布拉姆斯和美国首位女副总统卡玛拉·哈里斯。我们甚至都不一定记得她们何时发声，但她们所做的一切都载入了史册。

女性获取权力并不容易。当我们不满足居于人下时，我们会受到各方面的暴击。如果你不信，倒是说说看，有哪位女性在挣脱自身角色束缚时不曾受过打击？但在更升期，我们体内这种熟悉的攻击倒是减弱了不少。

随着卵巢激素分泌减少，我们不会再像生育期时那样情绪化，光是得知自己被人讨厌了，就会让催产素在神经系统中点燃引火索，酿成大灾，仿佛世界末日降临。在更升期，我们可以畅所欲言，也不必担心自己会引火上身。

曾经有人称女性为"悍妇"，现在我们要做"捍妇"，捍卫女性更升期的领导力。强大无畏的女性领导者之间有何共同之处？她们都是在绝经期后才真正赢得了自己的权利，其中不乏总统候选人（伊丽莎白·沃伦、卡玛拉·哈里斯、埃米·克洛布彻）、最高法院大法官〔鲁斯·巴德·金斯伯格（已故致敬）、索尼娅·索托马约尔（现任）、埃琳娜·卡根〕。还有克里斯蒂娜·拉加德、帕蒂·史密斯、露丝·卡特、海伦·普雷让修女，她们都是不可忽视的年轻女性力量，但无一例外都是在更升期才彻底展现出远见卓识，耀眼夺目。

女性不再是阁楼上的疯老太婆，她们步入新世界，更好地掌控人生。

第十六章　更升，更升，生升不息！

生升不息

　　起初我对更升期也有过迟疑："我不想再为了满足某套标准而活。"但当我发现，我比自己想象的更为重要，更升期的发展就变得水到渠成，只需顺其自然即可。我想给自己创造最好的机会，拥有光明的未来，也希望你能给自己和周围的女性同胞这个机会。

　　我也跟所有人一样，一路拖着曾经的自己前行，偶尔回头看两眼，但不会让视线多作停留。我不再从别人的眼中寻找自己，而是从自己的眼中爱自己。我很感激能有这样难得的机会，让生命过渡至更升期。

　　我的朋友珍妮特早年经历了诸多变故，感情遭遇了打击，生了场重病，因工作不得已搬至其他国家生活。步入更升期的珍妮特独自坐在巴黎的一家餐厅，在参加静修活动前大快朵颐。"年轻时，我面对变故不知所措，"她回忆道，"现在我会安慰曾经的自己，别担心，一切都会好的。倒不是外部环境改善了多少，而是在我内心深处，我能够对一切事物保持平常心。"

　　皮肤难抵岁月流逝而起了褶皱，我们的灵魂也难抵热情流逝。我不愿让灵魂枯萎，我也希望你不会经历灵魂的凋谢。坦白讲，我并非时时刻刻都能做好准备，在更升期面前，我也并非万无一失。但为了鼓舞自己，我会向上张开双臂，大声地冲自己和所有人喊："我要进入更升期！"这能刺激大脑和神经系统，激发内心的热情，成为我想成为的人——不易生妒、心胸开阔，拥有温暖的心和更聪慧的头脑。去构想你的未来和你的更升期吧。在这一小时，你想拥有什么感觉，你想成为谁？那么如果是一天、一星期、一个月、一年呢？不妨就从构想开始，也许你装着装着就成真了。只要你能构想自己的更升期，只要你不停止解惑的步伐，也许就能让它成为现实。我期待着，与你在更升期相遇。

附录

我专门整理了一些书中提到的实用技巧,便于你制订自己的计划,希望能提升你在更升期的认知和情感超能力。

以下是我的日常安排:起床前,我会先活动下脚趾,微笑,然后调动首要想法——向上帝道声早安,开始冥想,祈祷自己能够保持善良、随和和冷静,对他人有所帮助。我要求自己做诚实、率真、有耐心的人;不该说话的时候就闭紧嘴巴,不过多干涉别人独立的行为。起床后,我会做下拉伸,收紧臀部(锻炼臀肌),感受15至20分钟的太阳光线(冬天会用全光谱灯照明)。然后适度健身,做泳池有氧运动、蹬会儿卧式脚踏车、练会儿舞,在地中海饮食后间歇性断食15个小时(下午六点后不吃东西)。我会服用维生素D_3、镁、辅酶Q_{10}、维生素K和纤维补充剂。所用药物包括瑞舒伐他汀(他汀类药物)、左旋甲状腺素(甲状腺激素)和雌二醇贴片。计划每晚十点半睡觉,早上七点起床。

更升期原则

- 调节昼夜节律：睡眠是认知和控制炎症的关键。如果你能养成习惯，每晚十一点前上床睡觉——十点半就关闭电子屏幕，钻进被窝儿，那么你第二天就能状态饱满，更有精气神儿，会想要调动大脑的认知能力。
- 比平时早睡早起一小时，会让你的情绪大幅提升，防止抑郁。
- 通过运动保持活力：运动能改善情绪、保持认知、对抗抑郁、减少炎症，并提醒你的大脑和身体，你还有很多事儿需要它们不停运转帮你完成。如果你无法接受激素治疗或开展健身运动，哪怕只是晃动晃动手臂，也能帮你搭建认知安全网。
- 抵御炎症、增强肌肉，保证更升期合理膳食：控制碳水化合物、谷物和水果的摄入；尽可能减少动物脂肪摄入；主要依靠蛋白质、健康脂肪和蔬菜达到身体的最佳状态。
- 坚持锻炼，激活记忆。每天收紧臀部 100 次，这是我们站立、平衡和走路的核心肌肉。坚持锻炼臀肌有助于让小脑收益最大化。
- 我相信"快餐"！当然，我指的是"快餐式"运动和冥想。不必把改变想象得比登天还难，一心想着明天要练马拉松或者是开始为期一个月的静修。没那么麻烦，从短短十分钟的"快餐式"运动着手就行。你可以做做拉伸、快走散步、快速举重，为培养新习惯打下基础。冥想也是如此，如果你是零基础或是新手入门，大脑的冥想肌肉未经过训练，一开始肯定无法保持两分钟以上的镇静和专注。建议你先从半分钟开始，每天练习几次。我有位朋友就是用了 Breathe 软件，并且在苹果手表上设定了每日运动提醒。
- 镇定神经系统：它决定了你能否保持头脑清醒，做出正确决策。睡眠和锻炼很重要，呼吸和冥想也同样关键。具体的操作技巧可以阅读下文。

好好睡觉

- 保证每晚同一时间睡觉。
- 晴天时，要在早晨充足的太阳光线下待至少 15 分钟，阴天要待 40 分钟（冬天可以使用全光谱灯）。
- 下午两点前，做一些会让人产生疲惫感的运动，如有氧运动和力量训练。你需要保持活跃，让大脑意识到你的神经和肌肉仍然非常渴望它，否则大脑和肌肉都会开始松弛。80 岁以上人群的腿部力量和大脑敏锐度强烈相关：腿部力量越强，大脑就越敏锐。
- 每天尽量多食用非淀粉类蔬菜，每餐搭配精益蛋白质。每天摄入的碳水化合物不能超过 100 克。你可以用碳水计算软件帮你记录。学会合理膳食补充身体能量，观察自己能否克制情绪化进食。在我伸手拿冰激凌和花生酱的时候，我其实并不饿，所以我尝试分散注意力，以免引发有害的炎症。如果你想保持身心健康，肯定不会糟蹋自己。
- 每周记得吃几次鸡蛋、火鸡或松软干酪；蛋黄内含的胆碱有助于睡眠和记忆，火鸡和松软干酪内含色氨酸，也有同样的功效。
- 补充能够穿过血脑屏障的 ω-3 脂肪酸。我每周会吃几次鲑鱼，因为大多数 ω-3 脂肪酸补充剂（如鱼油）不能像食物本身那样穿过血脑屏障。你也可以在奇亚籽和亚麻籽中得到 ω-3 脂肪酸。
- 尽量减少咖啡因摄入。我一般早上喝一杯咖啡，仅三分之一含咖啡因。这就是我一天的咖啡因摄入量，否则晚上我会睡不着！
- 远离酒精。酒精会导致潮热，让手变得红肿，不适时地让你产生困意。喝完酒的两小时后，大脑会变得警惕。因此，喝完酒，你一般会快速入睡，然后在半夜醒来，辗转难眠。如果你真的想喝酒，周末的午餐时间最适宜饮酒。但在晚餐期间，为了不扫兴，我仍旧让主人倒酒，小抿一两口便作罢。如果有人劝酒，我会说："我还是不喝会感觉更好。"
- 每周五天间歇性断食：晚上六七点用完晚餐后开始断食。早上空腹锻炼，等十一点左右吃早餐。
- 每晚睡七到八小时。
- 戴眼罩和定制耳塞睡觉，房间温度保持在 18 摄氏度到 20 摄氏度。这有助于避免让房间的环境光和声音影响睡眠，同时低温也可改善睡眠。

睡眠呼吸暂停症

如果你出现以下症状，请一定要多留心，及时问诊，检查自己是否有睡眠呼吸暂停症：明明睡了一整晚，醒来时却觉得筋疲力尽；有人说你睡觉打鼾；白天刚坐下几分钟就睡着了；在开会或看电影时很难保持清醒；炎症标志物和血压值升高；体重超出健康范围等。睡眠呼吸暂停症极为危险，一成到两成的女性因此而导致心脏病发作、脑雾和中风，跟糖尿病和癌症也有一定相关性。因此，不要掉以轻心，如果医生让你用持续气道正压通气呼吸机（CPAP），那就用。寻找佩戴舒适的呼吸机可能需要一定时间，但不要放弃。

SSRI：治疗潮热和抑郁

雌激素是治疗潮热的最佳途径。但对于无法使用雌激素并患有严重潮热的人来说，SSRI类或SNRI类抗抑郁药提供了另一种选择，能够让一些女性的潮热频率下降65%。这类药物还有助于睡眠。经研究确认有助于睡眠的SSRI类抗抑郁药有帕罗西汀、帕罗西汀缓释剂型、西酞普兰（喜普妙）和艾司西酞普兰（依地普仑）。文拉法辛（盐酸文拉法辛缓释胶囊）被认为是主要的SNRI类抗抑郁药。文拉法辛比SSRI类抗抑郁药能够更快缓解症状，但研究表明其副作用也更多，如导致呕吐和便秘。盐酸氟西汀（百忧解）和盐酸舍曲林（左洛复）也能缓解潮热。SNRI类抗抑郁药可能导致血压上升，如果你有血压问题，请谨慎服用。对于没有潮热的抑郁症患者，安非他酮（威博隽）、心理治疗和认知行为疗法都是常见的治疗方法。如果你开始服用SSRI或SNRI类药物，记得保持定期记录情绪和副作用。有些人可能会出现严重的情绪反应，如果你发现自己有轻生倾向，立即找人聊聊，并寻求医生的帮助，立刻停药或更换药物，但不要试图自行停药。如果你人在美国,且身边没有人,可以 24 小时拨打全美预防自杀生命线:800-273-8255;在中国可以随时拨打生命危机干预热线:400-161-9995。

鼻孔交替呼吸

一些佛教人士也将鼻孔交替呼吸称为"九转呼吸法"。你在瑜伽课上也许也接受过类似呼吸指导。这是一种传统的广泛用于静心的技巧,可以让人在进入冥想、祈祷或专注工作之前,让大脑平静下来。

第一组练习:坐直,保持身体放松。最好能坐在坐垫或没有靠背的椅子边缘上,如果需要靠背支撑,也可以靠着椅子。先用右手捂住右鼻孔,只用左鼻孔缓慢、安静地吸气;吸饱气后,再用右手捂住左鼻孔,从右鼻孔缓慢、安静地呼气。左鼻孔吸气,右鼻孔呼气,各重复三次。

第二组练习:中间不停顿(但如果你感到头晕,一定要及时暂停),交换一下,现在用左手捂住左鼻孔,缓慢、安静地从右鼻孔吸气;吸饱气后,再用左手捂住右鼻孔,从左鼻孔缓慢、安静地呼气。右鼻孔吸气,左鼻孔呼气,各重复三次。

第三组练习:中间不停顿,现在两个鼻孔同时打开,用同样缓慢、安静的速度吸气和呼气三次。中途如果感觉不适,就及时停止练习。

在呼吸时,你可以想象某种画面,吸气时你吸入的是好的、治愈的能量,呼气时你呼出的是混沌、黑暗的能量。你可以一次性完成九组呼吸练习,或是重复三次、七次,甚至二十一次。

练习冥想，重温滋养时刻

这部分内容摘自埃默里大学关怀中心主办的为期21天同情挑战中的"同情转移"部分（经许可转载），介绍了基于认知的同情训练基础实践。

安全感和他人的关心能够撬动我们的可能性。回想自己某次接受善意的经历能让人的身心得到平静，有助于我们向他人提供关怀和善意。

说明

拉托尼亚·戈夫尼（LaTonya Goffney）的父母一个是有着长达15年时间的瘾君子，另一个是喜欢家暴的毒贩。她的童年充斥着暴力与未知，直到她9岁时在学校找到避难所，得到了老师的照顾和欣赏。后来她搬去和祖母住，一路奋发向上，获得教育学位并毕业。作为教育体系的负责人，她克服重重难关，努力改善得克萨斯州的学校体系问题。因为她得到的关怀和安全感守护她茁壮成长，所以她将这份善意传递，去庇佑更多的孩子。

逆境会把我们从心理学家所谓的"安康区"驱逐出来。安康区表明人进入了最佳的身心平衡状态。生物威胁系统平静后，大脑释放的神经化学物质会让我们感受到力量和安宁，能够经受生活的起伏颠簸。身体处于安康区时，能让人感受到韧性，拥有从逆境中恢复的能力。怎样才能够进入安康区？也许是你一夜好眠，度过了轻松假期，受到同事的赞美，投入爱人的拥抱，接受爱宠的热烈欢迎，面对山河湖海的宁静时刻，在大自然中安静地散步，或获得精神上的鼓励，等等。

随时能够获得安全感和情感温暖可以增强人的韧性，让我们拥有从大大小小的烦恼和困难中复原的能力。当我们回想或想象庇护、养育、平静或自由的感受，当我们记起这些感受的好处，我们就更有希望重返或是待在安康区。研究表明，人的神经系统达到平衡时，能够改善健康，即使处于困境也能保持冷静和清晰思考。

我们领会了善良、安全感和照顾的意义，希望将这种感受传递给他人。如果我们在某个瞬间获得了安全感，就会想象他人如果有了安全感，也能像这般安心，于是激励我们倾尽同情之心。

在我们开始这次"重温滋养时刻"冥想前，请你先花三至五分钟练习下写作，想想自己要写什么，挑选自己曾经感受到安全、安慰或滋养的时刻，或是想象一个这样的片刻。不必去想那一刻之前或之后的故事，只需要想想脑海里是否有这样一个画面，也许是你舒舒服服地坐在河畔，也许是接受陌生人的善意、朋友的支持，也许是依偎在爱人或家人的怀抱。只要你活着，无论你是否记得，你肯定有过这样的时刻：有人照顾你，有人喂你，有人养育你。因此，想象一下被人呵护、得到安全感和受到安慰的感觉，或回想一下你曾经抱着小孩的感觉，你曾经向面临痛苦的人敞开怀抱、细声安慰的时刻。抑或是你跟伴侣跳舞时，彼此依偎的感觉；是宠物总能在你回家时，欢天喜地迎接你，无条件地爱着你；是在水边长大的你，总能从漂浮在平静水面的想象中获得安宁。如果你的安全感来自某种神灵信仰，那便唤醒某个存在、某个人、某个礼拜场所或整个社区。

如果你选定了滋养时刻，把你记住的或想象的细节尽可能地写下来，尤其是你的五官感受，看到、闻到、摸到和感受到了什么，周围如果还有其他事物，也可以对它们稍作描述。

准备好了吗？让我们开始冥想吧。

冥想

慢慢找到一个让你舒适的姿势，让身体和当下的感受产生连接。放松全身，如果身体哪个部位比较紧张，可以随意伸展或轻轻摆动它，让它放松。你可以闭眼，也可以保持微微睁眼。坐在原地，感受你的身体，让自己完全沉浸到当下。

准备好后，让我们放松地深呼吸几次。轻轻地吸气，可以感受到氧气大量地灌入你的身体，滋润你的全身；然后呼气，看看能否让你释放紧张和忧虑，让身心得到沉淀，获得松弛和平静。

现在，让我们来回想一下你的某个滋养时刻，让我们产生幸福感、安全感或愉悦感的事情。它发生在什么时候？是在大自然中？是得到了朋友、爱人、导师或信仰的神灵的照顾？如果你想不起这样的时刻，不妨想象一个能让你产生安全感和幸福感的人或环境。

接下来，让我们一起穿梭时空，回到这一时刻，尽可能在脑海中还原当时的场景。它发生在哪里？你看到了什么？周围有什么色彩，是什么质感？光线如何？周围环境是什么样的？你听到声音了吗？有什么感觉？在空气中闻到什么气味了吗？

如果这是一个与人分享善意的时刻，你还能想起当时的面部表情或肢体语言吗，还是能听到当时那种安慰的口吻？

让我们继续停留在这个滋养时刻，停留一分钟左右，尽情地感受它。

好，我们重温完了滋养时刻，现在请把注意力放到自己的身体上,留意此时此刻的感知和情绪。有什么变化吗?如果你能察觉愉悦或平和的感觉,如胸部的温暖、肩膀的放松、脸上的微笑,就可以适当休息一下。如果察觉到任何不适,可以多呼吸几次调整身心,再让注意力回到刚才的滋养时刻,或是把注意力转移到感觉更舒适的其他身体部位。

最后,我们来思考一下:这种舒适感和安全感对我们的幸福安康有多重要?

给予善意、保有同情心对于打造安全可靠、繁荣发展的人类社会有多重要?

你见识到了善良和同情的重要性,它对你为人处事、待人接物有什么样的影响?

今后,记得把今日所学献给那些同样需要获得幸福安康的人,让它惠及更多人,让世界上越来越多的人拥有幸福。

最后,我希望你在之后的日常生活中,能有意识地将这一冥想技巧和收获学以致用。

抑郁症、药物和过渡期

通常,我们很难根据自己的症状判断,自己是需要抗抑郁药、接受激素治疗、甲状腺补充剂、维生素,还是矿物质补充剂。不可控的悲伤、易怒、失眠等都可能成为症状。如果你曾经患过抑郁症,在这一阶段可能会更脆弱。如果你觉得自己还没有准备,那么,服用任何新药物前,都必须经过精准检测,观察用药的后续反应。你要主动跟医生合作,调节抗抑郁药和激素的剂量。在过渡期和更升期,要求医生给你检测以下指标:

- **甲状腺:** 促甲状腺激素,游离 T4 向 T3 的转化

- **维生素和矿物质水平**：维生素 B_{12}、维生素 D
- **过渡期后**：游离雌激素、游离睾酮和 DHEA-S

服用新药物后，要记得记录身体的感受。有些本应对身体有益的成分可能不适用于你，反而让症状变得更严重。

如果你确定要服用抗抑郁药或接受激素治疗，找医生要一张记录服药剂量的表格，以便你找到最适合自己的用药剂量。

提醒一下，要想最简单地判断自己是否进入过渡期，就看月经周期有没有缩短，缩短一天及以上都有可能，以及看一年中月经周期是否缩短两次及以上。

记录情绪：如何制作情绪日记

把一天时间分成几列，可以分为早上、下午和晚上，并且从 1 到 10 记录自己的情绪：是快乐（10）还是悲伤（1），是乐观（10）还是悲观（1）？每天三次，从 1 到 10 记录自己的精力或对生活的热情，10 表示状态饱满、精力充沛。在服用任何黄体酮或 SSRI 类抗抑郁药的一小时前和两小时后，记录大脑的清晰程度，10 表示非常清醒，1 表示完全模糊。同时，记录每天的性欲（10 表示性欲高涨，1 表示"开什么玩笑呢"），记录感觉自己发热或出汗的频率，在早上评价前一晚的睡眠质量。晚上醒了多少次？花了多长时间才重新入睡？发热或出汗了多少次？记录下药品和补充剂每次的使用时间和剂量，便于观察它们是否相互作用，或找出哪种药物起到了决定性的治疗作用或引发了严重的副作用。在使用激素或药物前，用日记记录你的情绪，对你的健康大有益处。

最初几次会诊后，我会每周跟患者同步三个重点问题，记录她们所描述的症状，如出现脑雾、不快乐、易怒、焦虑、失眠、流泪、愤怒、抑郁等。有了她们的日记记录作补充，就能更有针对性地调整药物剂量，对症下药。此外，服用非甾体抗炎药会干扰 SSRI 类抗抑郁药的有效性。记录六至八周后，你就能了解身体发生的变化，还有数据支撑你相应地调整剂量。我的多数患者能在三至六个月找到身体的最佳状态。有了这些信息辅助，你就更有可能尽早调整至最佳状态。

补充剂一定好吗？

我们需要单独检测补充剂制造商。补充剂不受监管，功效也不一定跟广告宣传的一致。美国市面上的补充剂都未经美国食品药品监督管理局批准，所以仍要谨防商家炒作。

维生素和补充剂可以相互作用，也可以跟你的处方药和非处方药相互作用，可能导致意想不到的过敏反应。很多女性说她们一般按照推荐剂量的四分之一服用，用量刚刚好。但要探究补充剂背后是什么起了效果，还得靠有资质的专业人士的帮助。补充剂属于新兴领域，相关研究很少，你可能会听到过各种自相矛盾的建议。

和服药一样，你也需要记录服用新的补充剂后的症状。有些本应对身体有益的成分可能不适用于你，反而让症状变得更严重。例如，一些益生菌会导致脑雾。不要轻易下定论，认为是应激反应或是觉得自己"走运"碰上了小概率事件，因为也有可能是服用的新物质导致的。

总而言之，我认为"少即是多"，所以我尽量不出于预防目的过度服药。《哈佛女性健康观察》(*Harvard Women's Health*

Watch）杂志就指出，钙补充剂可能会使部分女性患痴呆症的概率增加七倍，而中老年女性本就更容易患痴呆症。如果东西没有坏，就别修。争取把药物的摄入量降到最低（但面对铺天盖地的广告，我知道这很难）。

认真对待处方：比对比尔斯标准和抗胆碱能量表

往往会出现这样的情况：你胃食管反流去医院就诊，找医生开了药；后来你胳膊受伤，于是开始服用非甾体抗炎药；然后胃又不舒服，也得吃药。这些药物的副作用层层累积，药吃得越多，症状会像滚雪球一样越滚越大。你的思绪变得模糊，失去方向感。你在检查中明显表现出认知水平下降，于是医生判断：你得了痴呆症。因为吃药太多导致了种种问题，你必须及时收手。有时，还得靠你自己挑起责任。

每次去看医生最好都核对下各种药物和补充剂，把所有药丸、贴片、面霜和补充剂列入一张完整清单。还可以结合以下几个量表核对自己的用药，包括抗胆碱能认知负担、药物负担指数的镇静成分和抗胆碱能成分，以及不合适药物的比尔斯标准。

要记得，大脑的健康运作离不开胆碱，而许多药物是抗胆碱能的，其中也包括治疗失禁的药物。但多数情况下，失禁可以通过运动和理疗来解决，详见后文"阴道健身房"部分。

把常见病症误当作痴呆症

如果你自己或亲朋好友的身上似乎出现了严重的认知衰退，

在把它归结为"痴呆症"之前，记得检查以下几种常见的病症。这些病症导致的记忆力下降和失去方向感等问题可以得到治疗。

- **尿路感染**：随着我们不断衰老，我们不再感觉到尿液排出时的灼热和不适，无法及时察觉尿路感染。在身体努力抵抗感染的过程中，会导致全身和大脑的炎症，引起认知问题。抗生素可以在几天内消除尿路感染。
- **尿潴留**[1]：如果你刚开始使用新药物，发现无法排尿或感觉排尿困难，这可能是抗胆碱能药的副作用，其副作用也会干扰认知。尿潴留甚至可能是按医生建议在手术或治疗后服用高剂量的泰诺镇痛导致的。
- **抑郁症**：失去方向感不光是出现痴呆症的迹象，也可能是早期临床抑郁症的迹象。SSRI 或 SNRI 类抗抑郁药物也许能够消除抑郁症引起的方向感混乱。
- **药物或酒精副作用**。尤其是上述许多药物的抗胆碱能副作用。
- **硬膜下血肿**：有没有在撞到头后发现身体容易失去平衡，或者坐不端正？可能是脑部损伤，岁数大了就容易出现脑部损伤。及时看医生，不要掉以轻心。如果发现及时，可以补救你的身体平衡问题。
- **正常压力脑积水**：如果额外的脊髓液渗入脑部的缝隙，但颅内压仍保持正常，就会出现正常压力脑积水。多余的液体会干扰脑部功能，可以在脑内植简易引流管，排出多余液体得到治疗。

---

1 指膀胱内充满尿液而不能正常排出，分为急性和慢性尿潴留。

合理膳食

有很多让人匪夷所思的膳食搭配,但只有这两大原则经受住了时间的考验,让人得以维持最佳营养——地中海饮食和控制用餐时间。

间歇性断食:时间把控

51岁的克利奥坚持跑步多年,每天跑16千米,如果哪天没时间长跑,她就跑步上下班,单程8英里。她一直保持健康饮食,可体重还是一路上升,脑雾也时有发生。克利奥之前一直很瘦,但现在超重近16千克。她无比沮丧,也不知是因为身材走样还是其他什么缘故。

如果当初人类整日围着篝火,一日三餐外加两顿点心,就不可能进化成现在这样。人是动态的,不停移动,如果他们吃素,可能不会出现超重问题。新发现的证据表明,仅在八小时内摄取每日所需的热量,确保晚餐和早餐之间间隔12至16小时,对新陈代谢和促进大脑健康非常有益。延长每日断食时长能促进体内脂肪代谢。不吃东西时,人的胰岛素就会下降。在最后一次用餐后,肝脏的糖原储备仅可为大脑供能12小时。这些储备消耗完了,大脑便开始消耗身体其他部位储存的脂肪。大脑没有自己的脂肪,所以它会促使身体分解脂肪,并通过血液运输供给能量。

听了营养师的建议后,克利奥开始结合间歇性断食和地中海饮食法。每天饱食两餐加一顿点心。第一餐要等到中午才吃,晚餐则在晚上7:30前结束。如果她要进行特别长时间的晨跑,会事先吃一勺坚果酱,喝一小杯卡布奇诺。最终,她不仅减掉了

16千克体重，脑雾也消失了。"体重减轻后，"她说，"我重新感觉到了清晰和敏锐，像以前一样。"麻省理工学院的研究人员发现，这种方法可以刺激神经干细胞，这对于保持大脑的韧性和灵活性，更换磨损的旧细胞非常重要。事实证明，它不仅可以减脂，还能让触发大脑认知、情感和判断的肌肉维持最佳状态。

断食12至16小时能够增强新陈代谢，就像举重和锻炼能增强心脏和肌肉力量一样。断食造成的少许新陈代谢压力最终能让细胞和组织变得更强壮，增强疾病抵抗力。减轻慢性炎症也会让肠-脑轴进入最佳状态，反过来又能改善关节炎和哮喘等一系列健康问题，同时清除毒素和受损细胞，降低癌症发生的风险。

补充蛋白质

最后一个关键是蛋白质。运动与认知之间相互关联，增强肌肉力量则是保持活跃的关键。而蛋白质是维持肌肉营养的关键，有助于保持思维清晰、增强记忆力和提升情绪。

随着年龄的增长，肌肉力量会加速流失，你需要比以前摄入更多蛋白质。据估计，41%的成年女性的膳食蛋白质摄入量低于每日建议摄入量。在2018年的某项研究中，研究人员对逾2 900名25岁以上女性开展了为期23年的跟踪调查，发现蛋白质摄入量最高的女性身体功能受损可能性比摄入量最低的女性要低30%。哪怕是通过液剂补充蛋白质，也要根据自己的体重每天保证摄入60至90克蛋白质，需要包含在你的膳食计划里。在午餐或晚餐期间，你需要给"再吃一块鱼"留够肚子和热量。

健康微生物群：保护肠道和大脑

控制炎症需更健康的微生物群。摄入过多糖分或碳水化合物会导致炎症,而全球研究人员发现,人工甜味剂可能对人的危害更大。大多数甜味剂(包括甜菊糖和桦木木糖醇等天然甜味剂)会导致微生物群变化,为可能入侵血液的有害细菌创造生长环境。代糖也可以发送信号激活大脑多巴胺回路,引起愉悦或奖励系统的剧烈反应。使人成瘾的核心机制便是过度刺激。糖分欲望被满足的同时也会引发葡萄糖不耐受,让人想要摄入更多糖,从而导致糖尿病。糖尿病或糖尿病前期就表明出现了慢性炎症,慢性炎症就表明大脑萎缩,大脑萎缩就表明认知衰退:这表明你走了下坡路,而非进入更升期。

  如果你吃太多,食用高盐快餐、低纤维食品、油炸食品、反式脂肪、糖精或加工食品中的化学添加剂,加上抽烟、饮酒、睡眠质量差、久坐,这些都可能破坏健康的微生物群。如果我们对碳水化合物产生渴望,可能表明缺乏有益细菌让大脑感知到满足,所以最快的补救方法就是刺激大脑产生多巴胺和血清素这类能让人感觉愉悦的化学物质,而糖分能让人最快地分泌这些化学物质。但这种愉悦感不会持续太久,我们要么很快疲倦地在沙发上躺下,要么会去喝咖啡或找更多糖吃。这种恶性循环会妨碍重要的肠-脑轴联动。

  记得把抗生素和泻药也放进你的膳食清单。自来水中的氯和氟也可能对微生物群造成危害。氯在室温下过一会儿就会蒸发,但煮沸水去氯更快。好好地照顾自己的微生物群,合理膳食,用心呵护。如果微生物群需要重新繁殖,咨询专家为你找合适的发酵食品及益生菌。

炎症的可检测指标

医生能为你收集信息,了解你需要付出哪些努力对抗炎症、保持健康和维持认知。以下是一些血液检查和基因检测可跟踪的指标,能够让你针对膳食补充和服用补充剂做出明智决策。

- **心脏**:通过钙扫描了解自己能摄入多少动物脂肪,以及是否需要他汀类药物。
- **大脑**:检查 APOE4 基因变异,决定自己是否要接受激素治疗。哪怕有一个 APOE4 基因突变,且有痴呆症家族史,都可能会让你在过渡期就开始使用雌激素,从而保护认知。

- **血红蛋白 A1C、C- 反应蛋白、甘油三酯、低密度脂蛋白、极低密度脂蛋白**:这些指标可以检测出糖尿病、心脏与血管问题,检查有没有"僵尸细胞"炎症。如果任一指标异常,你就应考虑减少糖、碳水化合物、不健康脂肪的摄入,增加精益蛋白和非淀粉蔬菜的摄入。如果低密度脂蛋白超过 100,则考虑服用他汀类药物。
- **血红蛋白、红细胞比容和红细胞分布宽度**:如果你在过渡期出现经期大量出血,很可能会贫血。大多数医生会检查血红蛋白和红细胞比容,判断是否需要补铁,还可以测量红细胞分布宽度,确定骨髓是否已经恢复正常造血。这个指标能告诉你是否完全解决了贫血问题。

随着年岁增长,身体的炎症反应自然会变多。如果你想让大脑进入更升期，控制炎症就显得尤为重要，关键在于：
- 保证睡眠充足
- 运动时追求愉悦感而非疲惫感
- 以非淀粉蔬菜和精益蛋白质为主要营养来源
- 不饮酒，减少摄入糖分、过量盐、油炸食品等，避免暴饮暴食和过度运动

对新的发现保持警惕。有人曾告诉你不要吃鸡蛋，但现在也有人说鸡蛋是健康 ω-3 脂肪酸的来源，蛋黄是特别好的胆碱来源（能补脑）。到底该听谁的呢？周一你可能听到人家是正着说，周五又变成反着说。其实两种说法都可能对，毕竟甲之蜜糖，乙之砒霜嘛。我在书中提到的方法都是经过时间检验的，同时我也在不断关注新出现的有用指标。

阴道健身房

关于过渡期还有一个调整：如果你生过孩子或做过骨盆手术，每次咳嗽或打喷嚏前你可能都会有点紧张，或是你为了赶绿灯、赶公交车那一刻的紧张。你会尿出多少？一点点，还是明显的喷尿？65 岁的克里斯蒂娜说："我还是没法儿去买尿失禁护理垫。"她还在坚持跑步来减轻过渡期后的体重。生过三次孩子的克里斯蒂娜很难憋尿。"去买尿失禁用品会让我觉得自己老得太快了，所以我还在用加长版卫生巾。"然而，克里斯蒂娜因为长期尿路感染正在接受第三轮抗生素治疗。这也难怪，因为卫生巾的设计是为了吸收更少液体，如果你用卫生巾吸收尿液，肯定无法满足需要，导致尿液残留在皮肤表面。你说这算"中年尿布疹"吗？护理垫没选对，可能导致克里斯蒂娜反复的尿路感染更

为严重。

克里斯蒂娜不想用护理垫，但像在 Barre 塑形课[1] 中那些有针对性的锻炼可以增强盆底肌，从而帮助她憋尿。盆底理疗可以解决一些女性的尿失禁问题，但这种理疗有时也需要从阴道内部操控肌肉。我跟她提起这个话题时，克里斯蒂娜说她两者都不喜欢。"我讨厌上 Barre 课，跑步就能让我变瘦。除非万不得已，我不想让任何人在我的下体到处乱碰。"

坚持跑步，但不解决盆底问题或没能保持性活跃，也可能导致阴道、直肠、膀胱和子宫脱垂。这种情况比你想象的更为常见，但女性可能会等好几年才找医生看病。与此同时，这些问题可能摧毁女性的自信心和亲密生活，容易让人陷入抑郁。虽说手术能带来极大的改变（让你回归不愿面对的生活），但你可能依然不愿接受手术将这些器官固定回原位。如果其他方法不管用，鼓起勇气做手术吧！

要怎样应对这些变化取决于你。你可以抗争，可以抵抗，否认一切正在发生的事情，向所有人隐瞒，跟很多人一样迈向下坡路。但或许，你也可以迈入另一条少有人走的路，发挥自己拥有的能力，创造条件让自己进入更升期。发挥你的主观能动性。只要你想，你也能控制自己不在打喷嚏时尿失禁。我们的命运由我们自己掌握！

雌激素能够增加黏膜的厚度和润滑度，所以雌激素下降后，阴道润滑度也会降低。即使接受激素治疗，也可能需要配合使用润滑剂。你可能还需要涂抹用于阴道的雌激素乳膏，注意使用后

---

[1] 一种以芭蕾为基础的有氧训练课程。

需立即清洗。皮肤对小伤口会更敏感，而男性精液会随年龄的增长变酸，你的身体会不太适应。你会更容易尿路感染，很难自控，但还是能稍许克制自己。想办法苦中作乐吧！

如果你发现阴道干燥或觉得性行为容易疼，可以每周使用两次雌激素缓解，如用雌二醇类乳霜、阴道栓剂或阴道环。你可以找主治医生或妇产科医生要处方。经证明，向阴道内塞药的激素治疗很安全，即使对有患乳腺癌风险的女性也很安全。

获得更多更升期支持

我知道你自有办法在更升期支持自己多锻炼、均衡营养和维护神经系统，但我也有一些靠谱资源想跟你分享。虽说这些方法的成效我没法保证，你得做好自己健康的第一负责人，但你也不妨试一试。

- **调节营养和认知**：减肥专用的手机软件"Noom"能改变人对食物和健康的态度，让你养成健康的饮食、锻炼和情绪习惯。
  如果你只想要一个体重、营养和卡路里计数器，可以试试"Lose It!"这款软件。
- **训练盆底肌肉力量、关节活动和核心**：可以尝试"OpenFIT"软件上的 Xtend Barre 课程。其他项目的运动可能过于激烈，但 Xtend Barre、XB 普拉提和 XB 拉伸课程都很适合作为健身入门课，加强身体薄弱部位的力量。
  考虑到很多人容易经常久坐，购买健身手环或手表可以有效反馈你当前的运动量以及锻炼实际消耗的卡路里。我们往往会高估自己消耗的卡路里数，结果摄入多、消耗少,就此认为锻炼无助于减肥。

- **维护神经系统和提升认知**:

  身体扫描冥想:学会其中的放松技巧对减压、恢复状态和睡眠都有好处。在苹果播客上可以搜到许多相关内容。如果这是你第一次尝试,可以选择 Headspace 或 Calm 等应用作为起点。

  学会专注:专注冥想与放松不同,不仅要寻求内心平静,还要训练思维,使其变得更敏锐、更稳定。能做到这一点,就可以开始专注于改变,培养理想的品格,成为我们一直想成为的女性。下文的同情心培养方案也能够很好地保持思维稳定。

  培养同情心:埃默里大学制订了一份同情心培养方案,包含了培养同情心的方方面面:包括镇定神经系统、保持思维稳定,帮你找到对自己的同情心,并教会你培养同情心以提供能量,不因世界的悲伤而黯然失色。

如需缓解持续性"脑雾"症状,请访问以下网站:

https://www.verywellhealth.com/dealing-with-covid-brain-fog-5209460

为帮助患有隐疾或心理健康问题的青少年或成年子女,互助会特意为父母准备了 12 步计划,只需访问 www.al-anon.org 并搜索关键词 "parents programs"(父母计划)即可。

致谢

最初,几位《女人为什么来自金星》的忠实读者联系我,问我能不能再出本书,写写女性生命的下一阶段,聊聊女性在生育期后如何为生命赋能、增长智慧。一开始我也纳闷,因为所有医学研究都只关注我们后半生出现的问题,后来我意识到,还没有人为女性规划过她们的发展阶段,于是便有了这本书。我的内心满怀感谢,感谢我的所学所获,感谢我每天的成长和变化。还有那些未能提及姓名的人,感谢你们。

我要感谢我在加州大学旧金山分校的同事、支持者和导师们:科里·巴格曼、林恩·克里里奇、贝尼奥夫、马克·贝尼奥夫、利兹·布莱克本、詹妮弗·卡明斯、玛丽·达尔曼、艾莉森·杜普、德娜·杜巴尔、伊莉莎·埃佩尔、劳拉·埃塞曼、亚当·加泽利、安娜·格雷泽、明迪·戈德曼、林恩·格雷西、梅尔·格鲁巴赫、史蒂夫·豪泽、迪克西·霍尼格、霍利·英格拉姆、辛西娅·凯尼恩、乔尔·克莱默、罗布·马伦卡、辛迪·梅隆、迈克尔·梅泽尼奇、布鲁斯·米勒、南希·米利肯、塔米·纽豪斯、托马斯·内兰、金·诺曼、费娜·诺沃索洛夫、奥伊夫·奥多诺万、克里斯蒂娜·范、里基·波利科夫、桑迪·罗伯逊、约翰·鲁宾斯坦、阿拉·斯皮瓦克、布兰登·斯塔格林、加伦·斯塔格林、沙里·斯塔格林、马特·斯泰特、马克·泰西尔·拉维涅、欧文·沃尔科维茨和克里斯汀·雅菲。

感谢加州大学伯克利分校的老师、导师和同事们，特别是：弗兰克·比奇、玛丽安·戴蒙德、彼得·霍尼克、丹尼尔·马齐亚、克莱德·威尔森和弗雷德·威尔特。

感谢耶鲁大学的老师、导师和同事们，特别是：玛丽莲·法夸尔、弗洛伦斯·哈泽泰、斯坦利·杰克逊、埃里克·内斯特勒、舍温·纽兰和菲利普·萨雷尔。

感谢伦敦大学学院和维尔康医史研究所的老师、导师和同事们，特别是：比尔·拜纳姆、夏洛特·麦肯齐、罗伊·波特、珍妮特·汤普森和理查德·沃尔海姆。

感谢哈佛大学的老师、导师和同事们，特别是：玛丽·安妮·巴达拉科、迈伦·贝尔弗、贝丝·布莱辛、赫伯·戈尔丁斯、凯西·凯利、威廉·迈斯纳、乔治·瓦利安特、贝塞尔·范德科尔克和佩吉·温加德。

感谢同样从事于女性神经科学领域的其他同事们，特别是：罗伯塔·布林顿、约翰·卡乔波、拉里·卡希尔、李·科恩、尼尔·爱普生、斯蒂芬尼·福比恩、吉尔·戈尔茨坦、詹妮弗·戈登、维克多·亨德森、梅丽莎·海因斯、莎拉·赫迪、哈丁·乔菲、克劳迪娅·卡瓦斯、埃莉诺·麦考比、玛莎·麦克林托克、布鲁斯·麦克尤恩、波琳·梅基、莉萨·莫斯科尼、芭芭拉·帕里、詹妮弗·佩恩、纳塔莉·拉斯贡、戴维·鲁比诺、彼得·施密特、芭芭拉·谢温、黛博拉·坦宁和玛娜·韦斯曼。

感谢我的好友，有了她们的陪伴才能让我在更升期的上坡路上不断前行。感谢我的周六午餐小分队：詹妮弗·柯利、米奇·伯格·科德洛斯、林·雷波拉、格伦达·塞德尔、玛丽亚·卡里尼·斯内德和马蒂·沃尔夫；晚餐小分队：金伯利·卡梅伦·布罗迪、玛吉·考克斯、胡安妮·英、凯瑟琳·霍尼格、凯瑞·金、桑迪·克莱曼、苏珊·洛佩斯、凯里·舒尔曼和布伦达·威；加州米尔谷摄影小组；我最爱的作家：朱莉·玛格丽特·霍根、耶娜·平科特和米歇尔·史黛西；加州米尔谷冥想小组；密歇根州宝石心中心的冥想老师和小组；我的游泳课老师和队友帕特里夏·切特罗夫斯基、佩吉·康拉德、凯西·金、苏珊娜·佩诺维奇和玛丽安·威尔曼；以及随时随地都会接我电话的姐妹们：黛安娜·西林乔内、爱丽丝·康宁、琼·希特帕斯、莉萨·克莱蒙特、埃德里安娜·拉金、莎伦·阿戈皮安·梅洛迪亚、苏·罗森、温迪·施恩、玛丽·谢尔曼、南希·托德斯·泰勒和乔迪·伊瑞；还有我母亲从小的闺蜜卡罗琳·莫里·奈特，她经常跟我分享八卦轶事；最后还有一位我离世的故友，亲爱的珍妮特·杜兰特。

感谢 Harmony 图书出版的文献团队，以及优秀的编辑唐娜·洛夫雷多，是她的能力成就了这本书，还有我的经纪人伊丽莎白·卡普兰，她的投入、陪伴和宝贵建议恰恰是我所需要、所渴望的。

我还要由衷感谢所有喜欢《女人为什么来自金星》的读者，感谢你们多年来的支持、来信和提问。每一封信、每一个问题都有不一样的角度和观点，让我产生了更多了解，从而能让我在女性的更升期"上坡路"上帮更多忙。

我也要感谢我的家人，特别是我的妹妹戴安娜·布里曾丹，每天都用爱和祈祷支持着我。感谢亲爱的儿子约翰·惠特尼·布里曾丹，他给予我支持，运用娴熟的计算机技术助我完成了此书。还有一直为我加油打气的亲人们：哥哥巴兹·布里曾丹，妹妹宝拉·布里曾丹·昆茨，继女杰西卡和伊丽莎白·巴伦德斯，叔叔汤姆和约翰·布里曾丹，阿姨凯丝和雪儿·布里曾丹，侄女杰西卡·约翰斯、摩根·布里曾丹、瑞秋·兰尼斯、妮可·昆茨和路易莎·兰尼斯，以及侄子瑞安·布里曾丹和德里克·昆茨。以及我的母亲路易丝·安·布里曾丹，她每时每分都活在我的记忆里，她懂得珍惜生命中重要的事物。

以及感谢我的丈夫塞缪尔·巴伦德斯，是他的爱、智慧和支持鼓励着我前进，砥砺前行。他是我的宝藏。

我还想感谢一个人，我的写作伙伴、编辑和朋友艾米·赫兹。再多话语也道不尽我对她的感激。她的专业能力、才华和远见卓识不仅指导我写出了《女人为什么来自金星》，还敦促我创作了《更升期》。没有她，就不会有这两本书的今天。

最后，我要特别感谢本书中所有匿名分享亲身经历的患者们（为保护隐私均为化名）。她们在更升期所经历的苦与乐都是赠予你的礼物，希望帮助你迈入自己的更升期。

参考文献

作者按

Davis, Emily J., Iryna Lobach, and Dena B. Dubal. 2018. "Female XX sex chromosomes increase survival and extend lifespan in aging mice." *Aging Cell* 18 (1). doi: 10.1111/acel.12871.

Santoro, Nanette, and John F. Randolph. 2011. "Reproductive hormones and the menopause transition." *Obstetrics and Gynecology Clinics of North America* 38 (3):455–66. doi: 10.1016/j.ogc.2011.05.004.

Sripada, Rebecca K., Christine E. Marx, Anthony P. King, Nirmala Rajaram, Sarah N. Garfinkel, James L. Abelson, and Israel Liberzon. 2013. "DHEA enhances emotion regulation neurocircuits and modulates memory for emotional stimuli." *Neuropsychopharmacology* 38 (9):1798–1807. doi: 10.1038/npp.2013.79.

Taylor, Caitlin M., Laura Pritschet, and Emily G. Jacobs. 2021. "The scientific body of knowledge—whose body does it serve? A spotlight on oral contraceptives and women's health factors in neuroimaging." *Frontiers in Neuroendocrinology* 60 (6). doi: 10.1016/j.yfrne.2020.100874.

第一章　转变对话

Archer, John. 2019. "The reality and evolutionary significance of human psychological sex differences." *Biological Reviews* 94 (4):1381–415. doi: 10.1111/brv.12507.

Luine, Victoria, and Maya Frankfurt. 2020. "Estrogenic regulation of memory: The first 50 years." *Hormones and Behavior* 121. doi: 10.1016/j.yhbeh.2020.104711.

Monteleone, Patrizia, Giulia Mascagni, Andrea Giannini, Andrea R. Genazzani, and Tommaso Simoncini. 2018. "Symptoms of menopause—global prevalence, physiology and implications." *Nature Reviews Endocrinology* 14 (4):199–215. doi: 10.1038/nrendo.2017.180.

Protsenko, Ekaterina, Ruoting Yang, Brent Nier, Victor Reus, Rasha Hammamieh, Ryan Rampersaud, et al. 2021. "'GrimAge,' an epigenetic predictor of mortality, is accelerated in major depressive disorder." *Translational Psychiatry* 11 (1). doi: 10.1038/s41398-021-01302-0.

Sartori, Andrea C., David E. Vance, Larry Z. Slater, and Michael Crowe. 2012. "The impact of inflammation on cognitive function in older adults." *Journal of Neuroscience Nursing* 44 (4):206–17. doi: 10.1097/JNN.0b013e3182527690.

Torréns, Javier I., Kim Sutton-Tyrrell, Xinhua Zhao, Karen Matthews, Sarah Brockwell, MaryFran Sowers, and Nanette Santoro. 2009. "Relative androgen excess during the menopausal transition predicts incident metabolic syndrome in midlife women." *Menopause* 16 (2):257–64. doi: 10.1097/gme.0b013e318185e249.

Wang, Yiwei, Aarti Mishra, and Roberta Diaz Brinton. 2020. "Transitions in metabolic and immune systems from pre-menopause to post-menopause: Implications for age-associated neurodegenerative diseases." *F1000Research* 9. doi: 10.12688/f1000research.21599.1.

Xin, Jiang, Yaoxue Zhang, Yan Tang, and Yuan Yang. 2019. "Brain differences between men and women: Evidence from deep learning." *Frontiers in Neuroscience* 13. doi: 10.3389/fnins.2019.00185.

第二章　成为女性的关键

Hill, Sarah. *This Is Your Brain on Birth Control: The Surprising Science of Sex, Women, Hormones, and the Law of Unintended Consequences*. New York: Penguin, 2019.

Mueller, Joshua M., Laura Pritschet, Tyler Santander, Caitlin M. Taylor, Scott T. Grafton, Emily Goard Jacobs, and Jean M. Carlson. 2021. "Dynamic community detection reveals transient reorganization of functional brain networks across a female menstrual cycle." *Network Neuroscience* 5 (1):125–44. doi: 10.1162/netn_a_00169.

Paul, Steven M., Graziano Pinna, and Alessandro Guidotti. 2020. "Allopregnanolone: From molecular pathophysiology to therapeutics. A historical perspective." *Neurobiology of Stress* 12. doi: 10.1016/j.ynstr.2020.100215.

Pritschet, Laura, Tyler Santander, Caitlin M. Taylor, Evan Layher, Shuying Yu, Michael B. Miller, et al. 2020. "Functional reorganization of brain networks across the human menstrual cycle." *NeuroImage* 220 (4). doi: 10.1016/j.neuroimage.2020.117091.

Syan, Sabrina K., Luciano Minuzzi, Dustin Costescu, Mara Smith, Olivia R. Allega, Marg Coote, et al. 2017. "Influence of endogenous estradiol, progesterone, allopregnanolone, and dehydroepiandrosterone sulfate on brain resting state functional connectivity across the menstrual cycle." *Fertility and Sterility* 107 (5):1246–55.e4. doi: 10.1016/j.fertnstert.2017.03.021.

Weber, Miriam T., Mark Mapstone, Jennifer Staskiewicz, and Pauline M. Maki. 2012. "Reconciling subjective memory complaints with objective memory performance in the menopausal transition." *Menopause* 19 (7):735–41. doi: 10.1097/gme.0b013e318241fd22.

Witchel, Selma Feldman, Bianca Pinto, Anne Claire Burghard, and Sharon E. Oberfield. 2020. "Update on adrenarche." *Current Opinion in Pediatrics* 32 (4):574–81. doi: 10.1097/mop.0000000000000928.

第三章　向更升期过渡

Bluming, Avrum Z. 2021. "Progesterone and breast cancer pathogenesis." *Journal of Molecular Endocrinology* 66 (1):C1–C2. doi: 10.1530/jme-20-0262.

Boyle, Christina P., Cyrus A. Raji, Kirk I. Erickson, Oscar L. Lopez, James T. Becker, H. Michael Gach, et al. 2020. "Estrogen, brain structure, and cognition in postmenopausal women." *Human Brain Mapping* 42 (1):24–35. doi: 10.1002/hbm.25200.

Craig, A. D., K. Chen, D. Bandy, and E. M. Reiman. 2000. "Thermosensory activation of insular cortex." *Nature Neuroscience* 3 (2):184–90. doi: 10.1038/72131.

El Khoudary, Samar R., Gail Greendale, Sybil L. Crawford, Nancy E. Avis, Maria M. Brooks, Rebecca C. Thurston, et al. 2019. "The menopause transition and women's health at midlife." *Menopause* 26 (10):1213–27. doi: 10.1097/gme.0000000000001424.

Engel, Sinha, Hannah Klusmann, Beate Ditzen, Christine Knaevelsrud, and Sarah Schumacher. 2019. "Menstrual cycle-related fluctuations in oxytocin concentrations: A systematic review and meta-analysis." *Frontiers in Neuroendocrinology* 52 (6):144–55. doi: 10.1016/j.yfrne.2018.11.002.

Fan, Yubo, Ruiyi Tang, Jerilynn C. Prior, and Rong Chen. 2020. "Paradigm shift in pathophysiology of vasomotor symptoms: Effects of estradiol withdrawal and progesterone therapy." *Drug Discovery Today: Disease Models* 32 (1):59–69. doi: 10.1016/j.ddmod.2020.11.004.

Freedman, Robert R. 2014. "Menopausal hot flashes: Mechanisms, endocrinology, treatment." *Journal of Steroid Biochemistry and Molecular Biology* 142:115–20. doi: 10.1016/j.jsbmb.2013.08.010.

Goldstein, S. R., and M. A. Lumsden. 2017. "Abnormal uterine bleeding in perimenopause." *Climacteric* 20 (5):414–20. doi: 10.1080/13697137.2017.1358921.

Hanstede, Miriam M. F., Martijn J. Burger, Anne Timmermans, and Matthé P. M Burger. 2012. "Regional and temporal variation in hysterectomy rates and surgical routes for benign diseases in the Netherlands." *Acta Obstetricia et Gynecologica Scandinavica* 91 (2):220–25. doi: 10.1111/j.1600-0412.2011.01309.x.

Henderson, V. W., J. R. Guthrie, E. C. Dudley, H. G. Burger, and L. Dennerstein. 2003. "Estrogen exposures and memory at midlife: A population-based study of women." *Neurology* 60 (8):1369–71. doi: 10.1212/01.Wnl.0000059413.75888.Be.

Hodis, H. N., and P. M. Sarrel. 2018. "Menopausal hormone therapy and breast cancer: what is the evidence from randomized trials?" *Climacteric* 21 (6):521–28. doi: 10.1080/13697137.2018.1514008.

Nanba, Aya T., Juilee Rege, Jianwei Ren, Richard J. Auchus, William E. Rainey, and Adina F. Turcu. 2019. "11-Oxygenated C19 steroids do not decline with age in women." *Journal of Clinical Endocrinology & Metabolism* 104 (7):2615–22. doi: 10.1210/jc.2018-02527.

Pletzer, Belinda, Ti-Anni Harris, Andrea Scheuringer, and Esmeralda Hidalgo-Lopez. 2019. "The cycling brain: Menstrual cycle related fluctuations in hippocampal and fronto-striatal activation and connectivity during cognitive tasks." *Neuropsychopharmacology* 44 (11):1867–75. doi: 10.1038/s41386-019-0435-3.

Pouba, Katherine, and Ashley Tianen. 2006. "Lunacy in the 19th Century: Women's Admission to Asylums in the United States of America." *Oshkosh Scholar* 1:95–103.

Santoro, Nanette, and John F. Randolph. 2011. "Reproductive hormones and the menopause transition." *Obstetrics and Gynecology Clinics of North America* 38 (3):455–66. doi: 10.1016/j.ogc.2011.05.004.

Süss, Hannah, Jasmine Willi, Jessica Grub, and Ulrike Ehlert. 2021. "Estradiol and progesterone as resilience markers?—Findings from the Swiss Perimenopause Study." *Psychoneuroendocrinology* 127. doi: 10.1016/j.psyneuen.2021.105177.

Taylor, Caitlin M., Laura Pritschet, and Emily G. Jacobs. 2021. "The scientific body of knowledge—whose body does it serve? A spotlight on oral contraceptives and women's health factors in neuroimaging." *Frontiers in Neuroendocrinology* 60. doi: 10.1016/j.yfrne.2020.100874.

Weber, M. T., L. H. Rubin, R. Schroeder, T. Steffenella, and P. M. Maki. 2021. "Cognitive profiles in perimenopause: Hormonal and menopausal symptom correlates." *Climacteric* 24 (4):1–7. doi: 10.1080/13697137.2021.1892626.

Zorumski, Charles F., Steven M. Paul, Douglas F. Covey, and Steven Mennerick. 2019. "Neurosteroids as novel antidepressants and anxiolytics: GABA-A receptors and beyond." *Neurobiology of Stress* 11. doi: 10.1016/j.ynstr.2019.100196.

第四章　穿越荒野

Allais, Gianni, Giulia Chiarle, Silvia Sinigaglia, Gisella Airola, Paola Schiapparelli, and Chiara Benedetto. 2018. "Estrogen, migraine, and vascular risk." *Neurological Sciences* 39 (S1):11–20. doi: 10.1007/s10072-018-3333-2.

Beral, Valerie, Richard Peto, Kirstin Pirie, and Gillian Reeves. 2019. "Type and timing of menopausal hormone therapy and breast cancer risk: individual participant meta-analysis of the worldwide epidemiological evidence." *The Lancet* 394 (10204):1159–68. doi: 10.1016/s0140-6736(19)31709-x.

Brinton, Roberta Diaz, Richard F. Thompson, Michael R. Foy, Michel Baudry, JunMing Wang, Caleb E. Finch, et al. 2008. "Progesterone receptors: Form and function in brain." *Frontiers in Neuroendocrinology* 29 (2):313–39. doi: 10.1016/j.yfrne.2008.02.001.

Bromberger, Joyce T., and Cynthia Neill Epperson. 2018. "Depression during and after the perimenopause." *Obstetrics and Gynecology Clinics of North America* 45 (4):663–78. doi: 10.1016/j.ogc.2018.07.007.

Cagnacci, Angelo, and Martina Venier. 2019. "The controversial history of hormone replacement therapy." *Medicina* 55 (9). doi: 10.3390/medicina55090602.

Cummings, Jennifer A., and Louann Brizendine. 2002. "Comparison of physical and emotional side effects of progesterone or medroxyprogesterone in early postmenopausal women." *Menopause* 9 (4):253–63. doi: 10.1097/00042192-200207000-00006.

"Dietary Supplements: What You Need to Know." National Institutes of Health Office of Dietary Supplements, September 3, 2020.

Edwards, Alexis C., Sara Larsson Lönn, Casey Crump, Eve K. Mościcki, Jan Sundquist, Kenneth S. Kendler, and Kristina Sundquist. 2020. "Oral contraceptive use and risk of suicidal behavior among young women." *Psychological Medicine*:1–8. doi: 10.1017/s0033291720003475.

Genazzani, Andrea R., Patrizia Monteleone, Andrea Giannini, and Tommaso Simoncini. 2021. "Hormone therapy in the postmenopausal years: considering benefits and risks in clinical practice." *Human Reproduction Update* doi: 10.1093/humupd/dmab026.

Gibson, Carolyn J., Yixia Li, Guneet K. Jasuja, Kyle J. Self, Karen H. Seal, and Amy L. Byers. 2021. "Menopausal hormone therapy and suicide in a national sample of midlife and older women veterans." *Medical Care* 59:S70–S76. doi: 10.1097/mlr.0000000000001433.

Gordon, Jennifer L., Tory A. Eisenlohr-Moul, David R. Rubinow, Leah Schrubbe, and Susan S. Girdler. 2016. "Naturally occurring changes in estradiol concentrations in the menopause transition predict morning cortisol and negative mood in perimenopausal depression." *Clinical Psychological Science* 4 (5):919–35. doi: 10.1177/2167702616647924.

Heath, Laura, Shelly L. Gray, Denise M. Boudreau, Ken Thummel, Karen L. Edwards, Stephanie M. Fullerton, et al. 2018. "Cumulative antidepressant use and risk of dementia in a prospective cohort study." *Journal of the American Geriatrics Society* 66 (10):1948–55. doi: 10.1111/jgs.15508.

Hill, Sarah. *This is Your Brain on Birth Control: The Surprising Science of Sex, Women, Hormones, and the law of Unintended Consequences.* New York: Penguin, 2019.

Kolata, Gina. "Rate of hysterectomies puzzles experts." *New York Times,* September 20, 1988.

Lobo, Roger A. 2016. "Hormone-replacement therapy: Current thinking." *Nature Reviews Endocrinology* 13 (4):220–31. doi: 10.1038/nrendo.2016.164.

Loprinzi, Charles L., Debra L. Barton, Lisa A. Carpenter, Jeff A. Sloan, Paul J. Novotny, Matthew T. Gettman, and Bradley J. Cristensen. 2004. "Pilot evaluation of paroxetine for treating hot flashes in men." *Mayo Clinic Proceedings* 79 (10):1247–51. doi: 10.4065/79.10.1247.

Maki, Pauline M., Susan G. Kornstein, Hadine Joffe, Joyce T. Bromberger, Ellen W. Freeman, Geena Athappilly, et al. 2019. "Guidelines for the evaluation and treatment of perimenopausal depression: Summary and recommendations." *Journal of Women's Health* 28 (2):117–34. doi: 10.1089/jwh.2018.27099.mensocrec.

Mazer, Norman A. 2004. "Interaction of estrogen therapy and thyroid hormone replacement in postmenopausal women." *Thyroid* 14 (S1):27–34. doi: 10.1089/105072504323024561.

Pokras, R., and V. G. Hufnagel. 1988. "Hysterectomy in the United States, 1965–84." *American Journal of Public Health* 78 (7):852–53. doi: 10.2105/ajph.78.7.852.

Rasgon, Natalie L., Jennifer Dunkin, Lynn Fairbanks, Lori L. Altshuler, Co Troung, Shana Elman, et al. 2007. "Estrogen and response to sertraline in postmenopausal women with major depressive disorder: A pilot study." *Journal of Psychiatric Research* 41 (3–4):338–43. doi: 10.1016/j.jpsychires.2006.03.009.

Russell, Jason K., Carrie K. Jones, and Paul A. Newhouse. 2019. "The role of estrogen in brain and cognitive aging." *Neurotherapeutics* 16 (3):649–65. doi: 10.1007/s13311-019-00766-9.

Singh, Meharvan, Chang Su, and Selena Ng. 2013. "Non-genomic mechanisms of progesterone action in the brain." *Frontiers in Neuroscience* 7. doi: 10.3389/fnins.2013.00159.

Skovlund, Charlotte Wessel, Lina Steinrud Mørch, Lars Vedel Kessing, Theis Lange, and Øjvind Lidegaard. 2018. "Association of hormonal contraception with suicide attempts and suicides." *American Journal of Psychiatry* 175 (4):336–42. doi: 10.1176/appi.ajp.2017.17060616.

Willi, Jasmine, Hannah Süss, Jessica Grub, and Ulrike Ehlert. 2020. "Prior depression affects the experience of the perimenopause—findings from the Swiss Perimenopause Study." *Journal of Affective Disorders* 277:603–11. doi: 10.1016/j.jad.2020.08.062.

Writing Group for the Women's Health Initiative, Investigators. 2002. "Risks and benefits of estrogen plus progestin in healthy postmenopausal women: principal results from the women's health initiative randomized controlled trial." *JAMA: The Journal of the American Medical Association* 288 (3):321–33. doi: 10.1001/jama.288.3.321.

第五章　焕然一新：迎接新生活

Freeman, Ellen W., Mary D. Sammel, David W. Boorman, and Rongmei Zhang. 2014. "Longitudinal pattern of depressive symptoms around natural menopause." *JAMA Psychiatry* 71 (1). doi: 10.1001/jamapsychiatry.2013.2819.

Gordon, Jennifer L., Alexis Peltier, Julia A. Grummisch, and Laurie Sykes Tottenham. 2019. "Estradiol fluctuation, sensitivity to stress, and depressive symptoms in the menopause transition: A pilot study." *Frontiers in Psychology* 10. doi: 10.3389/fpsyg.2019.01319.

Handa, Robert J., and Michael J. Weiser. 2014. "Gonadal steroid hormones and the hypothalamo–pituitary–adrenal axis." *Frontiers in Neuroendocrinology* 35 (2):197–220. doi: 10.1016/j.yfrne.2013.11.001.

Herrera, Alexandra Ycaza, Howard N. Hodis, Wendy J. Mack, and Mara Mather. 2017. "Estradiol therapy after menopause mitigates effects of stress on cortisol and working memory." *Journal of Clinical Endocrinology & Metabolism* 102 (12):4457–66. doi: 10.1210/jc.2017-00825.

Koch, Patricia Barthalow, Phyllis Kernoff Mansfield, Debra Thurau, and Molly Carey. 2005. "'Feeling frumpy': The relationships between body image and sexual response changes in midlife women." *Journal of Sex Research* 42 (3):215–23. doi: 10.1080/00224490509552276.

Mosconi, Lisa, Valentina Berti, Jonathan Dyke, Eva Schelbaum, Steven Jett, Lacey Loughlin, et al. 2021. "Menopause impacts human brain structure, connectivity, energy metabolism, and amyloid-beta deposition." *Scientific Reports* 11 (1). doi: 10.1038/s41598-021-90084-y.

Ochsner, Kevin N., Jennifer A. Silvers, and Jason T. Buhle. 2012. "Functional imaging studies of emotion regulation: a synthetic review and evolving model of the cognitive control of emotion." *Annals of the New York Academy of Sciences* 1251 (1):E1–E24. doi: 10.1111/j.1749-6632.2012.06751.x.

Pariante, Carmine M., and Stafford L. Lightman. 2008. "The HPA axis in major depression: Classical theories and new developments." *Trends in Neurosciences* 31 (9):464–68. doi: 10.1016/j.tins.2008.06.006.

Parker, Kyle E., Christian E. Pedersen, Adrian M. Gomez, Skylar M. Spangler, Marie C. Walicki, Shelley Y. Feng, et al. 2019. "A paranigral VTA nociceptin circuit that constrains motivation for reward." *Cell* 178 (3):653–71.e19. doi: 10.1016/j.cell.2019.06.034.

Protsenko, Ekaterina, Ruoting Yang, Brent Nier, Victor Reus, Rasha Hammamieh, Ryan Rampersaud, et al. 2021. "'GrimAge,' an epigenetic predictor of mortality, is accelerated in major depressive disorder." *Translational Psychiatry* 11 (1). doi: 10.1038/s41398-021-01302-0.

Sapolsky, Robert M. 2000. "Glucocorticoids and hippocampal atrophy in neuropsychiatric disorders." *Archives of General Psychiatry* 57 (10). doi: 10.1001/archpsyc.57.10.925.

Sherwin, Barbara B. 2012. "Estrogen and cognitive functioning in women: Lessons we have learned." *Behavioral Neuroscience* 126 (1):123–27. doi: 10.1037/a0025539.

Woods, Nancy F., Molly C. Carr, Eunice Y. Tao, Heather J. Taylor, and Ellen S. Mitchell. 2006. "Increased urinary cortisol levels during the menopause transition." *Menopause* 13 (2):212–21. doi: 10.1097/01.gme.0000198490.57242.2e.

Zaki, Jamil, Joshua Ian Davis, and Kevin N. Ochsner. 2012. "Overlapping activity in anterior insula during interoception and emotional experience." *NeuroImage* 62 (1):493–99. doi: 10.1016/j.neuroimage.2012.05.012.

第六章　揭开自我关怀奥秘

Allen, Andrew P., Timothy G. Dinan, Gerard Clarke, and John F. Cryan. 2017. "A psychology of the human brain-gut-microbiome axis." *Social and Personality Psychology Compass* 11 (4). doi: 10.1111/spc3.12309.

Baer, R. A., J. Carmody, and M. Hunsinger. 2012. "Weekly change in mindfulness and perceived stress in a mindfulness-based stress reduction program." *Journal of Clinical Psychology* 68 (7):755–65. doi: 10.1002/jclp.21865.

参考文献

Bancos, Simona, Matthew P. Bernard, David J. Topham, and Richard P. Phipps. 2009. "Ibuprofen and other widely used non-steroidal anti-inflammatory drugs inhibit antibody production in human cells." *Cellular Immunology* 258 (1):18–28. doi: 10.1016/j.cellimm.2009.03.007.

Besedovsky, Luciana, Tanja Lange, and Monika Haack. 2019. "The sleep-immune crosstalk in health and disease." *Physiological Reviews* 99 (3):1325–80. doi: 10.1152/physrev.00010.2018.

Boehme, Marcus, Marcel van de Wouw, Thomaz F. S. Bastiaanssen, Loreto Olavarría-Ramírez, Katriona Lyons, Fiona Fouhy, et al. 2019. "Mid-life microbiota crises: Middle age is associated with pervasive neuroimmune alterations that are reversed by targeting the gut microbiome." *Molecular Psychiatry* 25 (10):2567–83. doi: 10.1038/s41380-019-0425-1.

Bonaz, Bruno, Thomas Bazin, and Sonia Pellissier. 2018. "The vagus nerve at the interface of the microbiota-gut-brain axis." *Frontiers in Neuroscience* 12. doi: 10.3389/fnins.2018.00049.

Braun, Theodore P., Xinxia Zhu, Marek Szumowski, Gregory D. Scott, Aaron J. Grossberg, Peter R. Levasseur, et al. 2011. "Central nervous system inflammation induces muscle atrophy via activation of the hypothalamic-pituitary-adrenal axis." *Journal of Experimental Medicine* 208 (12):2449–63. doi: 10.1084/jem.20111020.

Breit, Sigrid, Aleksandra Kupferberg, Gerhard Rogler, and Gregor Hasler. 2018. "Vagus nerve as modulator of the brain-gut axis in psychiatric and inflammatory disorders." *Frontiers in Psychiatry* 9. doi: 10.3389/fpsyt.2018.00044.

Brunt, V. E., R. A. Gioscia-Ryan, J. J. Richey, M. C. Zigler, L. M. Cuevas, A. Gonzalez, et al. 2019. "Suppression of the gut microbiome ameliorates age-related arterial dysfunction and oxidative stress in mice." *Journal of Physiology* 597 (9):2361–78. doi: 10.1113/JP277336.

Burokas, Aurelijus, Silvia Arboleya, Rachel D. Moloney, Veronica L. Peterson, Kiera Murphy, Gerard Clarke, et al. 2017. "Targeting the microbiota-gut-brain axis: Prebiotics have anxiolytic and antidepressant-like effects and reverse the impact of chronic stress in mice." *Biological Psychiatry* 82 (7):472–87. doi: 10.1016/j.biopsych.2016.12.031.

Bussian, T. J., A. Aziz, C. F. Meyer, B. L. Swenson, J. M. van Deursen, and D. J. Baker. 2018. "Clearance of senescent glial cells prevents tau-dependent pathology and cognitive decline." *Nature* 562 (7728):578–82. doi: 10.1038/s41586-018-0543-y.

Cai, Dongsheng, and Sinan Kohr. 2019. "'Hypothalamic microinflammation' paradigm in aging and metabolic diseases." *Cell Metabolism* 30 (1):19–35. doi:10.1016/j.cmet.2019.05.021.

Casaletto, Kaitlin B., Fanny M. Elahi, Adam M. Staffaroni, Samantha Walters, Wilfredo Rivera Contreras, Amy Wolf, et al. 2019. "Cognitive aging is not created

equally: Differentiating unique cognitive phenotypes in 'normal' adults."
Neurobiology of Aging 77:13–19. doi: 10.1016/j.neurobiolaging.2019.01.007.

Collins, F. L., N. D. Rios-Arce, S. Atkinson, H. Bierhalter, D. Schoenherr, J. N. Bazil, et al. 2017. "Temporal and regional intestinal changes in permeability, tight junction, and cytokine gene expression following ovariectomy-induced estrogen deficiency." *Physiological Reports* 5 (9). doi: 10.14814/phy2.13263.

Cryan, John F., Kenneth J. O'Riordan, Kiran Sandhu, Veronica Peterson, and Timothy G. Dinan. 2020. "The gut microbiome in neurological disorders." *Lancet Neurology* 19 (2):179–94. doi: 10.1016/s1474-4422(19)30356-4.

Daghlas, Iyas, Jacqueline M. Lane, Richa Saxena, and Céline Vetter. 2021. "Genetically proxied diurnal preference, sleep timing, and risk of major depressive disorder." *JAMA Psychiatry* 78 (8):903–10. doi: 10.1001/jamapsychiatry.2021.0959.

Dantzer, Robert. 2018. "Neuroimmune interactions: From the brain to the immune system and vice versa." *Physiological Reviews* 98 (1):477–504. doi: 10.1152/physrev.00039.2016.

D'Mello, C., N. Ronaghan, R. Zaheer, M. Dicay, T. Le, W. K. MacNaughton, M. G. Surrette, and M. G. Swain. 2015. "Probiotics improve inflammation-associated sickness behavior by altering communication between the peripheral immune system and the brain." *Journal of Neuroscience* 35 (30):10821–30. doi: 10.1523/jneurosci.0575-15.2015.

Erickson, Michelle A., William A. Banks, and Robert Dantzer. 2018. "Neuroimmune axes of the blood-brain barriers and blood-brain interfaces: Bases for physiological regulation, disease states, and pharmacological interventions." *Pharmacological Reviews* 70 (2):278–314. doi: 10.1124/pr.117.014647.

Evrensel, A., B. Onen Unsalver, and M. E. Ceylan. 2019. "Therapeutic potential of the microbiome in the treatment of neuropsychiatric disorders." *Medical Sciences (Basel)* 7 (2):21. doi: 10.3390/medsci7020021.

Felger, Jennifer C. 2018. "Imaging the role of inflammation in mood and anxiety-related disorders." *Current Neuropharmacology* 16 (5):533–58. doi: 10.2174/1570159x15666171123201142.

Felger, Jennifer C., and Michael T. Treadway. 2016. "Inflammation effects on motivation and motor activity: role of dopamine." *Neuropsychopharmacology* 42 (1):216–41. doi: 10.1038/npp.2016.143.

Fuhrman, B. J., H. S. Feigelson, R. Flores, M. H. Gail, X. Xu, J. Ravel, and James J. Goedert. 2014. "Associations of the fecal microbiome with urinary estrogens and estrogen metabolites in postmenopausal women." *Journal of Clinical Endocrinology and Metabolism* 99 (12):4632–40. doi: 10.1210/jc.2014-2222.

Fung, T. C., H. E. Vuong, C. D. G. Luna, G. N. Pronovost, A. A. Aleksandrova, N. G. Riley, et al. 2019. "Intestinal serotonin and fluoxetine exposure modulate bacterial colonization in the gut." *Nature Microbiology* 4 (12):2064–73. doi: 10.1038/s41564-019-0540-4.

Gibson, Glenn R., Robert Hutkins, Mary Ellen Sanders, Susan L. Prescott, Raylene A. Reimer, Seppo J. Salminen, et al. 2017. "Expert consensus document: The International Scientific Association for Probiotics and Prebiotics (ISAPP) consensus statement on the definition and scope of prebiotics." *Nature Reviews Gastroenterology & Hepatology* 14 (8):491–502. doi: 10.1038/nrgastro.2017.75.

Goverse, Gera, Michelle Stakenborg, and Gianluca Matteoli. 2016. "The intestinal cholinergic anti-inflammatory pathway." *Journal of Physiology* 594 (20):5771–80. doi: 10.1113/jp271537.

Greenfield, Shelly F., Sudie E. Back, Katie Lawson, and Kathleen T. Brady. 2010. "Substance abuse in women." *Psychiatric Clinics of North America* 33 (2):339–55. doi: 10.1016/j.psc.2010.01.004.

Griswold, Max G., Nancy Fullman, Caitlin Hawley, Nicholas Arian, Stephanie R. M. Zimsen, Hayley D. Tymeson, et al. 2018. "Alcohol use and burden for 195 countries and territories, 1990–2016: A systematic analysis for the Global Burden of Disease Study 2016." *Lancet* 392 (10152):1015–35. doi: 10.1016/s0140-6736(18)31310-2.

Harand, Caroline, Françoise Bertran, Franck Doidy, Fabian Guénolé, Béatrice Desgranges, Francis Eustache, and Géraldine Rauchs. 2012. "How aging affects sleep-dependent memory consolidation?" *Frontiers in Neurology* 3. doi: 10.3389/fneur.2012.00008.

Hardeland, Rüdiger. 2019. "Aging, melatonin, and the pro- and anti-inflammatory networks." *International Journal of Molecular Sciences* 20 (5). doi: 10.3390/ijms20051223.

Harper, C. 2009. "The neuropathology of alcohol-related brain damage." *Alcohol and Alcoholism* 44 (2):136–40. doi: 10.1093/alcalc/agn102.

Hilderbrand, Elisa R., and Amy W. Lasek. 2018. "Estradiol enhances ethanol reward in female mice through activation of ERα and ERβ." *Hormones and Behavior* 98:159–64. doi: 10.1016/j.yhbeh.2018.01.001.

Kim, Jee Wook, Dong Young Lee, Boung Chul Lee, Myung Hun Jung, Hano Kim, Yong Sung Choi, and Ihn-Geun Choi. 2012. "Alcohol and cognition in the elderly: A review." *Psychiatry Investigation* 9 (1). doi: 10.4306/pi.2012.9.1.8.

Kim, Sangjune, Seung-Hwan Kwon, Tae-In Kam, Nikhil Panicker, Senthilkumar S. Karuppagounder, Saebom Lee, et al. 2019. "Transneuronal propagation of pathologic α-synuclein from the gut to the brain models Parkinson's disease." *Neuron* 103 (4):627–41.e7. doi: 10.1016/j.neuron.2019.05.035.

Kowalski, K., and A. Mulak. 2019. "Brain-gut-microbiota axis in Alzheimer's disease." *Journal of Neurogastroenterology and Motility* 25 (1):48–60. doi: 10.5056/jnm18087.

Küffer, Andreas, Laura D. Straus, Aric A. Prather, Sabra S. Inslicht, Anne Richards, Judy K. Shigenaga, et al. 2019. "Altered overnight levels of pro-inflammatory cytokines in men and women with posttraumatic stress disorder." *Psychoneuroendocrinology* 102:114–20. doi: 10.1016/j.psyneuen.2018.12.002.

Lindbergh, Cutter A., Kaitlin B. Casaletto, Adam M. Staffaroni, Fanny Elahi, Samantha M. Walters, Michelle You, et al. 2020. "Systemic tumor necrosis factor-alpha trajectories relate to brain health in typically aging older adults." *Journals of Gerontology: Series A* 75 (8):1558–65. doi: 10.1093/gerona/glz209.

Lionnet, Arthur, Laurène Leclair-Visonneau, Michel Neunlist, Shigeo Murayama, Masaki Takao, Charles H. Adler, et al. 2017. "Does Parkinson's disease start in the gut?" *Acta Neuropathologica* 135 (1):1–12. doi: 10.1007/s00401-017-1777-8.

Liu, Jing, Fei Xu, Zhiyan Nie, and Lei Shao. 2020. "Gut microbiota approach—a new strategy to treat Parkinson's disease." *Frontiers in Cellular and Infection Microbiology* 10. doi: 10.3389/fcimb.2020.570658.

Lobionda, Stefani, Panida Sittipo, Hyog Young Kwon, and Yun Kyung Lee. 2019. "The role of gut microbiota in intestinal inflammation with respect to diet and extrinsic stressors." *Microorganisms* 7 (8). doi: 10.3390/microorganisms7080271.

Martin, Dominique E., Blake L. Torrance, Laura Haynes, and Jenna M. Bartley. 2021. "Targeting aging: Lessons learned from immunometabolism and cellular senescence." *Frontiers in Immunology* 12. doi: 10.3389/fimmu.2021.714742.

Michaud, Martin, Laurent Balardy, Guillaume Moulis, Clement Gaudin, Caroline Peyrot, Bruno Vellas, et al. 2013. "Proinflammatory cytokines, aging, and age-related diseases." *Journal of the American Medical Directors Association* 14 (12):877–82. doi: 10.1016/j.jamda.2013.05.009.

Miller, Andrew H., Ebrahim Haroon, Charles L. Raison, and Jennifer C. Felger. 2013. "Cytokine targets in the brain: Impact on neurotransmitters and neurocircuits." *Depression and Anxiety* 30 (4):297–306. doi: 10.1002/da.22084.

Milton, David C., Joey Ward, Emilia Ward, Donald M. Lyall, Rona J. Strawbridge, Daniel J. Smith, and Breda Cullen. 2021. "The association between C-reactive protein, mood disorder, and cognitive function in UK Biobank." *European Psychiatry* 64 (1). doi: 10.1192/j.eurpsy.2021.6.

Moieni, Mona, Kevin M. Tan, Tristen K. Inagaki, Keely A. Muscatell, Janine M. Dutcher, Ivana Jevtic, et al. 2019. "Sex differences in the relationship between inflammation and reward sensitivity: A randomized controlled trial of endotoxin." *Biological Psychiatry: Cognitive Neuroscience and Neuroimaging* 4 (7):619–26. doi: 10.1016/j.bpsc.2019.03.010.

Mu, Qinghui, Vincent J. Tavella, and Xin M. Luo. 2018. "Role of *Lactobacillus reuteri* in human health and diseases." *Frontiers in Microbiology* 9. doi: 10.3389/fmicb.2018.00757.

参考文献

Mursu, Jaakko, Lyn M. Steffen, Katie A. Meyer, Daniel Duprez, and David R. Jacobs. 2013. "Diet quality indexes and mortality in postmenopausal women: The Iowa Women's Health Study." *American Journal of Clinical Nutrition* 98 (2):444–53. doi: 10.3945/ajcn.112.055681.

Niles, Andrea N., Mariya Smirnova, Joy Lin, and Aoife O'Donovan. 2018. "Gender differences in longitudinal relationships between depression and anxiety symptoms and inflammation in the health and retirement study." *Psychoneuroendocrinology* 95:149–57. doi: 10.1016/j.psyneuen.2018.05.035.

Oslin, David W., and Mark S. Cary. 2003. "Alcohol-related dementia: Validation of diagnostic criteria." *American Journal of Geriatric Psychiatry* 11 (4):441–47. doi: 10.1097/00019442-200307000-00007.

Pace, Thaddeus W. W., Lobsang Tenzin Negi, Daniel D. Adame, Steven P. Cole, Teresa I. Sivilli, Timothy D. Brown, et al. 2009. "Effect of compassion meditation on neuroendocrine, innate immune and behavioral responses to psychosocial stress." *Psychoneuroendocrinology* 34 (1):87–98. doi: 10.1016/j.psyneuen.2008.08.011.

Peterson, Christine Tara. 2020. "Dysfunction of the microbiota-gut-brain axis in neurodegenerative disease: The promise of therapeutic modulation with prebiotics, medicinal herbs, probiotics, and synbiotics." *Journal of Evidence-Based Integrative Medicine* 25 (1). doi: 10.1177/2515690x20957225.

Polloni, Laura, and Antonella Muraro. 2020. "Anxiety and food allergy: A review of the last two decades." *Clinical & Experimental Allergy* 50 (4):420–41. doi: 10.1111/cea.13548.

Rehm, Jürgen, Omer S. M. Hasan, Sandra E. Black, Kevin D. Shield, and Michaël Schwarzinger. 2019. "Alcohol use and dementia: A systematic scoping review." *Alzheimer's Research & Therapy* 11 (1). doi: 10.1186/s13195-018-0453-0.

Ridley, Nicole J., Brian Draper, and Adrienne Withall. 2013. "Alcohol-related dementia: An update of the evidence." *Alzheimer's Research & Therapy* 5 (1). doi: 10.1186/alzrt157.

Sayed, Nazish, Yingxiang Huang, Khiem Nguyen, Zuzana Krejciova-Rajaniemi, Anissa P. Grawe, Tianxiang Gao, et al. 2021. "An inflammatory aging clock (iAge) based on deep learning tracks multimorbidity, immunosenescence, frailty and cardiovascular aging." *Nature Aging* 1 (7):598–615. doi: 10.1038/s43587-021-00082-y.

Schiffrin, E. J., D. R. Thomas, V. B. Kumar, C. Brown, C. Hager, M. A. Van't Hof, et al. 2007. "Systemic inflammatory markers in older persons: the effect of oral nutritional supplementation with prebiotics." *Journal of Nutrition, Health & Aging* 11 (6):475–79.

Sovijit, Watcharin N., Watcharee E. Sovijit, Shaoxia Pu, Kento Usuda, Ryo Inoue, Gen Watanabe, et al. 2021. "Ovarian progesterone suppresses depression and anxiety-like behaviors by increasing the Lactobacillus population of gut microbiota in ovariectomized mice." *Neuroscience Research* 168:76–82. doi: 10.1016/j.neures.2019.04.005.

Sohn, Emily. 2021. "Why autoimmunity is most common in women." *Nature* 595 (7867):S51–S53. doi: 10.1038/d41586-021-01836-9.

Ticinesi, Andrea, Claudio Tana, Antonio Nouvenne, Beatrice Prati, Fulvio Lauretani, and Tiziana Meschi. 2018. "Gut microbiota, cognitive frailty and dementia in older individuals: A systematic review." *Clinical Interventions in Aging* 13:1497–511. doi: 10.2147/cia.S139163.

Van Houten, J. M., R. J. Wessells, H. L. Lujan, and S. E. DiCarlo. 2015. "My gut feeling says rest: Increased intestinal permeability contributes to chronic diseases in high-intensity exercisers." *Medical Hypotheses* 85 (6):882–86. doi: 10.1016/j.mehy.2015.09.018.

Vieira, Angélica T., Paula M. Castelo, Daniel A. Ribeiro, and Caroline M. Ferreira. 2017. "Influence of oral and gut microbiota in the health of menopausal women." *Frontiers in Microbiology* 8. doi: 10.3389/fmicb.2017.01884.

Vulevic, Jelena, Alexandra Drakoularakou, Parveen Yaqoob, George Tzortzis, and Glenn R. Gibson. 2008. "Modulation of the fecal microflora profile and immune function by a novel trans-galactooligosaccharide mixture (B-GOS) in healthy elderly volunteers." *American Journal of Clinical Nutrition* 88 (5):1438–46. doi: 10.3945/ajcn.2008.26242.

Walker, Keenan A., Ron C. Hoogeveen, Aaron R. Folsom, Christie M. Ballantyne, David S. Knopman, B. Gwen Windham, et al. 2017. "Midlife systemic inflammatory markers are associated with late-life brain volume." *Neurology* 89 (22):2262–70. doi: 10.1212/wnl.0000000000004688.

Xie, Ruining, Pei Jiang, Li Lin, Jian Jiang, Bin Yu, Jingjing Rao, et al. 2020. "Oral treatment with *Lactobacillus reuteri* attenuates depressive-like behaviors and serotonin metabolism alterations induced by chronic social defeat stress." *Journal of Psychiatric Research* 122:70–78. doi: 10.1016/j.jpsychires.2019.12.013.

Xu, Ming, Tamar Pirtskhalava, Joshua N. Farr, Bettina M. Weigand, Allyson K. Palmer, Megan M. Weivoda, et al. 2018. "Senolytics improve physical function and increase lifespan in old age." *Nature Medicine* 24 (8):1246–56. doi: 10.1038/s41591-018-0092-9.

Yoon, Kichul, and Nayoung Kim. 2021. "Roles of sex hormones and gender in the gut microbiota." *Journal of Neurogastroenterology and Motility* 27 (3):314–25. doi: 10.5056/jnm20208.

Zahr, N. M., and A. Pfefferbaum. 2017. "Alcohol's effects on the brain: Neuroimaging results in humans and animal models." *Alcohol Research* 38 (2):183–206.

第七章 没有人生来是孤岛

Cacioppo, John T., and William Patrick. *Loneliness: Human Nature and the Need for Social Connection.* New York: W. W. Norton, 2009.

Dölen, Gül, and Robert C. Malenka. 2014. "The emerging role of nucleus accumbens oxytocin in social cognition." *Biological Psychiatry* 76 (5):354–55. doi: 10.1016/j.biopsych.2014.06.009.

Eisenberger, Naomi I., and Matthew D. Lieberman. 2004. "Why rejection hurts: A common neural alarm system for physical and social pain." *Trends in Cognitive Sciences* 8 (7):294–300. doi: 10.1016/j.tics.2004.05.010.

Holt-Lunstad, J., T. B. Smith, M. Baker, T. Harris, and D. Stephenson. 2015. "Loneliness and social isolation as risk factors for mortality: A meta-analytic review." *Perspectives on Psychological Science* 10 (2):227–37. doi: 10.1177/1745691614568352.

Jiang, Luo-Luo, Tamas David-Barrett, Anna Rotkirch, James Carney, Isabel Behncke Izquierdo, Jaimie A. Krems, et al. 2015. "Women favour dyadic relationships, but men prefer clubs: Cross-cultural evidence from social networking." *PLOS ONE* 10 (3). doi: 10.1371/journal.pone.0118329.

Kaufman, Scott B. 2019. "Taking Sex Differences in Personality Seriously." *Scientific American.*

Kudwa, Andrea E., Robert F. McGivern, and Robert J. Handa. 2014. "Estrogen receptor β and oxytocin interact to modulate anxiety-like behavior and neuroendocrine stress reactivity in adult male and female rats." *Physiology & Behavior* 129:287–96. doi: 10.1016/j.physbeh.2014.03.004.

Laakasuo, Michael, Anna Rotkirch, Max van Duijn, Venla Berg, Markus Jokela, Tamas David-Barrett, et al. 2020. "Homophily in personality enhances group success among real-life friends." *Frontiers in Psychology* 11. doi: 10.3389/fpsyg.2020.00710.

Luo, Ye, Louise C. Hawkley, Linda J. Waite, and John T. Cacioppo. 2012. "Loneliness, health, and mortality in old age: A national longitudinal study." *Social Science & Medicine* 74 (6):907–14. doi: 10.1016/j.socscimed.2011.11.028.

第八章 今天起,不再当妈

Isay, Jane. *Walking on Eggshells: Navigating the Delicate Relationship Between Adult Children and Their Parents.* New York: Broadway Books/Flying Dolphin Press, 2008.

Li, Tong, Ping Wang, Stephani C. Wang, and Yu-Feng Wang. 2017. "Approaches mediating oxytocin regulation of the immune system." *Frontiers in Immunology* 7. doi: 10.3389/fimmu.2016.00693.

Wirth, Michelle M. 2014. "Hormones, stress, and cognition: The effects of glucocorticoids and oxytocin on memory." *Adaptive Human Behavior and Physiology* 1 (2):177–201. doi: 10.1007/s40750-014-0010-4.

第九章　应对亲密关系

Caldwell, Heather K., and H. Elliott Albers. 2016. "Oxytocin, vasopressin, and the motivational forces that drive social behaviors." *Current Topics in Behavioral Neurosciences* 27:51–103. doi: 10.1007/7854_2015_390.

Dumais, Kelly M., and Alexa H. Veenema. 2016. "Vasopressin and oxytocin receptor systems in the brain: Sex differences and sex-specific regulation of social behavior." *Frontiers in Neuroendocrinology* 40:1–23. doi: 10.1016/j.yfrne.2015.04.003.

Huang, M., S. Su, J. Goldberg, A. H. Miller, O. M. Levantsevych, L. Shallenberger, et al. 2019. "Longitudinal association of inflammation with depressive symptoms: A 7-year cross-lagged twin difference study." *Brain, Behavior, and Immunity* 75:200–207. doi: 10.1016/j.bbi.2018.10.007.

Langer, Ellen J. *Mindfulness.* Massachusetts: Addison-Wesley, 1989.

Maffei, L., E. Picano, M. G. Andreassi, A. Angelucci, F Baldacci, L. Baroncelli, et al. 2017. "Randomized trial on the effects of a combined physical/cognitive training in aged MCI subjects: The Train the Brain study." *Scientific Reports* 7 (1). doi: 10.1038/srep39471.

Niles, A. N., M. Smirnova, J. Lin, and A. O'Donovan. 2018. "Gender differences in longitudinal relationships between depression and anxiety symptoms and inflammation in the health and retirement study." *Psychoneuroendocrinology* 95:149–57. doi: 10.1016/j.psyneuen.2018.05.035.

Sharma, Animesh N., Paul Aoun, Jean R. Wigham, Suanne M. Weist, and Johannes D. Veldhuis. 2014. "Estradiol, but not testosterone, heightens cortisol-mediated negative feedback on pulsatile ACTH secretion and ACTH approximate entropy in unstressed older men and women." *American Journal of Physiology-Regulatory, Integrative and Comparative Physiology* 306 (9):R627–35. doi: 10.1152/ajpregu.00551.2013.

Shrout, M. Rosie, Randal D. Brown, Terri L. Orbuch, and Daniel J. Weigel. 2019. "A multidimensional examination of marital conflict and subjective health over 16 years." *Personal Relationships* 26 (3):490–506. doi: 10.1111/pere.12292.

Smith, B. M., X. Yao, K. S. Chen, and E. D. Kirby. 2018. "A larger social network enhances novel object location memory and reduces hippocampal microgliosis in aged mice." *Frontiers in Aging Neuroscience* 10:142. doi: 10.3389/fnagi.2018.00142.

第十章 回归自我的中心

Boyle, Christina P., Cyrus A. Raji, Kirk I. Erickson, Oscar L. Lopez, James T. Becker, H. Michael Gach, et al. 2020. "Estrogen, brain structure, and cognition in postmenopausal women." *Human Brain Mapping* 42 (1):24–35. doi: 10.1002/hbm.25200.

Uddin, Lucina Q. 2014. "Salience processing and insular cortical function and dysfunction." *Nature Reviews Neuroscience* 16 (1):55–61. doi: 10.1038/nrn3857.

第十一章 调动身体,解放大脑

Adamaszek, M., F. D'Agata, R. Ferrucci, C. Habas, S. Keulen, K. C. Kirkby, et al. 2016. "Consensus paper: Cerebellum and emotion." *Cerebellum* 16 (2):552–76. doi: 10.1007/s12311-016-0815-8.

Bloss, E. B., W. G. Janssen, B. S. McEwen, and J. H. Morrison. 2010. "Interactive effects of stress and aging on structural plasticity in the prefrontal cortex." *Journal of Neuroscience* 30 (19):6726–31. doi: 10.1523/jneurosci.0759-10.2010.

Borhan, A. S. M., Patricia Hewston, Dafna Merom, Courtney Kennedy, George Ioannidis, Nancy Santesso, et al. 2018. "Effects of dance on cognitive function among older adults: A protocol for systematic review and meta-analysis." *Systematic Reviews* 7 (1). doi: 10.1186/s13643-018-0689-6.

Brown, Stuart L., and Christopher C. Vaughan. *Play: How It Shapes the Brain, Opens the Imagination, and Invigorates the Soul*. New York: Avery, 2010.

Casaletto, Kaitlin B., Adam M. Staffaroni, Fanny Elahi, Emily Fox, Persephone A. Crittenden, Michelle You, et al. 2018. "Perceived stress is associated with accelerated Monocyte/Macrophage aging trajectories in clinically normal adults." *American Journal of Geriatric Psychiatry* 26 (9):952–63. doi: 10.1016/j.jagp.2018.05.004.

D'Angelo, Egidio. 2019. "The cerebellum gets social." *Science* 363 (6424):229. doi: 10.1126/science.aaw2571.

de Kloet, E. Ron, Marian Joëls, and Florian Holsboer. 2005. "Stress and the brain: From adaptation to disease." *Nature Reviews Neuroscience* 6 (6):463–75. doi: 10.1038/nrn1683.

de Oliveira Matos, Felipe, Amanda Vido, William Fernando Garcia, Wendell Arthur Lopes, and Antonio Pereira. 2020. "A neurovisceral integrative study on cognition, heart rate variability, and fitness in the elderly." *Frontiers in Aging Neuroscience* 12. doi: 10.3389/fnagi.2020.00051.

Devita, Maria, Francesco Alberti, Michela Fagnani, Fabio Masina, Enrica Ara, Giuseppe Sergi, et al. 2021. "Novel insights into the relationship between cerebellum and dementia: A narrative review as a toolkit for clinicians." *Ageing Research Reviews* 70. doi: 10.1016/j.arr.2021.101389.

Ding, Kan, Takashi Tarumi, David C. Zhu, Benjamin Y. Tseng, Binu P. Thomas, Marcel Turner, et al. 2017. "Cardiorespiratory fitness and white matter neuronal fiber integrity in mild cognitive impairment." *Journal of Alzheimer's Disease* 61 (2):729–39. doi: 10.3233/jad-170415.

Erickson, K. I., M. W. Voss, R. S. Prakash, C. Basak, A. Szabo, L. Chaddock, et al. 2011. "Exercise training increases size of hippocampus and improves memory." *Proceedings of the National Academy of Sciences* 108 (7):3017–22. doi: 10.1073/pnas.1015950108.

Killingsworth, M. A., Gilbert, D. T., 2010 "A wandering mind is an unhappy mind." *Science,* 330 (6006):932. doi: 10.1126/science.1192439.

Lavretsky, Helen, and Paul A. Newhouse. 2012. "Stress, inflammation, and aging." *American Journal of Geriatric Psychiatry* 20 (9):729–33. doi: 10.1097/JGP.0b013e31826573cf.

Leggio, Maria, and Giusy Olivito. 2018. "Topography of the cerebellum in relation to social brain regions and emotions." *Handbook of Clinical Neurology* 154:71–84. doi: 10.1016/B978-0-444-63956-1.

Marek, Scott, Joshua S. Siegel, Evan M. Gordon, Ryan V. Raut, Caterina Gratton, Dillan J. Newbold, et al. 2018. "Spatial and temporal organization of the individual human cerebellum." *Neuron* 100 (4):977–93.e7. doi: 10.1016/j.neuron.2018.10.010.

Matyi, Joshua M., Gail B. Rattinger, Sarah Schwartz, Mona Buhusi, and JoAnn T. Tschanz. 2019. "Lifetime estrogen exposure and cognition in late life: The Cache County Study." *Menopause* 26 (12):1366–74. doi: 10.1097/gme.0000000000001405.

McEwen, Bruce S. 2019. "What is the confusion with cortisol?" *Chronic Stress* 3. doi: 10.1177/2470547019833647.

Mishra, Aarti, Yuan Shang, Yiwei Wang, Eliza R. Bacon, Fei Yin, and Roberta D. Brinton. 2020. "Dynamic neuroimmune profile during mid-life aging in the female brain and implications for Alzheimer risk." *iScience* 23 (12). doi: 10.1016/j.isci.2020.101829.

Murri, Martino Belvederi, Federico Triolo, Alice Coni, Carlo Tacconi, Erika Nerozzi, Andrea Escelsior, et al. 2020. "Instrumental assessment of balance and gait in depression: A systematic review." *Psychiatry Research* 284. doi: 10.1016/j.psychres.2019.112687.

Ochs-Balcom, Heather M., Leah Preus, Jing Nie, Jean Wactawski-Wende, Linda Agyemang, Marian L. Neuhouser, et al. 2018. "Physical activity modifies genetic susceptibility to obesity in postmenopausal women." *Menopause* 25 (10):1131–37. doi: 10.1097/gme.0000000000001134.

Schmahmann, Jeremy D. 2019. "The cerebellum and cognition." *Neuroscience Letters* 688:62–75. doi: 10.1016/j.neulet.2018.07.005.

Shrout, M. Rosie, Megan E. Renna, Annelise A. Madison, Lisa M. Jaremka, Christopher P. Fagundes, William B. Malarkey, and Janice Kiecolt-Glaser. 2020. "Cortisol slopes and conflict: A spouse's perceived stress matters." *Psychoneuroendocrinology* 121. doi: 10.1016/j.psyneuen.2020.104839.

Siviy, Stephen M. 2016. "A brain motivated to play: Insights into the neurobiology of playfulness." *Behaviour* 153 (6–7):819–44. doi: 10.1163/1568539x-00003349.

Söderkvist, Sven, Kajsa Ohlén, and Ulf Dimberg. 2017. "How the experience of emotion is modulated by facial feedback." *Journal of Nonverbal Behavior* 42 (1):129–51. doi: 10.1007/s10919-017-0264-1.

Strata, Piergiorgio. 2015. "The emotional cerebellum." *Cerebellum* 14 (5):570–77. doi: 10.1007/s12311-015-0649-9.

Topp, Robert, Marcia Ditmyer, Karen King, Kristen Doherty, and Joseph Hornyak. 2002. "The effect of bed rest and potential of prehabilitation on patients in the intensive care unit." *AACN Clinical Issues: Advanced Practice in Acute and Critical Care* 13 (2):263–76. doi: 10.1097/00044067-200205000-00011.

Traustadóttir, Tinna, Pamela R. Bosch, and Kathleen S. Matt. 2005. "The HPA axis response to stress in women: Effects of aging and fitness." *Psychoneuroendocrinology* 30 (4):392–402. doi: 10.1016/j.psyneuen.2004.11.002.

Vecchio, Laura M., Ying Meng, Kristiana Xhima, Nir Lipsman, Clement Hamani, Isabelle Aubert, et al. 2018. "The neuroprotective effects of exercise: Maintaining a healthy brain throughout aging." *Brain Plasticity* 4 (1):17–52. doi: 10.3233/bpl-180069.

Weitz, Gunther, Mikael Elam, Jan Born, Horst L. Fehm, and Christoph Dodt. 2001. "Postmenopausal estrogen administration suppresses muscle sympathetic nerve activity." *Journal of Clinical Endocrinology & Metabolism* 86 (1):344–48. doi: 10.1210/jcem.86.1.7138.

第十二章　重拾目标

Baune, Bernhard, Antoine Lutz, Julie Brefczynski-Lewis, Tom Johnstone, and Richard J. Davidson. 2008. "Regulation of the neural circuitry of emotion by compassion meditation: Effects of meditative expertise." *PLOS ONE* 3 (3). doi: 10.1371/journal.pone.0001897.

Hedegaard, Holly, Sally C. Curtin, and Margaret Warner. "Suicide mortality in the United States, 1999–2017." NCHS Data Brief No. 330, November 2018.

Litzelman, Kristin, Whitney P. Witt, Ronald E. Gangnon, F. Javier Nieto, Corinne D. Engelman, Marsha R. Mailick, and Halcyon Gerald Skinner. 2014. "Association between informal caregiving and cellular aging in the Survey of the Health of Wisconsin: The role of caregiving characteristics, stress, and strain." *American Journal of Epidemiology* 179 (11):1340–52. doi: 10.1093/aje/kwu066.

López-Otín, Carlos, Maria A. Blasco, Linda Partridge, Manuel Serrano, and Guido Kroemer. 2013. "The hallmarks of aging." *Cell* 153 (6):1194–217. doi: 10.1016/j.cell.2013.05.039.

第十三章　新的专注力

Al-Hashimi, Omar, Theodore P. Zanto, and Adam Gazzaley. 2015. "Neural sources of performance decline during continuous multitasking." *Cortex* 71:49–57. doi: 10.1016/j.cortex.2015.06.001.

Anguera, J. A., J. Boccanfuso, J. L. Rintoul, O. Al-Hashimi, F. Faraji, J. Janowich, et al. 2013. "Video game training enhances cognitive control in older adults." *Nature* 501 (7465):97–101. doi: 10.1038/nature12486.

Anguera, Joaquin A., Jessica N. Schachtner, Alexander J. Simon, Joshua Volponi, Samirah Javed, Courtney L. Gallen, and Adam Gazzaley. 2021. "Long-term maintenance of multitasking abilities following video game training in older adults." *Neurobiology of Aging* 103:22–30. doi: 10.1016/j.neurobiolaging.2021.02.023.

Bratman, Gregory N., J. Paul Hamilton, Kevin S. Hahn, Gretchen C. Daily, and James J. Gross. 2015. "Nature experience reduces rumination and subgenual prefrontal cortex activation." *Proceedings of the National Academy of Sciences* 112 (28):8567–72. doi: 10.1073/pnas.1510459112.

Clapp, W. C., M. T. Rubens, J. Sabharwal, and A. Gazzaley. 2011. "Deficit in switching between functional brain networks underlies the impact of multitasking on working memory in older adults." *Proceedings of the National Academy of Sciences* 108 (17):7212–17. doi: 10.1073/pnas.1015297108.

Frago, Laura M., Sandra Canelles, Alejandra Freire-Regatillo, Pilar Argente-Arizón, Vicente Barrios, Jesús Argente, et al. 2017. "Estradiol uses different mechanisms in astrocytes from the hippocampus of male and female rats to protect against damage induced by palmitic acid." *Frontiers in Molecular Neuroscience* 10. doi: 10.3389/fnmol.2017.00330.

Kim, Yu Jin, Maira Soto, Gregory L. Branigan, Kathleen Rodgers, and Roberta Diaz Brinton. 2021. "Association between menopausal hormone therapy and risk of neurodegenerative diseases: Implications for precision hormone therapy." *Alzheimer's & Dementia: Translational Research & Clinical Interventions* 7 (1). doi: 10.1002/trc2.12174.

Reuter-Lorenz, Patricia A., and Denise C. Park. 2014. "How does it STAC up? Revisiting the scaffolding theory of aging and cognition." *Neuropsychology Review* 24 (3):355–70. doi: 10.1007/s11065-014-9270-9.

Sherwin, Barbara B. 2008. "Hormones, the brain, and me." *Canadian Psychology/Psychologie canadienne* 49 (1):42–48. doi: 10.1037/0708-5591.49.1.42.

Tsuchiyagaito, Aki, Masaya Misaki, Obada Al Zoubi, Martin Paulus, and Jerzy Bodurka. 2020. "Prevent breaking bad: A proof of concept study of rebalancing the brain's rumination circuit with real-time fMRI functional connectivity neurofeedback." *Human Brain Mapping* 42 (4):922–40. doi: 10.1002/hbm.25268.

第十四章　活得久还是活得健康

Brinton, Roberta Diaz. 2008. "Estrogen regulation of glucose metabolism and mitochondrial function: Therapeutic implications for prevention of Alzheimer's disease." *Advanced Drug Delivery Reviews* 60 (13–14):1504–11. doi: 10.1016/j.addr.2008.06.003.

Chowen, Julie A., and Luis M. Garcia-Segura. 2021. "Role of glial cells in the generation of sex differences in neurodegenerative diseases and brain aging." *Mechanisms of Ageing and Development* 196. doi: 10.1016/j.mad.2021.111473.

Dubal, Dena B. 2020. "Sex difference in Alzheimer's disease: An updated, balanced and emerging perspective on differing vulnerabilities." *Handbook of Clinical Neurology* 175:261–73. doi: 10.1016/B978-0-444-64123-6.00018-7.

Dumas, Julie, Catherine Hancur-Bucci, Magdalena Naylor, Cynthia Sites, and Paul Newhouse. 2008. "Estradiol interacts with the cholinergic system to affect verbal memory in postmenopausal women: Evidence for the critical period hypothesis." *Hormones and Behavior* 53 (1):159–69. doi: 10.1016/j.yhbeh.2007.09.011.

Etnier, Jennifer L., Eric S. Drollette, and Alexis B. Slutsky. 2019. "Physical activity and cognition: A narrative review of the evidence for older adults." *Psychology of Sport and Exercise* 42:156–66. doi: 10.1016/j.psychsport.2018.12.006.

Fassier, Philippine, Jae Hee Kang, I. Min Lee, Francine Grodstein, and Marie-Noël Vercambre. 2021. "Vigorous physical activity and cognitive trajectory later in life: Prospective association and interaction by apolipoprotein E e4 in the Nurses' Health Study." *Journals of Gerontology: Series A*. doi: 10.1093/gerona/glab169.

Fisher, Daniel W., David A. Bennett, and Hongxin Dong. 2018. "Sexual dimorphism in predisposition to Alzheimer's disease." *Neurobiology of Aging* 70:308–24. doi: 10.1016/j.neurobiolaging.2018.04.004.

Grodstein, Francine, Jennifer Chen, Daniel A. Pollen, Marilyn S. Albert, Robert S. Wilson, Marshal F. Folstein, et al. 2000. "Postmenopausal hormone therapy and cognitive function in healthy older women." *Journal of the American Geriatrics Society* 48 (7):746–52. doi: 10.1111/j.1532-5415.2000.tb04748.x.

Jiménez-Balado, Joan, and Teal S. Eich. 2021. "GABAergic dysfunction, neural network hyperactivity and memory impairments in human aging and Alzheimer's disease." *Seminars in Cell & Developmental Biology* 116:146–59. doi: 10.1016/j.semcdb.2021.01.005.

Klosinski, Lauren P., Jia Yao, Fei Yin, Alfred N. Fonteh, Michael G. Harrington, Trace A. Christensen, et al. 2015. "White matter lipids as a ketogenic fuel supply in aging female brain: Implications for Alzheimer's disease." *EBioMedicine* 2 (12):1888–904. doi: 10.1016/j.ebiom.2015.11.002.

Leng, Yue, and Kristine Yaffe. 2020. "Sleep duration and cognitive aging—beyond a U-shaped association." *JAMA Network Open* 3 (9). doi: 10.1001/jamanetworkopen.2020.14008.

Marin, Raquel, and Mario Diaz. 2018. "Estrogen interactions with lipid rafts related to neuroprotection. Impact of brain ageing and menopause." *Frontiers in Neuroscience* 12. doi: 10.3389/fnins.2018.00128.

Mehta, Jaya, Juliana M. Kling, and JoAnn E. Manson. 2021. "Risks, benefits, and treatment modalities of menopausal hormone therapy: Current concepts." *Frontiers in Endocrinology* 12. doi: 10.3389/fendo.2021.564781.

Mulnard, Ruth A., Carl W. Cotman, Claudia Kawas, Christopher H. van Dyck, Mary Sano, Rachelle Doody, et al. 2000. "Estrogen replacement therapy for treatment of mild to moderate Alzheimer disease." *JAMA* 283 (8):1107–15. doi: 10.1001/jama.283.8.1007.

Paganini-Hill, Annlia, Claudia H. Kawas, and Maria M. Corrada. 2016. "Lifestyle factors and dementia in the oldest-old: The 90+ Study." *Alzheimer Disease & Associated Disorders* 30 (1):21–26. doi: 10.1097/wad.0000000000000087.

Shin, Jean, Stephanie Pelletier, Louis Richer, G. Bruce Pike, Daniel Gaudet, Tomas Paus, and Zdenka Pausova. 2020. "Adiposity-related insulin resistance and thickness of the cerebral cortex in middle-aged adults." *Journal of Neuroendocrinology* 32 (12). doi: 10.1111/jne.12921.

Shumaker, Sally A., Claudine Legault, Stephen R. Rapp, Leon Thal, Robert B. Wallace, Judith K. Ockene, et al. 2003. "Estrogen plus progestin and the incidence of dementia and mild cognitive impairment in postmenopausal women." *JAMA* 289 (20): 2651–62. doi: 10.1001/jama.289.20.2651.

Subramaniapillai, Sivaniya, Anne Almey, M. Natasha Rajah, and Gillian Einstein. 2021. "Sex and gender differences in cognitive and brain reserve: Implications for Alzheimer's disease in women." *Frontiers in Neuroendocrinology* 60. doi: 10.1016/j.yfrne.2020.100879.

Thurston, Rebecca C., Howard J. Aizenstein, Carol A. Derby, Ervin Sejdić, and Pauline M. Maki. 2016. "Menopausal hot flashes and white matter hyperintensities." *Menopause* 23 (1):27–32. doi: 10.1097/gme.0000000000000481.

Wang, Dan, Xuan Wang, Meng-Ting Luo, Hui Wang, and Yue-Hua Li. 2019. "Gamma-aminobutyric acid levels in the anterior cingulate cortex of perimenopausal women with depression: A magnetic resonance spectroscopy study." *Frontiers in Neuroscience* 13. doi: 10.3389/fnins.2019.00785.

Watermeyer, Tamlyn, Catherine Robb, Sarah Gregory, and Chinedu Udeh-Momoh. 2021. "Therapeutic implications of hypothalamic-pituitaryadrenal-axis modulation in Alzheimer's disease: A narrative review of pharmacological and lifestyle interventions." *Frontiers in Neuroendocrinology* 60. doi: 10.1016/j.yfrne.2020.100877.

Wingfield, Arthur, and Jonathan E. Peelle. 2012. "How does hearing loss affect the brain?" *Aging Health* 8 (2):107–9. doi: 10.2217/ahe.12.5.

Yaffe, Kristine, Warren Browner, Jane Cauley, Lenore Launer, and Tamara Harris. 1999. "Association between bone mineral density and cognitive decline in older women." *Journal of the American Geriatrics Society* 47 (10):1176–82. doi: 10.1111/j.1532-5415.1999.tb05196.x.

Yaffe, Kristine, Cherie Falvey, Nathan Hamilton, Ann V. Schwartz, Eleanor M. Simonsick, Suzanne Satterfield, et al. 2012. "Diabetes, glucose control, and 9-year cognitive decline among older adults without dementia." *Archives of Neurology* 69 (9):1170–754. doi: 10.1001/archneurol.2012.1117.

第十五章 变，变，变

Gehlek, Nawang, Gini Alhadeff, and Mark Magill. *Good Life, Good Death: Tibetan Wisdom*. New York: Riverhead Books, 2001.

Kondziella, Daniel. 2020. "The neurology of death and the dying brain: A pictorial essay." *Frontiers in Neurology* 11. doi: 10.3389/fneur.2020.00736.

Parnia, Sam, Tara Keshavarz, Meghan McMullin, and Tori Williams. 2019. "Abstract 387: Awareness and cognitive activity during cardiac arrest." *Circulation* 140 (Suppl_2). doi: 10.1161/circ.140.suppl_2.387.

Rady, Mohamed Y., and Joseph L. Verheijde. 2016. "Neuroscience and awareness in the dying human brain: Implications for organ donation practices." *Journal of Critical Care* 34:121–23. doi: 10.1016/j.jcrc.2016.04.016.

附 录

American Geriatrics Society 2019. "American Geriatrics Society 2019 updated AGS Beers Criteria® for potentially inappropriate medication use in older adults." *Journal of the American Geriatrics Society* 67 (4):674–94. doi: 10.1111/jgs.15767.

Baum, Jamie, Il-Young Kim, and Robert Wolfe. 2016. "Protein consumption and the elderly: what is the optimal level of intake?" *Nutrients* 8 (6). doi: 10.3390/nu8060359.

Baune, Bernhard, Antoine Lutz, Julie Brefczynski-Lewis, Tom Johnstone, and Richard J. Davidson. 2008. "Regulation of the neural circuitry of emotion by compassion meditation: Effects of meditative expertise." *PLOS ONE* 3 (3). doi: 10.1371/journal.pone.0001897.

Blumenthal, James A., Patrick J. Smith, and Benson M. Hoffman. 2012. "Is exercise a viable treatment for depression?" *ACSM'S Health & Fitness Journal* 16 (4):14–21. doi: 10.1249/01.FIT.0000416000.09526.eb.

Borghesan, M., W. M. H. Hoogaars, M. Varela-Eirin, N. Talma, and M. Demaria. 2020. "A senescence-centric view of aging: Implications for longevity and disease." *Trends in Cell Biology* 30 (10):777–91. doi: 10.1016/j.tcb.2020.07.002.

Buchowski, Maciej S., Kathrin Rehfeld, Angie Lüders, Anita Hökelmann, Volkmar Lessmann, Joern Kaufmann, et al. 2018. "Dance training is superior to repetitive physical exercise in inducing brain plasticity in the elderly." *PLOS ONE* 13 (7). doi: 10.1371/journal.pone.0196636.

Cai, Dongsheng, and Sinan Kohr. 2019. "'Hypothalamic microinflammation' paradigm in aging and metabolic diseases." *Cell Metabolism* 30 (1):19–35. doi: 10.1016/j.cmet.2019.05.021.

Collins, Nicholas, Natalia Ledo Husby Phillips, Lauren Reich, Katrina Milbocker, and Tania L. Roth. 2020. "Epigenetic consequences of adversity and intervention throughout the lifespan: Implications for public policy and healthcare." *Adversity and Resilience Science* 1 (3):205–16. doi: 10.1007/s42844-020-00015-5.

de Cabo, Rafael, Dan L. Longo, and Mark P. Mattson. 2019. "Effects of intermittent fasting on health, aging, and disease." *New England Journal of Medicine* 381 (26):2541–51. doi: 10.1056/NEJMra1905136.

Gaspard, Ulysse, Mélanie Taziaux, Marie Mawet, Maud Jost, Valérie Gordenne, Herjan J. T. Coelingh Bennink, et al. 2020. "A multicenter, randomized study to select the minimum effective dose of estetrol (E4) in postmenopausal women (E4Relief): part 1. Vasomotor symptoms and overall safety." *Menopause* 27 (8):848–57. doi: 10.1097/gme.0000000000001561.

Monteiro-Junior, Renato Sobral, Paulo de Tarso Maciel-Pinheiro, Eduardo da Matta Mello Portugal, Luiz Felipe da Silva Figueiredo, Rodrigo Terra, et al. 2018. "Effect of exercise on inflammatory profile of older persons: Systematic review and meta-analyses." *Journal of Physical Activity and Health* 15 (1):64–71. doi: 10.1123/jpah.2016-0735.

Robinson, M. M., S. Dasari, A. R. Konopka, M. L. Johnson, S. Manjunatha, R. R. Esponda, et al. 2017. "Enhanced protein translation underlies improved metabolic and physical adaptations to different exercise training modes in young and old humans." *Cell Metabolism* 25 (3):581–92. doi: 10.1016/j.cmet.2017.02.009.

Sparkman, Nathan L., and Rodney W. Johnson. 2008. "Neuroinflammation associated with aging sensitizes the brain to the effects of infection or stress." *Neuroimmunomodulation* 15 (4–6):323–30. doi: 10.1159/000156474.

Uchoa, Mariana F., V. Alexandra Moser, and Christian J. Pike. 2016. "Interactions between inflammation, sex steroids, and Alzheimer's disease risk factors." *Frontiers in Neuroendocrinology* 43:60–82. doi: 10.1016/j.yfrne.2016.09.001.

Vamvakopoulos, N. C., and G. P. Chrousos. 1993. "Evidence of direct estrogenic regulation of human corticotropin-releasing hormone gene expression. Potential implications for the sexual dimorphism of the stress response and immune/inflammatory reaction." *Journal of Clinical Investigation* 92 (4):1896–902. doi: 10.1172/jci116782.